现代汉语代词及相关形式的指称研究

A Study of the Referentiality of Chinese Pro-forms and the Related Forms

吴 越 著

中国社会科学出版社

图书在版编目（CIP）数据

现代汉语代词及相关形式的指称研究／吴越著．—北京：中国社会科学出版社，2023.5

ISBN 978-7-5227-1302-1

Ⅰ.①现… Ⅱ.①吴… Ⅲ.①现代汉语—代词—研究 Ⅳ.①H146.2

中国国家版本馆 CIP 数据核字（2023）第 021410 号

出 版 人	赵剑英
责任编辑	张　林
特约编辑	张冬梅
责任校对	冯英爽
责任印制	戴　宽

出　　版	中国社会科学出版社
社　　址	北京鼓楼西大街甲 158 号
邮　　编	100720
网　　址	http://www.csspw.cn
发 行 部	010-84083685
门 市 部	010-84029450
经　　销	新华书店及其他书店

印　　刷	北京君升印刷有限公司
装　　订	廊坊市广阳区广增装订厂
版　　次	2023 年 5 月第 1 版
印　　次	2023 年 5 月第 1 次印刷

开　　本	710×1000　1/16
印　　张	21
字　　数	309 千字
定　　价	118.00 元

凡购买中国社会科学出版社图书，如有质量问题请与本社营销中心联系调换
电话：010-84083683
版权所有　侵权必究

出 版 说 明

　　为进一步加大对哲学社会科学领域青年人才扶持力度，促进优秀青年学者更快更好成长，国家社科基金 2019 年起设立博士论文出版项目，重点资助学术基础扎实、具有创新意识和发展潜力的青年学者。每年评选一次。2021 年经组织申报、专家评审、社会公示，评选出第三批博士论文项目。按照"统一标识、统一封面、统一版式、统一标准"的总体要求，现予出版，以飨读者。

全国哲学社会科学工作办公室

2022 年

摘　　要

　　本书在类型学理论指导下讨论现代汉语及方言代词及相关形式的指称问题。

　　第 2 章以量词的种类为线索讨论不同的指示词短语。有些指示词短语中，尽管名词性成分无指，指示词短语整体仍可能是定指解读，且可容纳具有个体化功能的量词。这显示量词作为个体指范畴标记，能对实体或特征进行个体化。

　　第 3 章讨论汉语方言中的定指"量名"结构、"概数量名"结构，考察典型的不定指形式"一量名"结构的功能及跨方言表现，发现定指范畴编码的形式和程度存在跨方言差异。

　　第 4 章以指人疑问词为主要对象，兼及指物疑问词，在"是"字疑问句中考察"什么人、谁、哪（一）个人"的指称特征，发现"什么人"用于类指，有属性和指称用法；"哪（一）个人"用于个体，只有指称用法；"谁"用于类指和个体，有属性和指称用法。句法位置对疑问词的指称不起决定作用，起决定作用的是疑问词本身的指称解读。

　　第 5 章考察疑问词的非疑问用法，尤其是任指用法的指称。任指疑问词的构造、句法表现和指称解读存在跨方言差异。同时，任指疑问词的指称与强制同现的量化成分"都"密切相关。本章重新梳理"都"的功能，并对比考察方言中的"都"类成分与疑问词的配合。

　　第 6 章讨论普通话"们"的指称，重新探讨"们"的性质，认为汉语的"们"应是伴有不显赫复数语义的实指集体标记,也是另类的个体指标记。"们"的来源及初始句法环境对其功能面貌的塑造产生重要影响。本章也考察方言中的类似成分与差异表现。

第 7 章考察人称代词作领有者的定语领属结构。一些方言中,同类领属语义可以有不同的标记,其中可能寄生了实指范畴:不同的领属标记可能反映被领有者的实指性特征。此外,与量词、话题等有关的范畴都有可能寄生实指范畴。

第 8 章考察三身代词之外可用于指人的代词"人家"和"某",涉及二者的句法表现和指称解读,同时考察方言中的类似成分及其句法语义表现,分析其反映的方言类型特点。

第 9 章为结语。本章围绕全书涉及的语言事实和语言理论,形成五条基本结论。第一,汉语的类指—个体指、有指—无指是彼此密切相关、相互交叉的两对平行概念;第二,个体指范畴是汉语中唯一较为成熟的范畴,主要标记是量词;第三,一些方言中可能形成了较不成熟的实指范畴,主要以寄生方式存在;第四,汉语的定指范畴编码有明显的方言类型差异,与具体方言属于指示词显赫型还是量词显赫型密切相关;第五,汉语作为语用优先型语言,其语用优先性也具有跨方言的差异。

关键词: 指称　代词　汉语　方言　类型学

Abstract

This monograph mainly discusses the referentiality of Chinese pro-forms and related forms within the framework of linguistic typology.

Chapter 2 discusses "Dem + CL + N" constructions with classifiers of different sub-kinds. In Chinese, it is natural to keep "referents" with non-referential interpretation in demonstrative phrases while the whole demonstrative phrases can still be "definite". In the meantime, the classifiers can co-occur with non-referential nouns in demonstrative phrases, which shows that the classifiers are mighty markers for non-generic (individual) readings and can have both properties and entities individualized.

Chapter 3 describes constructions of "CL + N" and "approximate number + CL + N" which are definite in referentiality and the typical indefinite construction of "yi (一) + CL + N", and compares with the corresponding or related constructions in Chinese dialects, analyzes different performances in terms of the degree of categorization of definiteness in Chinese.

Chapter 4 mainly offers a special observation of the human-designated interrogative pro-forms against a typical context of Shi-sentence ("是"字句), describing interrogative pro-forms "Shenme ren" (Lit. what-person, 什么人), "Shui" (Lit. who, 谁) and "Nayige ren" (Lit. which on person, 哪一个人). "Shenme ren" (什么人) is used for kind-referring, both attributively and referentially. "Nayige ren" (哪一个人) is used for denoting individuals, with referential value only. "Shui" (谁)

is used for both kind-referring and individual-referring, both attributively and referentially. It is not the syntactic positions but the complicated referentiality of interrogative pro-forms themselves that play the key role in interpreting the semantic properties of interrogative pro-forms.

Chapter 5 discusses the referentiality of free-choice interrogative pro-forms. FCIs in Chinese dialects perform differently between formations, syntax and referentiality. Additionally, "Dou" (都), a lexical quantification item and an important trigger of free-choice interpretation, indicating the specificity of the referents, is discussed in this chapter.

Chapter 6 describes "Pronoun + Men (们)" in Putonghua, drawing the conclusion that "Men" (们) is a specific collective marker with weak plural meaning, which can be regarded as a marker of non-generic reference. The performances of "Men" (们) is based on the research of archaic Chinese and the data from Chinese dialects.

Chapter 7 discusses the possessive constructions with personal pronouns as the possessor. There may be some dialects in which the referential category parasites on the possession category by aligning two or more markers for the same possessive meaning. In addition, categories related with classifiers and topics are both likely to be the hosts of parasitic categories.

Chapter 8 discusses two atypical pronouns "Renjia" (人家) and "Mou" (某), by concerning their syntactic and semantic performances, and compares them with corresponding or familiar components in dialects.

Chapter 9 as the conclusion summarizes the main points the innovations as well as the underdeveloped argumentations of this monograph. It also raises some issues for further clarifications. The basic conclusions of this paper are as follows:

Ⅰ. In Chinese languages, non-generic/generic, non-referential/referential dichotomies are two pairs of parallel concepts, which do not reflect a hyponymy-hypernym distinction but are closely related and interact with each other.

Ⅱ. Individual reference is the only full-fledged category in Chinese languages, with the overt marker, i. e. , classifiers.

Ⅲ. There may be underdeveloped specific categories in some dialects, which parasite on collective and/or possession categories and so on.

Ⅳ. The degree and forms/methods of categorization of definiteness are different cross-dialect, closely related to the group the particular dialect belongs to: demonstrative-prominent or classifier-prominent.

Ⅴ. By analyzing the referential system, the monograph concludes that Chinese is much more typical pragmatic-prior, while its pragmatic priority may also have cross-dialect differences.

Key Words: Referentiality; Pro-forms; Dialects; Linguistic Typology

《现代汉语代词及相关形式的指称研究》概要[*]

一　研究的目的、意义与方法

（一）研究的目的、意义

指称问题是语言哲学和语言学共同关注的热点问题，是当代语义学和语言哲学的前沿课题或尖端课题，有许多问题尚在深入讨论和激烈论辩中。具体到汉语的指称问题来说，汉语名词性成分的指称问题近些年才真正进入学者们的视野，这和西方的语言学研究很不相同（徐烈炯 Xu，1997：ix）。相关讨论主要涉及以下概念：指称性（referentiality）、定指性（definiteness）、实指性（specificity）、通指性（genericity）、可辨识性（identifiablity）、唯一性（uniqueness）、任意性（arbitrariness）等。几乎所有语言都能表达上述概念，但未必所有语言都会对这些概念进行专门的形式编码。而且出于经济性考虑，没有任何一种语言会以形式手段编码上述所有概念。例如，汉语就没有定冠词和不定冠词，这也导致汉语的光杆名词存在歧义解读。

汉语是话题显赫、语用优先且有量词（classifier）的语言。指称解读的系统性差异也反映了汉语方言内部的语法差异。指称问题本

---

[*] 吴越，浙江大学语言学及应用语言学专业博士，现就职于杭州师范大学人文学院。

身的复杂性及其与汉语的个性因素的交织，使得问题更为复杂，也更值得探讨。有学者已经看到汉语名词性成分指称语义的复杂性，并对其中的光杆名词、领属结构等展开研究。总的来说，目力所及的范围内，关于汉语代词指称语义的专题讨论并不丰富。

本书希望在已有研究基础上，通过深入挖掘汉语实际，回答以下几个问题。

第一，汉语及其方言中，哪些指称概念已经被范畴化，其范畴标记是什么。跨方言地看，范畴化的情况存在哪些差异，其中的影响因素是什么。

第二，汉语的几组指称概念存在怎样的关系，是上下位关系还是平行交叉关系？即，汉语的指称概念层级如何划分。

第三，西方语言学界对指称问题的研究结论多来自以印欧语（尤其是英语）为主要对象的研究，这些结论对汉语事实的解释力如何。汉语的语言事实对已有结论是否能进行补充或促进发展。

第四，汉语各方言的指称系统有哪些差异，具体方言的哪些个性特征造成了这些情况，是否能够从中归纳出汉语方言的类型特点。

结合上述研究目标，综合考虑研究规模的可行性，本书主要以现代汉语代词的指称为对象，考察其主要表现和基本规律，总结指称概念在汉语中范畴化的具体程度。同时，为将这一工作扩展到整个名词性范畴的研究打下基础。

（二）研究方法

1. 区分语言分析平面，重视语用因素

本书在语言分析中明确区别不同平面。

首先，语义问题最终需要落实到形式表现。因此在语义测试的同时也重点分析句法表现，观察句法和语义的互动。同时也考虑同现量化成分对代词及相关形式指称解读的影响。在不同语言中，相同的语义可能对应不同的形式表达，有些细致的语义特征甚至完全没有得到编码，因此需要有合适的测试工具。量化成分就是重要的测试工具。

其次，尤其关注汉语的语用优先特征。具体到本书的相关研究，指示词及相关结构的跨方言表现可能显示整体句法条件对指称解读的影响和控制。其中，一些句法规则的形成是受了语用条件的制约，这也是汉语作为语用优先型语言的特点。

2. 框架中立的如实描写

在中立的框架下进行广泛地比较有利于研究的开展。一方面，只有暂时抛开理论模型的学派之见，才能使调查结果成为不同理论模型都能使用的材料。另一方面，将不同流派的各种新角度汇总起来，能得到更全面的观察角度，有助于更全面深入地发现语言规律（刘丹青编著2017：XI等）。

3. 细颗粒度的精细描写

本书希望在更具区别性的测试环境中对以往研究中不被注意的、被轻易放过的现象进行更细致的观察和更细颗粒度的描写，深度挖掘语言事实，描写语言的微观句法、语义特性。因为一些语言项目可能在某些句法环境中表现相似，但在特定的、具有区别性的句法环境中有不同的表现。这些差异表现很可能反映其本质特性。

4. 形式和功能的双向互动描写

本书采用形式和功能的双向互动描写，这是基于库藏类型学理论的研究方法。语言虽然是形式和意义的结合，但二者并非一一对应关系。一个形式有核心功能，又会引申出其他功能。不同语言中，建立在相似核心功能之上的对应成分在引申出的功能上会有很大差异，看似功能相近或相同的成分会因所处系统的不同而被附加更多功能，或受到更多限制。这样的考察也更有利于发掘语言/方言中隐藏较深的寄生范畴。

二 成果的主要内容与重要观点

（一）主要内容

第2章以量词的种类为线索讨论不同的指示词短语。有些指示词短语中，尽管名词性成分无指，指示词短语整体仍可能是定指解读，且可容纳具有个体化功能的量词。这显示量词作为个体指范畴标记，能对实体或特征进行个体化。

第3章讨论汉语方言中的定指"量名"结构、"概数量名"结构，考察典型的不定指形式"一量名"结构的功能及跨方言表现，发现定指范畴编码的形式和程度存在跨方言差异。

第4章以指人疑问词为主要对象，兼及指物疑问词，在"是"字疑问句中考察"什么人、谁、哪（一）个人"的指称特征，发现"什么人"用于类指，有属性和指称用法；"哪（一）个人"用于个体，只有指称用法；"谁"用于类指和个体，有属性和指称用法。句法位置对疑问词的指称不起决定作用，起决定作用的是疑问词本身的指称解读。

第5章考察疑问词的非疑问用法，尤其是任指用法的指称。任指疑问词的构造、句法表现和指称解读存在跨方言差异。同时，任指疑问词的指称与强制同现的量化成分"都"密切相关。本章重新梳理"都"的功能，并对比考察方言中的"都"类成分与疑问词的配合。

第6章讨论普通话"们"的指称，重新探讨"们"的性质，认为汉语的"们"应是伴有不显赫复数语义的实指集体标记，也是另类的个体指标记。"们"的来源及初始句法环境对其功能面貌的塑造产生重要影响。本章也考察方言中的类似成分与差异表现。

第7章考察人称代词作领有者的定语领属结构。一些方言中，同类领属语义可以有不同的标记，其中可能寄生了实指范畴：不同的领属标记可能反映被领有者的实指性特征。此外，与量词、话题等有关的范畴都有可能寄生实指范畴。

第8章考察三身代词之外可用于指人的代词"人家"和"某"，涉及二者的句法表现和指称解读，同时考察方言中的类似成分及其句法语义表现，分析其反映的方言类型特点。

（二）重要观点

本书主要产生了两方面结论，涉及汉语事实背后的指称理论体系以及汉语指称概念的范畴化所反映的方言类型特点,共三点。

第一,前贤已注意到个体指—类指与指称(有指)—属性(无指)存在交叉。本书进一步证明这也符合汉语实际,个体指和类指都需要区分指称用法和属性用法。二者的属性用法分别形成"个体类"和"特征类"。个体指范畴是汉语中发展较为成熟的范畴,主要标记是量词,集体标记"们"从某个角度来说也是个体指范畴的标记。个体指范畴的高度发达使得特征也得以个体化。

第二,汉语方言中指称概念的范畴化情况各有差异,主要表现在定指—不定指、实指—非实指两对概念的范畴化程度不同。第3章比较了汉语方言中定指"量名"结构、定指"概数量名"结构、"一量名"结构的句法自由度和受语用因素制约的情况,发现汉语定指范畴的编码在手段和程度上都有明显的方言类型差异。指示词显赫的方言中,指示词是重要的定指范畴标记;量词显赫的方言中,量词是重要的定指范畴标记。在指示词显赫方言内部、量词显赫方言内部,定指范畴编码的程度也有参差。相应的不定指形式"一量名"结构和"量名"结构的句法表现、语义解读也存在跨方言差异。同时,指示词显赫和量词显赫也是汉语方言语法的一组重要差异指标,深刻地影响了具体方言的句法系统表现。

部分方言可能已形成较不成熟的、以寄生方式存在的实指范畴。在量词显赫型的方言中,量词可能也是发展中的实指范畴标记。例如,广州话的"量名"结构编码的可能不是定指范畴而是实指范畴。第5章讨论了任指疑问词的指称解读,这在很大程度上受到同现量化成分的影响。该章重新考察了普通话的"都",认为其核心功能是明确语域内具体客观对象的数目准确性,这一功能基本上是语用性的。而吴语任指疑问词的指称解读更严格地受到句法条件的整体制约,通过同现量化成分的分工,在一定程度上编码了实指范畴。第6章讨论了"人称代词+们"的指称解读:表示实指性的集体。一些方言中,"们"的相类形式则更严格地表达了实指范畴。第7章考察以人称代词为领有者的定语领属结构。普通话领属结构是否带标记

"的"可能部分地反映了领属关系的可让渡与不可让渡之别。而一些方言中，不同的领属标记（以及其他关系化标记）可能反映被领有成分的实指特征。

第三，汉语指称概念范畴化差异反映方言类型差异。汉语整体上属于语用优先型语言，但语用因素的作用程度与范围也有明显的跨方言差异。一些方言语义范畴的形式化编码程度较高，句法系统对语用因素表现的压制程度高；另一些方言则呈现相反的情况。本书讨论汉语指称概念范畴化的跨方言差异，并据此揭示汉语方言的部分类型差异。例如，吴语瑞安话的"一量名"结构在主语位置没有类指解读和存在解读。若要获得类指解读，必须作表语；若要获得存在解读，必须作宾语或在主语位置由存在算子"有"封闭，这是一条严格的句法规则。普通话中，类似的句法规则常在语用因素作用下有所妥协。而且普通话的"一量名"结构可以在主语位置表示类指，可以在没有任何成分对其进行存在封闭时作存在解读，可以进入"指人名词＋一个NP"用于指出所指对象的原型属性或表示言者的评价等。这与不同方言受句法控制和语用因素影响的程度不同有关。另外，南方方言疑问词的任指解读受限，不定指解读较强。北方方言疑问词的任指解读相对不受限，不定指解读较弱。

第8章讨论了"人家"和"某"及方言中的类似成分。"人家"在北京话中发展出了简省为"人"的成分，这一成分的指示性强于目前其他汉语方言中所见的所有"人家"义代词，与北京话的"这"发展出类定冠词功能的表现是平行的，可能与指示词显赫型方言的整体特征有关。但其中的关联性究竟有多强，还有待进一步的研究。吴语中类似"某"的不定代词替代形式是"有（＋个）＋侬"，而"有侬"和"有个侬"所指对象的实指性存在差异：前者不要求对象实指，后者要求对象实指。这可能与量词显赫型方言的整体特征有关。

总的来看，南方方言中，量词与定指—不定指、个体指—类指、实指—非实指都密切相关,如定指的"量名"结构、"概数量名"结构(尤其是后者)几乎是南方方言中特有的现象。量词在句法中的强制性也使得个体指—类指这对概念尤其显著。同时,"量名"结构可能在与定指—不定指关系密切之余,也与实指—非实指相关,有待在南方方言中进行深入的比较。北方方言中,定指—不定指、实指—非实指与量词的关系相对不密切,而与指示词更为相关。上述表现也启示研究者考察语用因素的作用与句法系统的整体制约这组指标与指示词显赫–量词显赫这组指标是否存在一定的关联性。

三 成果的学术创新与贡献

本书的创新点主要有以下几处。

第一,本书基于汉语代词及其相关形式的指称问题,进一步证明个体—类、属性(无指)—指称(有指)的密切相关、彼此交叉这一情况深刻地扎根于汉语事实,二者并非上下位概念。同时,基于汉语事实,进一步证明个体指范畴在汉语中是高度发达的范畴,其典型的范畴标记是量词。

第二,对汉语方言指称系统的面貌进行整体考察,发现个体—类、属性—指称、定指—不定指三对概念的编码程度存在跨方言差异,显示汉语方言的语用优先程度存在差异,这可能与方言的整体类型特征有关。尽管汉语整体上是一个语用优先型语言,我们仍需考察不同方言的句法强制性或语用优先程度差异。

第三,通过方言案例的比较和分析,考察实指—非实指在汉语中的范畴化方式、程度差异和典型的寄生宿主。汉语中,实指范畴相对不受关注,使用寄生范畴的概念和框架对其进行研究,有利于进一步的深入考察。

Outline of *A Study of the Referentiality of Chinese Pro-forms and the Related Forms* *

1. The purpose, significance and methods of the research
1.1 The purpose and significance

The problem of referentiality is a hot issue of common concern in the philosophy of language and linguistics. It is a frontier or cutting-edge topic in contemporary semantics and philosophy of language. A series of issues are still under in-depth discussion and intense debate. The referentiality of noun phrases in Chinese has actually entered the field of view of scholars in recent years, which is different from Western linguistic tradition. The relevant discussions mainly involve the following concepts: referentiality, definiteness, specificity, genericity, identifiability, uniqueness, arbitrariness, etc. Almost all languages can express those concepts above, but not all languages have all the concepts encoded. In addition, for economical reasons, no single language will formally encode all of the above concepts. For example, Putonghua does not have definite and indefinite articles, which also leads to ambiguous interpretation of bare nouns.

Chinese languages have prominent topics, pragmatic priorities and

---

* Wu, Yue, Ph. D. in Linguistics and Applied Linguistics from Zhejiang University, works in the Humanities College of Hangzhou Normal University since August 2021.

classifiers. Systematic differences in referential interpretation also reflect grammatical differences cross-dialect. The complexity of the problem of referentiality itself and interweaving with the characteristics of Chinese make the issue more complex and worth exploring. Some scholars have seen the complexity of these issues, and have carried out research on bare nouns and possessive constructions. The monographic studies, however, is not rich within the scope of vision.

This monograph hopes to answer the following questions by describing and analyzing the linguistic facts of Chinese languages based on available research.

First, are there any referential meanings categorized in Chinese and what about their markers. Are there any differences in dialects in the process of categorization and what about the influencing factors?

Second, what is the relationship between the several groups of referential concepts in Chinese, is it a hyponymy relation or a parallel relation? That is, how to divide these referential concepts in Chinese.

Third, most of the concepts and conclusions on the referentiality in Western linguistic theory come from the research with Indo-European languages (especially English) as the main object. How well these conclusions can explain the facts of Chinese? Whether the linguistic facts of Chinese can supplement or promote the development of previous conclusions?

Fourth, what are the differences in the referential systems of various dialects? How the typological characteristics of specific dialects play roles in the referential systems?

Combined with the research purposes and the feasibility, this monograph mainly takes the referentiality of modern Chinese pro-forms as the object, examines its main manifestations and basic laws and summarizes the degree of the categorization of referential concepts in Chinese. At the same time, it lays a foundation for further work about other parts of nominal categories.

1.2 Research methods

1.2.1 Distinguish different aspects of language analysis and pay attention to pragmatic factors

First, expression and interpretation of semantics are inseparable from formal representations. Therefore, the monograph focuses on analyzing syntactic performance and observing the interaction between syntax and semantics. The influence of co-occurrence of quantifiers with pro-forms is also considered. The same semantic meanings may correspond to different formal expressions in different languages. Some detailed semantic features may be lack of encoding; thus, appropriate testing tools are required.

Second, the monograph pays special attention to the pragmatic priority in Chinese. The cross-dialect representation of demonstratives and related constructions may reveal the influence (even control) of syntactic systems on referentiality. Some syntactic rules restricted by pragmatic factors, which is one of the characteristic of Chinese languages with pragmatic priority.

1.2.2 Faithful and reliable descriptions within neutral frames

A wide range of comparisons in a neutral framework is conducive to the research. For one thing, only by temporarily putting aside the school views of theoretical models can the conclusions used or adopted by various theoretical models. For another, by summarizing theoretical perspectives of different schools, we can get a more comprehensive observation perspective, which is helpful to summarize language rules comprehensively and deeply.

1.2.3 Descriptions with fine-grained detailing

In a more distinctive testing environment, this monograph makes a detailed observation and description of the phenomena not covered in previous studies, dig deep into the micro-linguistic facts and describe the syntactic and semantic features of in detail. Some items may have similar performances in some syntactic environments, while perform differently in others. The later are likely to reflect their essential characteristics.

1.2.4 Descriptions with two-way interaction of form and function

This monograph adopts the two-way interactive description of form and function, a method based on Linguistic Inventory Typology (LIT). Although languages are combination of forms and meanings, the two key aspects, however, are not in one-to-one correspondence. A certain form has a core function, which leads to other functions. In different languages, the corresponding components of certain core functions will be of significant differences in their extended functions, components expected to have identical functions always perform differently in extended functions, which related with the systems they belong to. Such an investigation is helpful to dig out hidden parasitic categories in languages/dialects.

2. The main contents and viewpoints
2.1 The main contents

As the general introduction, Chapter 1 highlights the significance of the research topic of pro-forms, the aims and purposes of the research, and offers introductions of important terms and the theoretical framework, as well as of existing researches.

Chapter 2 discusses "Dem + CL + N" constructions with classifiers of different sub-kinds. In Chinese it is natural to keep "referents" with non-referential interpretation in demonstrative phrases while the whole demonstrative phrases can still be "definite". In the meantime, the classifiers can co-occur with non-referential nouns in demonstrative phrases, which shows that the classifiers are mighty markers for individuals and can have both properties and entities individualized.

Chapter 3 describes constructions of "CL + N" and "approximate number + CL + N", which are definite in referentiality. Then describes the typical indefinite construction of "yi (一) + CL + N", comparing with the corresponding or related constructions in dialects, analyzing different performances in terms of the degree of categorization of DEFENITENESS in Chinese.

Chapter 4 mainly offers a special observation of the human-designated interrogative pro-form against a typical context of Shi-sentence ("是"字句), describing interrogative pro-forms "Shenme ren" (Lit. what-person, 什么人), "Shui" (Lit. who, 谁) and "Nayige ren" (Lit. which on person, 哪一个人). "Shenme ren" (什么人) is used for kind-referring, both attributively and referentially. "Nayige ren" (哪一个人) is used for denoting individuals, with referential value only. "Shui" (谁) is used for both kind-referring and individual-referring, both attributively and referentially. It is not the syntactic positions but the complicated referentiality of interrogative pro-forms themselves that play the key role in interpreting the semantic properties of interrogative pro-forms.

Chapter 5 discusses the referentiality of free-choice interrogative pro-forms (since free-choice items in Chinese refers to interrogatives with existential or universal quantification most of the time, it would be reasonable to abbreviate it as FCIs) in Chinese dialects perform differently between formations, syntax and referentiality. Additionally, "Dou" (都), a lexical quantification item and the trigger of free-choice interpretation, indicating the specificity of the referents, and "Dou" - like components in dialects are discussed in this chapter.

Chapter 6 describes "Pronoun + Men (们)" in Putonghua, drawing the conclusion that "Men" (们) is a specific collective marker with weak plural meaning, which can be regarded as a marker of non-generic referring. The performances of "Men" (们) is based on the research of archaic Chinese and the data from dialects.

Chapter 7 discusses the possessive constructions with personal pronouns as possessors. There may be some dialects in which the referentiality parasites on possessive category by aligning two or more markers for the same meaning. In addition, categories related with classifiers and topics are both likely to be the hosts of parasitic categories.

Chapter 8 discusses two atypical pronouns "Renjia" (人家) and "Mou" (某), by concerning their syntactic and semantic performances, comparing them with corresponding components in dialects.

2.2 Main viewpoints

This monograph mainly produces two conclusions, involving the theoretical system of referentiality behind Chinese facts and the characteristics of dialect types reflected by the categorization of Chinese referential concepts. There are three different aspects in total.

2.2.1 In Chinese languages, non-generic/generic (individual/kind), non-referential/referential dichotomies are two pairs of parallel concepts, which do not reflect a hyponymy-hypernym distinction but closely related and interact with each other. Non-generic (Individual) referring is the only full-fledged category in Chinese languages, with the overt marker, i.e., classifiers. The specific collective marker "Men" (们) is an alternative marker of non-generic (individual) category as well from a certain point of view. Non-generic (Individual) referring is of high degree of development so that properties can be individualized just like entities in Chinese.

2.2.2 The categorization of referentiality is different across dialects, which mainly manifested in the degree of categorization of two pairs of concepts: definite/indefinite and specific/non-specific. Chapter 3 discusses the definite constructions of "CL + N" and "approximate number + CL + N" and the indefinite construction of "yi (一) + CL + N", measuring syntactic strength with pragmatic factors and finds that there are obvious differences caused by typological features of various dialects. In demonstrative-prominent dialects, demonstratives are significant definiteness markers. In classifier-prominent dialects, classifiers play the key roles. There is, however, internal heterogeneity within each group of dialects. In addition, there are cross-dialect differences in syntax and semantics of the corresponding indefinite constructions of "yi (一) + CL + N" and "CL + N" as well. It should be noted that demonstrative-prominent vs. classifier-prominent, which profoundly affect the syntactic system, is a pair of distinctive parameters in researches on grammar of Chinese dialects.

Some dialects may have formed a relatively immature category of specificity in a parasitic way. In classifier-prominent dialects, classifiers may be markers under development. For example, the construction of "CL + N" in Cantonese may encode the specific meanings with classifiers as the marker. Chapter 5 discusses the referential interpretation of FCIs, which largely influenced by co-occurring quantifiers. This chapter re-examines "Dou" (都), the important lexical quantifier in Putonghua and argues that its core function is to clarify the accuracy of "number" of certain objects in the domain, which is basically pragmatic. On the other hand, FCIs in the Wu dialects syntactically constrained to a higher degree. It may encode specificity to a certain context by co-occurring with "Dou" - like components. Chapter 6 discusses the referential interpretation of "personal pronoun + Men (们)", which referring specific collectives. In some dialects, "Men" (们) -like components express the specific category to a high degree. Chapter 7 discusses the possessive constructions with pronouns as possessors. The possessive marker "De" (的) is sometimes a marker for alienability of possessions in Putonghua, in some dialects, however, possessive markers (as other relative markers as well) may encode the specific meanings.

2.2.3 Different types of dialects perform differently in the categorization of referentiality. Chinese are no doubt languages with pragmatic-priority, while it is also varies across dialects. Some dialects encode semantic categories in a higher level, while others show the opposite situation. This monograph discusses such differences and analyzes typological features of dialects. For example, the construction of "yi (一) + CL + N" in the Rui'an Wu dialect has no generic and existential reading when being subject. To obtain a generic interpretation, it must be predicate; to obtain an existential interpretation, it must be object or closed by the existential operator "You" (有) in the subject position, which are strict syntactic rules would not be violated. In Putonghua, similar rules are likely to compromise under the influence of pragmatic factors. The construction of "yi (一) + CL + N" in Mandarin represents a generic reading in the subject position, and represents an indefinite reading without being closed by any existential operator. "yi (一) + CL + N" following NPs can be used to indicate objects' essential attributes and express speakers' evaluation. In addition, interrogative pro-forms in southern dialects are less likely to represent free choice or universal quantification, since they are more in common with indefinite pronouns. Northern dialects behave in the opposite way.

Chapter 8 discusses "Renjia" (人家) and "Mou" (某) and corresponding or related elements in dialects. In Beijing, "Renjia" (人家) has an abbreviated form "Ren" (人), which is the stronger demonstrative determiners than other components seen in various dialects. The performance of "Renjia" in Beijing is a parallel phenomenon of the definite-article-like "Zhe" (这), which may related to its demonstrative-prominent feature. The indefinite-pronoun-like component in the Wu dialect is "ɦiau^{24} (+ [kai^{42}]) + [naŋ^{21}]" (有(个)侬). Whether or not the classifiers appear causes subtle differences in referential interpretation: "ɦiau^{24} + [naŋ^{31}]" is non-specific while "ɦiau^{24} + [kai^{42}] +

[naŋ³¹]" is specific, which may related to its classifier-prominent feature.

In summary, classifiers in southern dialects closely related to definite reading, generic reading and specific reading, such as the constructions of "CL + N" and "approximate number + CL + N" (especially the latter) are almost distinguishing phenomena in southern dialects. The syntactically compulsion of classifiers also makes non-generic/generic (individual/kind) readings especially remarkable. What's more, the constructions of "CL + N" may also related to the specific reading, which needs extended studies. In northern dialects, these referential phenomena have much to do with demonstratives. These observable tendencies inspire researchers to examine whether there is a certain correlation between syntactic/pragmatic factors and classifier/demonstrative prominent factors.

3. Academic Innovation and Contribution

The main innovations of this monograph are as follows.

First, based on the referential issues of Chinese pro-forms and related forms, this monograph further proves that in Chinese languages, non-generic/generic (individual/kind), non-referential/referential are two pairs of parallel concepts, which closely related and interact with each other but not in hyponymy-hypernym relation. The monograph further proves based on a series of linguistic facts that non-generic (individual) referring is a highly developed category in Chinese, with classifiers as the typical markers.

Second, this overall investigation of the referentiality system of Chinese dialects shows that there are cross-dialect differences in encoding degrees of the three pairs of concepts: non-generic/generic (individual/kind), referential/non-referential, definite/indefinite, indicating that the pragmatic priority varies among dialects, which related to their typological features. Therefore, the monograph argues that although Chinese is pragmatic-prior, challenges posed by syntax need to be examine respectively.

Third, this monograph discusses the specific category through the comparison and analysis of dialect cases, including the methods, the degree of categorization and the typical types of parasitic hosts. In Chinese, specificity receives less attention since it is far from explicit but incidentally expressed by other categories. The concept and framework of parasitic category benefits further investigation.

目　　录

第1章　绪论 ………………………………………………… (1)
　1.1　选题由来与研究目的 ………………………………… (1)
　1.2　研究对象和术语界定 ………………………………… (4)
　　1.2.1　代词：对象范围与术语界定 ……………………… (4)
　　1.2.2　指称：术语的选择与定义 ………………………… (12)
　1.3　理论框架与研究方法 ………………………………… (23)
　　1.3.1　理论支持：语言类型学和语言库藏类型学 ……… (23)
　　1.3.2　研究方法 …………………………………………… (27)
　　1.3.3　语料来源 …………………………………………… (32)
　1.4　主要内容及章节安排 ………………………………… (33)
　　1.4.1　指示词部分 ………………………………………… (33)
　　1.4.2　疑问词部分 ………………………………………… (34)
　　1.4.3　人称代词部分 ……………………………………… (35)

第2章　指示词短语的属性用法 ………………………… (37)
　2.1　汉语指示词短语的指称特点 ………………………… (38)
　2.2　指量名结构中量词种类对指称解读的影响 ………… (43)
　　2.2.1　汉语的量词 ………………………………………… (43)
　　2.2.2　"指示词+个体量词+名词"的属性用法 ………… (46)
　　2.2.3　"指示词+种类量词+名词"的属性用法 ………… (51)
　　2.2.4　"指示词+集体量词+名词"的属性用法 ………… (56)

2.3 "这、那"在指示词短语属性用法中的不对称表现……… (57)
2.4 本章小结……………………………………………… (58)

第3章 方言中指示词短语和相关形式的指称解读……… (60)
3.1 汉语方言定指"量名"结构的指称解读……………… (63)
3.2 吴语的"概数量名"结构及其指称
　　解读——以瑞安话为例…………………………… (72)
　　3.2.1 定指解读…………………………………… (72)
　　3.2.2 不定指解读………………………………… (80)
　　3.2.3 数量解读…………………………………… (81)
3.3 "一量名"结构的指称解读……………………………… (90)
　　3.3.1 汉语的数量结构…………………………… (90)
　　3.3.2 方言中的"一量名"结构………………… (105)
　　3.3.3 小结………………………………………… (111)
3.4 本章小结……………………………………………… (113)

第4章 疑问用法的疑问词的指称解读……………………… (115)
4.1 "是"字句：讨论疑问词指称问题的典型环境……… (116)
4.2 与疑问词同现的名词性成分………………………… (120)
　　4.2.1 语言中的刚性指称语和"直指指称语"…… (120)
　　4.2.2 与疑问词共现的名词性成分的指称解读… (121)
4.3 指人疑问词的具体指称解读………………………… (126)
　　4.3.1 "谁"的指称解读………………………… (126)
　　4.3.2 "什么人"的指称解读…………………… (127)
　　4.3.3 "哪（一）个人"的指称特征……………… (135)
　　4.3.4 指称特征对指人疑问词与名词性成分同现
　　　　　规则的影响………………………………… (136)
　　4.3.5 小结………………………………………… (138)
4.4 问事物的疑问词……………………………………… (140)

4.5 本章小结……………………………………………………（141）

第5章 疑问词的非疑问用法及其指称解读 ……………（143）
5.1 虚指 ………………………………………………………（145）
5.2 任指 ………………………………………………………（147）
5.2.1 "无界"的任指 ………………………………………（148）
5.2.2 "有界"的任指 ………………………………………（148）
5.3 "都"：影响无界任指解读的重要量化成分 ………（152）
5.3.1 "都"的已有研究 ……………………………………（154）
5.3.2 对"都"核心功能的再归纳 …………………………（156）
5.3.3 "都"对无界任指解读的影响 ………………………（165）
5.4 方言中的任指疑问词 ……………………………………（166）
5.4.1 任指疑问词的构造 ……………………………………（166）
5.4.2 任指疑问词的句法表现 ………………………………（168）
5.4.3 任指疑问词指称语义的分化 …………………………（170）
5.5 本章小结……………………………………………………（175）

第6章 实现于人称代词的指称范畴 ………………………（177）
6.1 普通话的"们"及其句法语义表现 ……………………（177）
6.1.1 "们"：伴有不显赫复数意义的实指集体标记………（179）
6.1.2 "们"：另类的个体指标记 …………………………（184）
6.1.3 扩展讨论："们"与"（一）些"的
表现与异同 ……………………………………………（188）
6.2 "人称代词+们"的搭配及其对"们"的影响 ………（192）
6.2.1 汉语复数标记的语法化历程及"们"最早出现的
句法位置 ………………………………………………（192）
6.2.2 人称代词对"们"指称功能的具体影响 ……………（194）
6.3 方言中类似"们"的成分 ………………………………（196）
6.3.1 加在人称代词后的标记 ………………………………（196）

6.3.2　瑞安话的"侬"……………………………………（199）
　6.4　本章小结………………………………………………（205）

第7章　人称代词作领有者的定语领属结构及寄生其中的指称功能……………………………………………………（206）
　7.1　领属关系的不同类型…………………………………（207）
　7.2　方言中的领属结构：实指范畴的寄生宿主…………（209）
　7.3　本章小结………………………………………………（214）

第8章　其他指人的代词及其指称解读………………（217）
　8.1　"人家"及其功能发展………………………………（217）
　　8.1.1　"人家"的不同用法及其指称解读………………（218）
　　8.1.2　北京话的省略式"人"及其指示形容词化……（221）
　　8.1.3　方言中的"人家"类成分…………………………（225）
　　8.1.4　小结……………………………………………（232）
　8.2　"某"及其功能发展…………………………………（233）
　　8.2.1　汉语史上的"某"…………………………………（233）
　　8.2.2　现代汉语中的"某"………………………………（234）
　　8.2.3　方言中类"某"的成分……………………………（240）
　8.3　本章小结………………………………………………（242）

第9章　结语……………………………………………（244）
　9.1　语言事实与理论………………………………………（244）
　　9.1.1　汉语事实背后的指称理论体系…………………（244）
　　9.1.2　汉语指称概念范畴化反映的方言类型差异……（246）
　9.2　现代汉语指称问题的进一步研究：回顾与展望……（247）

参考文献………………………………………………（250）

附　录 ·· (279)
　　A　瑞安话指示词表 ································ (279)
　　B　瑞安话疑问代词调查表 ························ (279)
　　　　B-1　疑问用法 ································ (280)
　　　　B-2　非疑问用法 ···························· (283)
　　C　瑞安话人称代词表 ···························· (290)
　　D　第4章使用的调查问卷 ······················ (290)

术语索引 ·· (292)

后　记 ·· (296)

Content

1 **Introduction** ………………………………………………… (1)
　1.1　The Origin and Purpose of the Research ………………… (1)
　1.2　The Objects of the Research and the Definition of
　　　　terminology ………………………………………………… (4)
　　　1.2.1　Pro-forms ……………………………………………… (4)
　　　1.2.2　Reference/referentiality …………………………… (12)
　1.3　Theoretical Framework and Research Methods …………… (23)
　　　1.3.1　Theoretical Support: Linguistic Typology and
　　　　　　Linguistic Inventory Typology ……………………… (23)
　　　1.3.2　Methods of Research ………………………………… (27)
　　　1.3.3　The Source of the Corpus ………………………… (32)
　1.4　The Main Content and Arrangement ……………………… (33)
　　　1.4.1　Demonstratives ……………………………………… (33)
　　　1.4.2　Interrogative Pro-forms …………………………… (34)
　　　1.4.3　Pronouns ……………………………………………… (35)

2 **Attribute Use of Demonstrative Phrases** …………………… (37)
　2.1　The Features of Referentiality of Demonstrative Phrases in
　　　　Chinese ……………………………………………………… (38)
　2.2　The Influence of Classifiers on the Referential
　　　　Interpretation ……………………………………………… (43)

2.2.1 Classifiers in Chinese ……………………………… (43)
2.2.2 Attribute Use of the Construction of "Dem + Classifiers for Individuals + N" ………………… (46)
2.2.3 Attribute Use of the Construction of "Dem + Classifiers for Kinds + N" ……………………… (51)
2.2.4 Attribute Use of the Construction of "Dem + Classifiers for Collectives + N" ……………… (56)
2.3 The Asymmetric Expressions of "Zhe (这) / Na (那)" …………………………………………… (57)
2.4 Summary ……………………………………………… (58)

3 Referential Interpretation of Demonstrative Phrases and Related Forms in Dialects ……………………… (60)
3.1 The Constructions of Definite "CL + N" …………… (63)
3.2 The Construction of "Approximate Number + CL + N": A Case Study ………………………………………… (72)
3.2.1 Definite Reading ……………………………… (72)
3.2.2 Indefinite Reading …………………………… (80)
3.2.3 Numeral Reading ……………………………… (81)
3.3 Referential Interpretation of The Constructions of Indefinite "Yi (一) + CL + N" ……………………… (90)
3.3.1 Numeral Constructions in Chinese …………… (90)
3.3.2 "Yi (一) + CL + N" in Mandarin …………… (105)
3.3.3 "Yi (一) + CL + N" in Dialects …………… (111)
3.4 Summary ……………………………………………… (113)

4 Referential Interpretation of Interrogative Pro-forms …… (115)
4.1 "Shi" (是) – sentence: A Typical Context for Discussion …………………………………………… (116)

4.2　Noun Phrases Co-occurring with Interrogative Pro-forms ··· (120)
　　4.2.1　Rigid Designator and "Deictic Designator" ········· (120)
　　4.2.2　Referential Interpretation of Co-occurring Noun
　　　　　Phrases ·· (121)
4.3　Referential Interpretation of Human-designated
　　Interrogative Pro-forms ·· (126)
　　4.3.1　"Shui"（谁）·· (126)
　　4.3.2　"Shenme ren"（什么人）······························ (127)
　　4.3.3　"Nayige ren"（哪一个人）······························ (135)
　　4.3.4　How Referential Functions Influences the Co-occurrence of
　　　　　Pro-forms and NPs ···································· (136)
　　4.3.5　Summary ·· (138)
4.4　Object/Event-designated Interrogative Pro-forms ········· (140)
4.5　Summary ·· (141)

5　Free-choice Interrogative Pro-forms and Referential
Interpretation ··· (143)
5.1　Existential Readings ·· (145)
5.2　Universal Readings ·· (147)
　　5.2.1　The Unbounded type ······································ (148)
　　5.2.2　The Bounded type ·· (148)
5.3　"Dou"（都）: A Lexical Quantification Item and
　　Trigger of FC Interpretation ·································· (152)
　　5.3.1　Previous Research ·· (154)
　　5.3.2　Revision about the Functions of "Dou"（都）······ (156)
　　5.3.3　The Influence of "Dou"（都）on Unbounded
　　　　　Readings ·· (165)
5.4　Free-choice Interrogative Pro-forms in Dialects ············ (166)
　　5.4.1　Formation ·· (166)

5.4.2 Syntactic Performance ……………………………… (168)
5.4.3 Semantics Performance ……………………………… (170)
5.5 Summary …………………………………………………… (175)

6 Reference Category Realized in Personal Pronouns …… (177)
6.1 "Men"（们）in Mandarin and Its Syntactic and Semantic Performances …………………………………… (177)
    6.1.1 "Men"（们）: A Specific Collective Marker with Weak Plural Meaning ……………………………… (179)
    6.1.2 "Men"（们）: An Alternative Non-generic (Individual) Marker ………………………………… (184)
    6.1.3 Further Discussion: "Men"（们）vs. "Yi Xie"（一些）………………………………………… (188)
6.2 "Pronoun + Men（们）" and Its Influence on "Men（们）" ………………………………………………… (192)
    6.2.1 The Grammaticalization of Plural Markers and the Origin of "Men"（们）……………………………… (192)
    6.2.2 The Influence of Personal Pronouns on the Referential Function of "Men（们）" ………………………… (194)
6.3 "Men"（们）- like Components in Dialects ………… (196)
    6.3.1 Collective/Plural Markers Following the Personal Pronouns ……………………………………………… (196)
    6.3.2 [lei^0] in the Rui'an Wu Dialect: A Case Study ……………………………………… (1199)
6.4 Summary …………………………………………………… (205)

7 Referentiality of the Possessive Construction with Personal Pronouns as Prossessor ……………………………………… (206)
7.1 Types of Possessive Meanings ……………………………… (207)

7.2　Possessive Structures in Dialects: Host of
　　　Specific Category ………………………………………… (209)
7.3　Summary ………………………………………………… (214)

8　Other Human-Designated Pro-forms and Their Referential Functions ……………………………………………………… (217)

8.1　"Renjia"（人家）and the Devolopment of
　　　Functions ………………………………………………… (217)
　8.1.1　Different Usages of "Renjia"（人家）and Its Referential
　　　　　Interpretation ……………………………………… (218)
　8.1.2　"Ren"（人）as Demonstrative Determiner in the
　　　　　Beijing Dialect ……………………………………… (221)
　8.1.3　"Renjia"（人家）–like Components in
　　　　　Dialects ……………………………………………… (225)
　8.1.4　Summary …………………………………………… (232)
8.2　"Mou"（某）and the Devolopment of Functions …… (233)
　8.2.1　"Mou"（某）in the History of Chinese
　　　　　Language …………………………………………… (233)
　8.2.2　"Mou"（某）in Modern Chinese ………………… (234)
　8.2.3　"Mou"（某）–like Components in Dialects …… (240)
8.3　Summary ………………………………………………… (242)

9　Conslusions ……………………………………………… (244)

9.1　Linguistic Facts and Theories ………………………… (244)
　9.1.1　The Reference Theory System Based on Chinese
　　　　　LInguistic Facts …………………………………… (244)
　9.1.2　Typological Features of Dialects behind
　　　　　Referentiality ……………………………………… (246)

9.2　Further Research On Reference in Modern Chinese：
　　　Retrospect and Prospect ……………………………（247）

References ………………………………………………（250）

Appendix ………………………………………………（279）
　A　Table of Demonstratives in the Rui'an Wu Dialect ………（279）
　B　Table of Interragatives in the Rui'an Wu Dialect …………（279）
　　　B-1　Interrogative Use ………………………………（280）
　　　B-2　Free-choice Use ………………………………（283）
　C　Table of Personal Pronouns in the Rui'an Wu Dialect ……（290）
　D　Qustionnaire used for Investigating the Functions of
　　　"Shenme Ren"（什么人）………………………………（290）

Index of Terms …………………………………………（292）

Postscript ………………………………………………（296）

第 1 章

绪　　论

1.1　选题由来与研究目的

指称问题是语言哲学和语言学共同关注的热点问题。徐烈炯、刘丹青（[1998] 2007：140）指出，词语的指称义和量化问题，是当代语义学和语言哲学的前沿课题或尖端课题，有许多问题尚在深入讨论和激烈论辩中。

本书讨论的"指称"属于语义语用概念。有学者提出区分句法上的定指（syntactically definite）和语义上的定指（semantically definite），如黄正德（Huang, 1987：241）等。句法上的定指是指某些形式有固定的指称解读。例如，一般认为英语的指示词是定指的，但这是根据某个具体语言得出的结论，汉语指示词、指示词短语的情况可能就并非与英语等印欧语完全相同（详见第 2 章）。本书将指称看作统一的语义语用概念，不区别句法上的定指和语义上的定指。

具体到汉语的指称问题来说，汉语名词性成分的指称问题近些年才真正进入学者们的视野，这和西方的语言学研究很不相同（徐烈炯 Xu, 1997：ix）。目前，相关讨论主要涉及以下概念：指称性（referentiality）、定指性（definiteness）、实指性（specificity）、通指性（genericity）、可辨识性（identifiablity）、唯一性（uniqueness）、任意性（arbitrariness）等。几乎所有语言都能表达上述概念，但未必所有语言都会对这些概念进行专门的形式编码。而且出于经济性考虑，没有任何一种语言会以形式手段编码上述所有概念。例如，汉语就没有定冠词和不定冠词，这也导致汉语的光杆名词产生歧义解读。

汉语是话题显赫（Li 和 Thompson，1976；徐烈炯、刘丹青，[1998] 2007 等）、语用优先（刘丹青，1995a 等）且有量词（即分类词，classifier）的语言。指称解读的系统性差异也反映了汉语方言内部的语法差异。指称问题本身的复杂性及其与汉语个性因素的交织，使得问题更为复杂，也更值得探讨。

有学者已经看到汉语名词性成分指称语义的复杂性，并对其中的光杆名词、领属结构等展开研究。陈平（1987）讨论了汉语中与指称问题密切相关的四组概念，是汉语学者讨论指称问题的重要参考文献。徐烈炯（1995）引进了形式语义学的研究成果，并在此基础上对汉语名词性成分的指称概念、范畴化及相关的量化问题等进行了讨论。本书对指称概念的分类与层级观念主要建立在此基础上。徐烈炯（Xu，1997）是集中讨论汉语名词短语指称特征的论集，以普通话为线索，对汉语名词短语的指称解读进行了跨方言比较，并详细考察了汉语中重要的量化成分"都"。方梅（2002）以指示词"这"和"那"在北京口语中的语法化为例讨论指称问题，指出北京话的"这"已经产生了定冠词的功能，是指示词在篇章中进一步发展的结果。同时，这一现象与北京话中数词"一"的不定冠词用法并行。这一结论为跨方言的指称研究提供了重要参考。刘丹青（2002）探讨了汉语中以主语/话题为原型位置的类指成分的语义属性，指出：汉语的类指 NP 主要以光杆名词短语形式出现，但也能与带表类量词的定指标记同现，显示光杆名词短语和类指量词均具有类指属性，同时提出"光杆名词短语类指普遍性假说"——一切名词性单位中，其不带指称标记的 NP 都具有类指义。在此基础上，对相关现象的跨方言差异进行了考察。目前，这一系列考察的最新进展是刘丹青（2020），结论是浙北吴语（如海盐、长兴等）的指示词和种类量词经过合音和语法化，已经成为名词前的专职类指标记，接近类指冠词。这种类指标记的形成有赖于特定的库藏条件：吴语的量词显赫，可以单独限制名词并兼作定语标记。沈园（2005）考察了汉语光杆名词词组的语义及语用特点，其对语义和语用的区分对本书有重要的启发作用。王广成（2007）以汉语不定指名词短语为主要研究对象，较系统地将指称和量化结合起来研究。谢妙玲（Hsieh，2008）采用形式学派的观点讨论汉语名词词组，涉及汉语的数量短语、名词性成分指称解读的影响因素，也涉及普通话的"复数标记""们"。白鸽（2015）对"定冠词＋NP"表达类指义这一现象进行了跨语言的库藏类型学分析，发现不同语言的"定冠词＋NP"一方面在有无类指功能及类指能力的高低两方面存在差异，一方面又在句法语义上表现出一定共性。陈振宇（2017）在语言哲学和数理逻辑的背景下全面研究汉语中的个体指与类指、通指、定指与不定指等指称概念。但总的来说，目力所及范围内，关于汉语代词指称语义的专题讨论并不丰富。

本书希望在已有研究基础上，通过深入挖掘汉语实际，回答以下几个问题。

第一，汉语及其方言中，哪些指称概念已经被范畴化，其范畴标记是什么。跨方言地看，范畴化的情况存在哪些差异，其中的影响因素是什么。

第二，汉语的几组指称概念存在怎样的关系，是上下位关系还是平行交叉关系？即汉语的指称概念层级如何划分。

第三，西方语言学界对指称问题的结论多来自以印欧语（尤其是英语）为主要对象的研究，这些结论对汉语事实的解释力如何。汉语的语言事实对已有结论是否能进行补充或促进发展。

第四，汉语各方言的指称系统有哪些差异，具体方言的哪些个性特征造成了这些情况，是否能够从中归纳出汉语方言的类型特点。

结合研究目标，综合考虑研究规模的可行性，本书主要以现代汉语代词的指称为对象，考察其主要表现和基本规律，总结指称概念在汉语中范畴化的具体程度。同时，为将这一工作扩展到整个名词性范畴的研究打下基础。

1.2 研究对象和术语界定

本书的研究对象是现代汉语代词的指称问题。首先需要明确汉语代词的范围，并对相关术语的使用进行必要的说明。同时，指称问题本身十分复杂，属于语言哲学的研究对象，并非本书的研究重点。因此，与指称相关的概念，本书主要参考已有研究进行梳理和界定。

1.2.1 代词：对象范围与术语界定

代词是语言系统中的重要部分。汉语学界对代词有长期的研究历史，已有成果丰富。可以从下述三个角度进行梳理。

1.2.1.1 代词的小类

王力（1985：13）认为，代词本身不表示实物、实情或事实，却能在一些情形下代替名词、形容词或动词的用途。它本身是"虚"词，代替的对象却是"实"词（现代汉语 语法体系一般 认为代词是实词，这里的"虚"主要是语义所指的"虚"）。

汉语代词系统中的成员有原型和非原型之分，前者包括指示代词、疑问代词和人称代词。后者在汉语史上各时期则各有不同。

古汉语代词的范围较广，除上述三类原型成员以外，还包括关系代词（如"所"）[1]、称代性及应对用的否定词（如"否、或、

---

[1] 现代汉语没有专门的关系代词，而由泛用定语标记"的"兼任，可参见刘丹青编著（2017：421—422）。

莫"等)①。《马氏文通》将"莫"也看作不定代词②(马氏称为"指代字")。"或"可以作表人的主语(杨伯峻,1981:74—75),是真正的不定代词。"或"前面也可有先行词,可以指人或指物。现代汉语中没有"莫、或"等不定代词。另外,王力(1985:205)认为"人、人家、别人、大家"及"某、等"等古代汉语的遗留成分都是现代汉语中的不定代词,因为"它们所替代的人物是颇模糊的"。其实,现代汉语中"人家"和"某"的句法表现、语义解读和语用功能都已经发生变化,不再是不定代词,但仍非常活跃,且这些活跃表现存在跨方言差异。第8章将讨论"人家"和"某",此不展开。除上述几类外,还有复指代词、互相代词和偏指代词等。

马建忠([1898]2009:43)实字③卷二将"代字"分为指名代字(又再细分两类:指所语者、指前文者)、询问代字、指示代字、接读代字四类。其中,接读代字用于"顶接前文",包括"其、所、者"三个成分,各示例如下:"荀子议兵:秦人,其生民也陿陋,其使民也酷烈","礼大学:孝者,所以事君也","孟公上:为此诗者,其知道乎"。黎锦熙([1924]1992:87)将"代名词"定义为代替名词的词,包括:称谓代名词(代替人物的名称)、指示代名词(代替言者所指的事物)、疑问代名词(代替所不知道的事物)和联接代名词[代替附有形容语句的事物,包括"的(者)"和"所"]。

---

① 吕叔湘([1954]2002:242)指出,"否"等"以否定词而兼含动词或形容词于其内,所以是称代性的"。
② 韩学重(2000)归纳了已有研究对"莫"的观点,大致有三:第一,"莫"只作主语;第二,"莫"的前面总伴有或暗含一个先行词,指人或事物的群体。"莫"的作用是对群体中所有个体进行逐个否定,从而否定群体,表示整个群体中没有一个(一件、一处)如此。"莫"前的先行词有时出现在上文的某一成分中,有时因泛指而不出现,但在理解句子时可以补出来。我们注意到,韩学重(2000)在对"莫"定性时,混用了"无定词"和"无指代词"两个名称。这可能与"莫"的"全称否定"意味有关。
③ 《马氏文通》中的"字"即为现在所说的"词","实字"即为实词,相对地,"虚字"即为虚词。"凡字有事理可解者曰实字,无解而惟以助实字之情态者曰虚字"(卷一)。

马氏的接读代字包括了黎氏的指示代名词（"其"）和联接代名词["的（者）"和"所"]两类。高名凯（[1945]1986：123）将人称代词主要分为指示代词和人称代词，另外还有甄别代词、疑问代词、关系代词等。丁声树等（[1961]1999：5）、张志公等（[1959]1979：64）等则主张将代词分为指示代词、疑问代词和人称代词。

上述分类中的差异主要是学者的理论观点和处理方式造成的，另有一种模糊的情况是语言处在发展过程中的反映。一般认为，汉语史上的第三人称代词"彼、其、之"等并非真正的第三人称代词，而是指示性成分。"其"多作定语，"之"多作宾语。唯一能见于主语位置的"彼"也仍然保留远指义，常与指近的"此、我"等对举，无法自由指称第三人称，如"彼，丈夫也；我，丈夫也，吾何畏彼哉"。现代汉语普通话里的第三人称代词"他"是在近代汉语时期产生的。[①] 同一时期还出现过其他第三人称代词，如"其、渠、伊"，在现代的汉语方言中仍保留着[②]（蒋绍愚、曹广顺，2005：40）。总的来看，第三人称代词和指示代词本就错综复杂，这从世界语言这一大范围来看也具有普遍性。但二者的纠缠并不影响汉语代词系统的原型成员：指示代词、疑问代词和人称代词。三者的原型地位也得到了跨语言证据的支持。

Diessel（2003）指出，以印欧语为基础的传统语法区分了几种不同类型的代词，即指示（代）词、疑问（代）词、不定代词、关

[①] 郭锡良（1980）则认为"他"在初唐时期开始具有第三人称代词的语法功能，盛唐以后正式确立起作为第三人称的地位。具体来看，在先秦时代它是不定代词，意为"别的"，汉末到南北朝时期由"别的"演化出"别人"的意思，这也是"他"向第三人称代词转变的重要阶段。

[②] 从东汉文献的情况看，"其"往非从属性的第三人称代词发展的倾向很明显。从出现的文献看，"其"作第三人称代词在南方译经中出现频率较高，这反映了当时南方的"其"较早地发展为独立的第三人称代词，这可以解释为什么现代吴语不少方言的第三人称代词来自"其"（吴安其，2010）。

系代词、人称代词①。后三者通常从前二者派生而来：不定代词通常来自失落重音的疑问代词，关系代词通常来自指示代词或疑问代词，第三人称代词通常与指示代词密切相关（这也得到了汉语史研究的支持）。

同时，指示（代）词和疑问（代）词又有几点共性。句法特征上，二者都有跨越各词类的小类。语义上，以不同语义小类为线索（如人、处所、数量、方式等），指示词和疑问词针对同一语义小类可能有相同或相似的形式表现②，如 Lezgian 语（Haspelmath［1993］2011：188）的指示词和疑问词在语义上关涉同一小类时就有相同或相似的词形变化，见表1。

形态上，疑问词和指示词也有相似之处。例如，很多语言的指示性副词和疑问性副词都包含相同的派生语素。同时，疑问词和指示词都承载重音。

表1　Lezgian 语的词形变化（Haspelmath［1993］2011：188）

	指示词	疑问词
人/物（person/thing）	im	him/wuž
处所（place）	inag	hinag
处所（place）：在（at）	ina	hina
处所（place）：上（on）	inal	hinal
处所（place）：内（in）	inra	hinra

---

① Diessel 在引用传统研究时使用的术语分别是：demonstrative pronoun（指示代名词）、interrogative pronoun（疑问代名词）、indefinite pronoun（不定代名词）、relative pronoun（关系代名词）、personal pronoun（人称代名词），但他在自己的阐述中使用的术语分别是 demonstratives、interrogative，即西方学界使用、本书沿用的"指示词"和"疑问词"。

② 疑问代词和指示代词的区别主要表现在人类性（humanness）特征、选择性（selective）特征和直指性（deictic）特征上。疑问代词比指示代词更注重人类性特征和选择性特征，指示代词则比疑问代词有更明显的直指性特征，因此指示代词至少是二分的（以区别距离远近）。疑问词通常不带有直指特征。

续表

	指示词	疑问词
方向（direction）：往	iniz	hiniz
方向（direction）：自	inaj	hinaj
方式（manner）	ik'	hik'（a）
数量（amount）	iq'wan	hiq'wan
性质（quality）	ixtin	hixtin

Diessel（2003）认为二者的共性源于相似的语用功能：引导听者寻找和锁定特定的所指。指示词和疑问词的主要功能体现在听说双方的交流互动，关心听者对新事物、新对象的态度。其中，指示词更关心现场环境，疑问词更关心言者的知识储备。

1.2.1.2 人称代词、指示代词和疑问代词

人称代词中最主要的成员是三身代词。也有顾及其他人称代词的分类法，如黎锦熙（［1924］1992：87—88）将称谓代名词分为自称（言者称呼自己）、对称（言者称呼听者）、他称（言者称呼自己和听者以外的人）、统称（统括自称和对称两方面，有时也统括他称，如"大家、彼此"）、复称（复指上面的名词或代词，如"自己"）。丁声树等（［1961］1999：141）将人称代词分成：①"我、你、他"；②自己；③别人、人家；④大家、大伙儿。本书主要涉及三身代词，也兼及"别人、人家"这类用于旁指①的代词。

指示代词根据指示距离意义的不同，可分为近指和远指两类（吕叔湘，［1954］2002：164—166），在普通话中是"这"和

---

① 旁指（residual demonstrative）指的是在语篇中排除某一个/些对象 X 之后的其他对象。现代汉语的旁指代词包括"另、另外、他、其他、其余、旁（的）、别（的）"等（彭爽，2007：1）。陈振宁（2017）认为汉语的他称（other-reference）和旁指有必要进行进一步辨析。第一，旁指可指人或指物，而他称一定指人。因此他称可视作旁指的一个特殊类型；第二，旁指的"否定参考点"随语篇与语句内容而定，原则上任意对象都可能担任；他称的否定参考点只能是"自己"，即事件行为的主体。所以旁指属于指称范畴，而他称属于指示系统。本书的讨论兼及指示系统和指称系统。

"那"。丁声树等（［1961］1999：150）指出，指示代词中最常用的是"这、那"以及由"这、那"构造的指示时间、处所、方式、程度等的词。张志公等（［1959］1979：102—103）、朱德熙（1982：85）也作相同处理。本书涉及近指和远指的指示代词，以及指人和事物的相关指示形式。

疑问代词属于不定指的指称词（吕叔湘，［1954］2002：172），不一定只用于询问，有时只表示不能决定或不必决定。用于询问时，可以问人物或情状事理，也有问数量、处所和时间的。本书同时涉及疑问代词的疑问用法和非疑问用法。为了更方便地讨论指称问题，一般只涉及指人和事物的疑问代词。

1.2.1.3 选择代词作为研究对象的依据和价值

将考察范围明确限定在代词，是因为我们看到了亟待解决的相关问题，这些问题十分复杂，彼此之间又有相关性和系统性，主要有：①汉语指示词短语及相关指示形式的指称问题；②疑问代词疑问用法的指称问题；③疑问代词非疑问用法的指称、与量化成分的互动及跨方言差异；④汉语人称代词的复数形式及表示复数意义的"们"的本质属性和功能等。

我们以非疑问用法的疑问代词的指称表现为例，谈谈上述问题的复杂性及其在跨语言比较中的价值。英语中，自由关系从句与疑问代词的非疑问用法密切相关。非疑问用法的疑问代词可构建两类自由关系从句，一是普通的名词性关系从句（plain free relative），具有定指/唯一性解读，如 We want to make sure that what we're doing is really what we ought to be doing；二是 - ever 任选从句（- ever free relative），可用于全称量化（Jacobson, 1995；Dayal, 1997），如 You go ahead and think whatever you want。汉语普通话则没有上述两种区分，这是因为普通话疑问代词的非疑问用法可以根据是否包含需要被约束的"从属世界变量"（dependent world variable）而有所不同：含有被约束变量的具有定指性，不含有被约束变量的具有不定指性

(Giannakidou 和 Cheng，2006；Cheng 和 Giannakidou，2013)。① 跨汉语方言来看，不同方言中疑问词的非疑问用法也有这组区别，但形式表现往往存在明显的差异。进一步地，若将整个代词系统联系起来考察，可能又有更深入的发现。②

1.2.1.4 汉语"代词"术语的内涵及其变化

国际文献中使用的 pronoun 在汉语研究中通常译为"代词"，但其实际所指窄于国内文献的代词。应按其字面义翻译和解读，即代替名词的词。③ 与之相应，国际文献中，具有指示功能的成分统称为"指示词"（demonstrative），只有其中确实替代名词的指示词才称为指示代词（demonstrative pronoun）。王力（1985：203）将人称代词定义为"凡代词能替代人的名称者"，约等于国际语言学界使用的 pronoun。

吕叔湘先生对此已有观察。他将传统的代词改称为"指代词"，根据句法功能的不同区分指别词和称代词两类，揭示出汉语传统研究中的代词内部并不同质。一些词兼属指别词和称代词，便将其合成一类。而其余的"指代词"中，有的只有指别作用（吕叔湘等［1980］2013：1、15）。代词内部各成员的句法功能也不一致。有的代词跟名词相当，有的代词跟形容词相当，有的代词跟副词相当，个别的则跟动词和数词相当。这些被称为代词的成分的共同特点是不跟任何人、物、动作、状态产生固定联系，可以在不同场合"指点"不同的人、物、动作、状态。代词数目不多，但用法复杂，所联系的对象有实体－非实体、定指－不定指、指示－称代的不同（吕叔湘等［1980］2013：1—2）。因此继承《马氏文通》的传统，以逻辑上统一的方式

---

① 对汉语中疑问代词的非疑问用法已有丰富的研究，第 5 章有综述。由于此处希望对汉语普通话和英语的情况作一比较，便从西方学者的相关讨论入手展开。

② Bhat（2004）重点论述了不定代词与疑问代词的关系。二者的关系之所以较难明确，一个重要原因是已有研究较少将其与代词系统中另外一个很重要的成员——指示词联系起来，并在同一个系统中观察。

③ 主要指"人称代词"，有时也包括反身代词，用于指"指示（代）词"和"疑问代词"的机会较少。

进行分类，而不管"代"的是名词、形容词还是副词（吕叔湘著，方梅、朱庆祥读解，2015：79）。综合句法功能和语义功能两方面表现，吕叔湘等（[1980] 2013）将指代词分为四个小类：①人称代词，只有称代作用，没有指别作用；②定指指代词，由"这、那"单独或加其他成分构成；③不定指指代词，除"谁、什么"外，由"哪、多、怎（么）"单独或加其他成分构成，多用于疑问，也可用于虚指或泛指；④其他指别词，如"某、每、各、另外、其余、其他"等。

本书希望明确，传统研究中的"指示代词"和"疑问代词"实际上是指示词和疑问词，后一组术语的所指范围较大。一方面，吴、粤等方言中的近远指词基本上都是只指不代的，主要表现在不直接与名词性成分搭配，而必须由量词中介。这些只指不代的指示性成分本身及与之相关的指示形式对方言指称系统整体面貌的重要性不言而喻，是本书讨论的对象；另一方面，狭义的代词只包括代名词，其他"代形式"[①] 则被排除在外（Bhat，2004；刘丹青编著，[2008] 2017 等）。本书按照陈玉洁（2010：9）等的做法，将指示代名词（demonstrative pronoun）、指示限定词（demonstrative determiner[②]，也称作指示形容词）等统称为指示词。[③] 疑问词内部也有

[①] Bhat（2004：1—2）认为人称代词（pronoun）和其他代词在性质上明显不同。他将其他代词称为"代形式"（pro-form），并指出典型的人称代词是一种单语素的表达形式，主要功能是表明话语角色；典型的代形式是一种双语素的表达形式，用于指称一种普遍概念及一种具体功能，包括：（1）对实体进行定位（即指示词）；（2）指出某人对某个实体缺少足够信息（即不定代词）；（3）收集关于某个实体的信息（即疑问代词）；（4）辨别使用其他表达形式指称的同一实体；（5）将某一实体与其他使用普遍概念的实体进行关联（Bhat，2004：9）。

[②] 吴、粤方言中的指示词属于此类。

[③] 根据 Diessel（1999：4），指示词还包括指示副词（demonstrative adverb）和指示区别词（demonstrative indentifier）。指示副词通常由指示性词根和处所/方向词缀构成（Diessel，1999：31），指示副词可以发展为时间副词、方向助动词或句子连接词。指示区别词（Diessel，1999：6）指一些语言在系词句或非动词从句中使用的特殊指示词形式，仅用于在言语情景中将指示对象指别出来，常被认为是指示代词，但其实二者的形式有差异。指别区别词可以发展为系动词、焦点标记或叹词（Diessel，1999：143—150）。一般认为汉语中没有这两类成分。

类似问题，如问方式、原因、性状的"怎么、为什么、怎样"等的称代性就远低于问人和事物的"谁、什么"。疑问词的非疑问用法也使这一系列问题更加复杂。因此，本书仿照对指示词的处理，也认同将传统的疑问代词称为疑问词。①

但本书将涉及诸多已有研究，使用的术语多为"疑问代词、指示代词"。经过上述说明和界定，沿用旧称也无不可。不过，无论使用"指示词"或"指示代词"，吴语、粤语中只指不代的指示性成分都在本书的讨论之列；无论使用"疑问词"或"疑问代词"，疑问词的非疑问用法都在本书的讨论之列。

1.2.2　指称：术语的选择与定义

指称（reference / referentiality）概念的确立与理论体系的建立主要基于哲学家、语言哲学家、逻辑学家等对印欧语的研究。对指称问题的讨论持续时间长，涉及内容多，研究成果汗牛充栋。本节参考已有研究，对本书涉及的指称概念进行梳理。

1.2.2.1　与指称相关的几对概念及其定义

1.2.2.1.1　个体指—类指

J. Lyons（1977）全面地讨论了语义问题，涉及与指称相关的诸多问题。Carlson et al.（1995）、Haspelmath（［1997］2001）、C. Lyons（1999）等均为指称问题的专门论文集或专著。Partee（1987）系统阐释了名词短语的指称问题，为名词性成分的两种彼此冲突的解读提出解决方案。这两种冲突的观点是：蒙太古所主张的，将名词性成分统一处理为广义量词；蒙太古之前或之后的研究者主张的，将指称（referring）、谓词和量化三块内容加以区分。她将这两种观点结合起来，提出：一种名词短语可以有几种不同解读，分别是指

---

① 早期汉语语法研究中，询问动作或情况的时间、数量、原因、方式或情形以及表示反诘或反推的成分均列入疑问副词（黎锦熙，1992［1924］：144—147）。现代的语法研究中基本上不再设专门的疑问副词，而是将上述成分都归入疑问代词。本书讨论的疑问词实际上就是将传统的"疑问副词"排除之后的"疑问代词"。

称（语义类型为 <e>）、述谓（语义类型为 <e, t>）、广义量化（语义类型为 <<e, t>, t>）。三者之中，广义量化这一类型是最复杂的，却也是最普遍的解读。Partee（1987）认为所有的名词短语都有广义量化的解读，只有一部分名词短语有指称或述谓的语义解读，并主张三者之间存在类型转换（type-shifting），可以用于识别实体、谓词和量化词。以英语完整名词短语（the full NPs）为例，<e, t> 是有标记的类型，<e> 和 <<e, t>, t> 是无标记的类型。对普通名词（common noun）短语和动词短语来说，<e, t> 是无标记的类型，同时，这也是形容词短语和介词短语的一种可能的类型。很多语言的完整名词短语和普通名词短语没有明确的句法差异，类型转换理论可以帮助解释相关的一些语言事实。至少在英语中，没有一种句法范畴可以被统一解读为 <e> 类型，反而许多不同类型的名词短语都将 <e> 作为其中一种合理解读。类型转换在某些语言中通过限定词实现。例如，英语的不定冠词 a 有存在算子的功能，定冠词 the 有 ι 算子的功能。但也有些语言的类型转换无须借助显性的句法标记。

Chierchia（1998b）认为，任何自然特征都对应于一个类别，同时，任何自然类别也对应于一个特征，即特征和类别之间是对应关系。同时，他假定了一些类型转换操作，认为特征和类别可以互相转换：类别是特征的名词化（语义类型为 <e>），特征是类别的谓词化（语义类型为 <e, t>）。他同时区别类别—个体，提出作为类别谓词化结果的特征应与个体的特征相区别。只有成类的、具有固定功能和行为的个体对象才是类别，类别是个体实例（instance）的复数意义，是所有个体实例的总和。光杆复数形式有类指（kind-reference）解读，但又允许成系统的灵活性。总的来看，他已注意到类别的特征有别于个体的特征，也注意到个体实体和由个体实体聚合成的类别存在差异。Krifka（1995）指出，光杆名词短语既不用于类指也非不定指解读，但它们在不同条件下可强制表示类指或不定指。一个光杆普通名词至少有两种功能：一是表类指，二是表该类别实体集合的外延。Krifka（1995）也已注意到类的特征、个体的特征、具有共同特征的个体的集合这三者的区别。陈振宇（2017：59—70）也认为，"类"既可以解读为分享共同属性的事物的集合，也可以解读为概念。后者不仅指对象的集合，也代表了进行范畴化的抽象思维方式。他将类指分为六种不同的认知模式①：属性类指、整体类指、典型类指、概率类指、个体类指、子集类指。同时，将属性类指与无指等同起来，指只运用概念的内涵或属性而不与外延产生必然联系。我们不取这种分类，而将其单独分为一类，详见下一小节。

综上所述，实体和特征、有指（referential）和无指（non-referential）、个体和类，并不是泾渭分明的。陈玉洁（2017c，另有私人交流）结合 Chierchia（1998b）等已有研究，将类别的特征称为"特征类"，将具有相同特征的个体实体聚合成的类别称为"个体类"。本书在个体—类的讨论中也沿用这一处理。

---

① 整体类指也称为"集合概念"，指将概念集合看成一个整体，而不是讨论它的部分成员。包括两种情况：（1）概念节点，即将整个概念视为一个单一的事物，实际上就是将类"个体化"了；（2）集合属性，即考察这一集合整体的性质，这些性质是其中任何一个或一组成员都不具有的，只能是集合的。典型类指指称该概念所代表的集合中的某个或某些典型成员。例如，"学生应该好好学习"，这一句中的"学生"指一个典型的、理想状态中的学生。概率类指指称该概念所代表的集合中的具有相当数量的成员（如全体或大多数成员），它们各自分别参与了同样的事件。个体类指指称该概念所代表的集合的某个或某些成员，但它们并不一定具有典型特征（可以有或可以没有）。个体类指主要有两类，具有各自不同的类性质：（1）只要是该类的成员，则一定满足这一事件；（2）只要是该类事件，则一定满足这一成员的要求。

整体类指与典型类指都不指称具体成员，概率类指与个体类指都指称概念集合中的具体成员，只不过在量化意义上不同：概率类指一定指一个复数集合；而个体类指则具有两面性，在实际有效的一面讲，它可以是单数的，在可能性的一面讲，它是任意的一个成员，所以个体类指是"可能的事件复数"（可能的或潜在的事件参与者）。

子集类指又称为分类性类指，指一个概念的某一下位概念，一个集合的某一真子集，因此具有两面性：一方面是一个不确定的下位概念或真子集，故是不定指的，另一方面又是指这一下位概念或真子集整体或整体属性，所以也是一种特殊的整体类指。

陈著对类指从各个不同角度进行细致区分。我们虽然不采用陈著对类指的概念分类，但也受其启发。正如刘丹青（2002）指出，无指与类指一样着重内涵而不着重外延。但二者的不同在于，类指有隐形的外延，相当于全量，只是在认知及交际中未被突出或暂时抑制，可通过添加指称成分凸显外延。

1.2.2.1.2　有指—无指（本书称指称用法—属性用法）

语言哲学家对这对概念进行过相当丰富的讨论。本节对语言哲学家观点的引述主要参考了陈嘉映（2003）、涂纪亮（2007）等。

语言哲学家密尔（John Stuart Mill）最早提出区分名词的内涵和外延。内涵就是属性或特征，不指称具体对象，即无指；外延就是对象或实体，指称具体对象，即有指。罗素（Bertrand Arthur William Russell）、维特根斯坦（Ludwig Josef Johann Wittgenstein）、斯特劳森（Sir Peter Frederick Strawson）、唐纳兰（Keith Donnellan）、克里普克（Saul Aaron Kripke）等语言哲学家都探讨过内涵和外延问题，主要着力于对具体形式的研究，他们所谓的指称主要指名词（包括专有名词和普通名词）、摹状词、语句所指的对象。

斯特劳森在《论指称》[①] 中提出应区分"语词本身"和"语词使用"两个不同的概念，并且将语词使用进一步分为属性用法和指称用法两类。他认为，日常语言对词类有所区分，因而可以粗略地区分哪些词通常作指称用法，哪些词通常作属性用法，但词类的功能并没有绝对的界线。唐纳兰（Donnellan，1966）阐述了限定摹状词的属性用法和指称用法：当言者在论断中使用限定摹状词"述说"适合该摹状词的人或事物的某件事情时，限定摹状词作属性用法。此时限定摹状词是必不可少的；当言者在论断中使用限定摹状词以便听者辨认出他所谈论的是什么人或什么东西时，限定摹状词作指称用法。此时限定摹状词仅仅是被用来完成任务的工具。不同语境下，同一个限定摹状词有时是属性用法，有时是指称用法。以指称方式使用一个限定摹状词时，言者实际上假定了某个特定的人或物适合于该摹状词，而在限定摹状词的属性用法中没有这个设定。

例（1）是唐纳兰（Donnellan，1966）所举的例子，后来的研究者对这个例句进行了持续的热烈讨论。例（1）中，Smith's mur-

---

① 中文译本收录在马蒂尼奇（Aloysius Patrick Martinich）著、牟博等译的《语言哲学》一书中。

derer（史密斯的谋杀者）有属性解读或指称解读两种可能。

（1）Smith's murderer is insane.

作指称解读时，其所指是真实存在的特定对象，可挑选出某个具体的个体，"疯狂"是该个体的特征；作属性解读时，Smith's murderer 不指真实存在的对象，而强调一种属性或人与人之间的关系，指"谋杀了史密斯的人"，它不对应某个具体的个体，任何具有这一属性或符合这一关系的人都可以是这一语言形式的所指。

当然，这两种用法是可以区分的，主要标准是：二者在预设信息被否定时会产生不同的语义后果。具体来说，作指称解读时，若言者心中明确是李四谋杀了史密斯，并用"谋杀了史密斯的人"指称李四这一客观对象，此时，即使预设被否定（如史密斯其实是自杀的），例（1）仍然为真，即"李四是个疯子"仍然生效。作属性解读时，如果预设被否定（即史密斯其实是自杀的），那么其所表述的属性或关系就不复存在，"谋杀了史密斯的人"就无所指，句子不成立。

唐纳兰（Donnellan，1966）认为，"所指存在于客观世界"和"所指具有唯一性"是限定摹状词的指称用法和属性用法都可能具备的特征，但指称用法还应具备所指对象的确定性、所指对象的具体性、言者对所指对象的已知性等更多的特征。这即是说，"所指存在于客观世界"并不一定表示该限定摹状词就是有指的，因为属性用法的限定摹状词虽然无指，却也关联到客观世界的对象。只是言者此时关注的焦点并非其是否客观存在，而是限定摹状词的组成成分之间的语义关系或概念关系。塞尔（John Searle，1979）进一步阐明了唐纳兰的观点：属性用法的限定摹状词不指称任何对象，即言者使用属性用法的限定摹状词"the φ"时，即使有实体 e 满足条件，也不能说言者在指称 e 甚至其他任何对象。塞尔认为唐纳兰一方面批驳了罗素的限定摹状词理论过于强调属性用法而忽略了指称用法，另一方面也批驳了斯特劳森过于放大限定摹状词的指称用法而忽略了属性用法。

语言学家对指称义的划分基本与语言哲学家一致。语言学研究中,有指、无指等提法最早见于 Baker(1966),后又见于 Partee(1972)和 Ioup(1977)等(转引自徐烈炯、刘丹青,[1998]2007:154)。

结合已有研究成果,本书对指称用法和属性用法界定如下:指称用法不仅包括指客观世界中真实存在的对象,也包括指存在于言者心目中、可能不存在于客观世界的对象。属性用法则指某个表达在言者心中不对应确定的对象,而只表示一种属性或关系,符合该性质或关系的变量就是这一表达的指称。属性用法有一种极端情形:一个表达确实有客观对象与之对应,但不强调该表达与具体对象的对应关系,尤其不强调客观对象的存在,而是强调各语言成分之间的关系,这种情况也应归于属性用法。为便于讨论,本书将上文相关术语进行整理,结果见表2。

表2　　　　　与名词性成分的指称—属性用法相关的术语

名称	实质
属性用法(attributive) 内涵(intension) 无指(non-referential)	特征、属性、关系
指称用法(referential) 外延(extension) 有指(referential)	实体、客观存在

在对名词性成分的指称解读进行讨论时,关注指称用法—属性用法这组区分很有必要。下面通过汉语中的两个例子进行简单说明。

Gundel 和 Fretheim(2004)在讨论话题和焦点问题时关注到指称用法和属性用法的对立。话题和焦点问题究竟是语法问题还是语用问题,已有研究并无定论。部分学者认为话题和焦点不是单纯从句法上定义的，它们同时具有语义和语用功能。另外一些学者则认为话题和焦点也有单纯从句法结构上定义的情况（可参见 Chomsky，1965；Halliday，1967；Kiss，1998 等）。Gundel 和 Fretheim（2004）认为，产生上述争论的根本原因是未能正确认识话题和焦点内部的小类差异。焦点确实是语用性的话语功能概念，话题则与焦点不同。我们现在已经知道，跨语言来看，几乎所有语言都有话语、语用层面的话题，而在一些语言中（如汉语），话题不仅是话语、语用问题，话题本身就是一个基本句法成分（参见刘丹青、徐烈炯，1998）。话题和述题的关系本质上是已知和未知的关系，但这仅是一种关系或逻辑上的已知—未知之别。与之相对的是指称上的已知—未知。关系或逻辑上的已知—未知将一个句子的语义表征和概念表征分成两个互补的部分 X 和 Y，其中 X 是句子表达的内容，Y 是关于 X 的陈述。Y 相对于 X 而言是新信息。在话题—述题这组概念中，话题是旧信息，述题是新信息。相对地，指称上的已知—未知关心的是一个语言表达形式与对应的非语言性实体在言谈双方的头脑、话语模型、其所处的真实世界或某个可能世界中的关系，关注语言形式对应的实体在其中的定位。一个在指称性上已知程度较高的对象，对某个话题来说在逻辑上可能是未知的。

(2) a. 站在那里的女孩是昨天打了小明一巴掌的姑娘。
　　 b. 昨天打了小明一巴掌的姑娘是他以前的女朋友。

如例（2）a 中，"昨天打了小明一巴掌的姑娘"是在逻辑上表达新信息的述题，但这一语言形式对应的非语言性实体是一个处于言谈现场的对象"站在那里的女孩"，已知程度较高。"昨天打了小明一巴掌的姑娘"这一形式此时兼有指称用法和属性用法。例（2）b 中，"昨天打了小明一巴掌的姑娘"是在逻辑上表达旧信息的话题，这一语言形式对应的非语言性实体则是一个已知程度较低的对象，这一形式此时仅有属性用法而无指称用法。

类似的，汉语的"的"在一定程度上可以分化指称用法和属性用法。例如，"三碗的汤"作数量解读，是属性用法；"三碗汤"可用于指称实体对象。与之平行，"小李的叔叔"表达的必然是亲属性的领有关系，"小李叔叔"可用于指称实体对象（陈玉洁，课堂讲义。另可参见张敏，1998；陆丙甫，2003；Zhang，2013 等）。

综上所述，在名词性成分及相关讨论中，关注这组区别是有价值的。同时，尽管名词性成分的指称—属性用法二分具有跨语言的普遍性，但具体表现又有跨语言的差异。即不同名词性成分是作指称用法或是作属性用法在不同的语言/方言中有不同的具体表现。

1.2.2.1.3　实指—非实指

根据陈平（1987），实指成分和非实指成分的定义如下：当言者使用某个名词性成分时，如果所指对象是某个语境中实际存在的，该名词性成分就是实指成分。如果所指对象只是一个虚泛的概念，则是非实指成分。[①]

（3）老杨想娶一位北京姑娘。（例自陈平，1987）

例（3）是一个歧义句。当"北京姑娘"作实指解读时，指的是老杨已有一位意中人，此人是北京姑娘，或者说具有籍贯为北京这一属性；当作非实指解读时，指的是老杨仍然单身，只是正在找对象，他希望这位姑娘具有籍贯为北京这一属性。

实指和非实指的判断基于言者本人所持的意图，与听者无关。

1.2.2.1.4　定指—不定指

根据陈平（1987），定指成分和不定指成分（已有研究也常将这对概念称为"有定"和"无定"，本书统一称为定指和不定指，

[①] 陈平（1987）将其称为"虚指"成分，本书将其称为"非实指"成分。

有时将"不定指"省略为"不定")的定义如下：当言者使用某个名词性成分时，如果预料听者能将所指对象与语境中某个特定的事物等同起来，能把它与同一语境中可能存在的其他同类实体区分开来，则该名词性成分是定指成分；当言者预料听者无法将所指对象与语境中其他同类区分开来，则该名词性成分是不定指成分。可见陈平（1987）是从对象的可辨识度而非唯一性来定义定指性的。

黄锦章（2004）指出，名词性成分的定指一方面是一种句法现象，在绝大部分形态丰富的语言里，定指和不定指的概念都语法化了。汉语没有冠词，但在句子的编码过程中，定指概念同样发挥了重要作用。语言哲学家在早期研究中着眼于定指现象的语义属性，认为其基本特点是指称上的唯一性。而 20 世纪 70 年代中期以来，当代定指理论摆脱了语义的束缚，更深入地研究定指性成分的篇章功能和认知功能。定指研究的语言学转向以稔熟性（familarity）理论的复兴为标记①（另可参 Chen，2004）。Chen（2015）明确指出了语用上的可辨识度和句法上的定指—不定指的异同。在此基础上可以进一步区别指称上已知的对象和逻辑上已知的对象在定指性上的表现，进一步区别通过不同途径获得可辨识性的对象在定指性上的表现。对这一区分比较有代表性的实践是徐烈炯、刘丹青（[1998] 2007：6—10）：主张对话题—述题、焦点—背景、新信息—已知信息②等概念进行区分，认为最适合作话题的成分应是"已

---

① Gundel et. al（1993）用"确定性"（givenness）总括所有与认知状态相关的特征，将有关状态归纳为焦点（in focus）信息、已激活（activated）信息、熟悉的（familiar）信息、唯一性定指（uniquely identifiable）、有指（referential）及类型定指（type identifiable）六类，构成"确定性层级系统"（Givenness Hierarchy）。前面的认知状态蕴涵于后面的所有状态。

② Copeland 和 Davis（1983）、Lambrecht（1988）（转引自徐烈炯、刘丹青，[1998] 2007：6）认为将信息分为已知信息和新信息也过于粗糙，他们主要采用 [±意识] 和 [±指认] 等特征来区分不同程度的已知信息。具体来说，凡是听者在考虑之中，又可指认出来的，是已知信息；不在考虑之中，又不能指认的，是新信息；当时未被考虑，必要时可以指认出的，则属于可复原的信息。

激活的共享信息"。是否激活与已知程度和可辨识度密切相关。已激活的信息不一定存在于言谈现场,也可以存在于听者的记忆、短时记忆,甚至双方的背景知识中。Gundel(1985、1988)认为,话题的所指对象应该具有一定的熟悉度,是存在于听者记忆中的已知对象(形式上,这种具有一定熟悉度的实体一般不能由不定指形式表示)。"已被激活的信息"比"已知信息"更明确。因为在汉语事实中,话题并不都是已知信息。

与实指—非实指不同,定指—不定指的判断主要基于言者对听者认知状况的判断,与言者本人是否具有辨析能力并没有直接关系。陈平(1987)进一步指出,以下三种典型情况中,言者可以认为听者具备将实际所指对象从语境中辨析出来的能力[例(4)—(6)自陈文]。

第一,所指对象在上文出现过,现在对其进行回指,如例(4)中的第二个"青工"。

(4) 9月6日,一个农民打扮的人在翠微路商场附近摆了个摊子,声称专治脚鸡眼,青工决定让他看看。……为了治病,青工欣然同意。

当然,"回指"可以是更广义的操作,不限于狭义的上下文环境,也不限于使用已经出现过的同一语言形式回指,可参沈园(2005)。

第二,名词性成分的所指对象存在于言谈现场,可靠眼神或手势进行当前指示,这是非语言环境提供的信息,如例(5)的"这个"和"那个"往往配合言者的眼神或手势。

(5) (水果店主指着面前的两种苹果)店主:这个比那个贵,但好吃!

第三，所指对象与其他人物存在不可分离的从属或连带关系，如例（6）中的"他"尽管是第一次出现，但读者能够凭借常识明确"他"的身份是女书记的丈夫。

（6）女书记……虽然结过婚，但刚办完结婚登记手续，他就告别了她。

1.2.2.2 指称概念系统及术语问题

本书的指称概念系统分类主要建立在徐烈炯（1995：257）的基础上（转录为表3）。

首先需要说明术语翻译的相关问题。汉语中，有指—无指可能对应两组不同的术语，分别是 specific-non-specific 或 referential-non-referential。徐烈炯（1995）及徐烈炯、刘丹青（［1998］2007）等将前者译为有指—无指，将后者译为指称性的—非指称性的。本书中，有指—无指对译 referential-non-referential，实指—非实指对译 specific-non-specific。

表3　　　　　　　　　徐烈炯（1995）的指称系统分类

个体指（non-generic）	类指（generic）		
^	定指（definite）		
^	不定指（indefinite）	实指（specific）
^	^	非实指（non-specific）

表3有几处值得注意的处理。第一，徐烈炯（1995）未将指称—属性这对概念纳入体系。第二，采用 Partee（1970）的处理，认为实指—非实指（specific-non-specific）和指称解读—属性解读之分密切相关，实际上已经考虑了 referential-non-referential 的对立及其在汉语中的特殊性。第三，明确了类指—个体指在汉语中具有较高的

地位。

陈振宇（2017：221—226）整理了汉语研究中几种主要的指称分类系统，指出有指—无指与其他几组概念不同：实指—非实指、定指—不定指、类指—个体指①反映的是指称的性质，有指—无指反映的是指称性质的刻画。

除上述四对概念外，一些研究也讨论了"遍指"和"任指"。当言者使用某一名词性成分指称某一范围内所有实体时，该名词性成分是遍指的；使用某一名词性成分指称某一范围内的任何个体或部分时，该名词性成分是任指的（如高顺全，2004：67 等）。但他同时也指出，从指称"某一范围内的事物无例外"这点来说，任指也可以认为是一种遍指。本书不将这对概念纳入讨论，但第 5 章会涉及这对概念不同的量化表现。

1.3　理论框架与研究方法

1.3.1　理论支持：语言类型学和语言库藏类型学

本书采用类型学视角。这是因为，只有对更多语言的实际情况有真切的了解，才能更有把握地说哪些是人类语言的共性，哪些是一种语言或一类语言的特性。具体到汉语语法研究，普通话和方言研究发展的不平衡长期存在。类型学视角有助于展开全面、充分、整体的观察和研究（刘丹青编著，[2008] 2017：X）。

具体来说，本书的相关讨论主要基于语言库藏类型学。库藏类型学是刘丹青（2011）及其后的系列论文倡设的语言类型学分支或研究视角。语言库藏（或译为"语言库藏清单"）是指特定语言系统或某一层级子系统拥有的语言手段总和，包括语音及韵律要素、

---

① 陈著将 generic-non-generic 这组概念译为通指—非通指。

词库、形态手段、句法手段（包括虚词、句法位置等）、句法单位（包括句法成分、构式等）（刘丹青，2011、2018b）。语言库藏因语言而异，并且会导致语种之间形义关系的显著差异，不但深刻影响语义范畴的形式表达，而且深刻影响语义范畴的存在状况和"显赫性"（mightiness）。不同语言间及一种语言内部实现某种表达功能的库藏手段都存在要素差异和显赫性差异。某语言的语法库藏有哪些手段，这些手段各自具有哪些语法属性，是否造成以及如何造成语言间形义的错综对应，语言对比中怎样提取可比较的语法、词汇等库藏手段等，都是库藏类型学关注的重要问题（吴建明，2018）。

语言类型学的起点是从语义范畴到形式，即基本语义范畴在不同语言中通过何种形式表现。库藏类型学同样关心特定语言为什么会呈现某种特定样态，特定语言在遵循人类语言基本原则时又有哪些变通或变异，或在一系列基本原则之间采取什么样的策略，只是库藏类型学更多地关注从形式到语义范畴。即，库藏类型学同样注重形式和范畴间的双向视角，但以形式到语义语用范畴这一视角为出发点。简而言之，就是以形式为出发点，尤其关心形式对意义的反作用。结合本书讨论的需要，下面介绍库藏类型学的几组核心概念。

第一组：显赫范畴、寄生范畴和敏感范畴

"显赫范畴"（mighty category）是一种语言中既凸显又强势的范畴。假如某种范畴语义由语法化程度高或句法功能强大的形式手段表达，并且成为该手段所表达的核心语义，该范畴便成为该语言中既凸显又强势的范畴。参考刘丹青（2012）对显赫范畴属性的说明，兼顾语法以外的层级，略去对非语法范畴不适用的指标，刘丹青（2018a）进一步提出显赫范畴的三个特征：①使用频率高，得到显著表征，使用时受限制少；②拥有自身范畴或自身层级以外的扩展功能；③在心理层面容易感知和激活。

"寄生范畴"（parasitic category）指库藏手段和语义范畴的非直

接对应现象。具体地，表达甲范畴的库藏手段在使用中存在语义条件乙的限制，因此语义乙也在该手段中得到隐性表达，成为寄生于甲范畴的语义范畴。这种寄生性的语义范畴并非由语言形式"表达"，而是由语言形式"带来"，可称为寄生范畴。承载乙范畴寄生的甲范畴可称为宿主（host）范畴。宿主并非语言形式，而是有形式表征的语义范畴。在形态不丰富、虚词使用强制度不高的语言中，寄生范畴有更多机会独自表达相关语义信息。像汉语这种严格意义上的形态手段不丰富的分析性语言的寄生范畴是更值得研究的课题。例如，现代汉语的"们"，其目标范畴是群集或复数，接近于数范畴；用于名词时有生命度方面的限制，主要用于指人。在这个限制条件下，"们"作为复数形态手段，同时蕴含高生命度的语义，从数范畴扩展到生命度范畴。此时，生命度即为依附在数范畴上的寄生范畴，数范畴是承载其寄生的宿主范畴（刘丹青，2018b）。

同时，寄生范畴虽是有关成分顺便带来的，但在一定语境中确实可以成为传递相关范畴义的主要甚至唯一形式手段，即，语言单位在库藏中的存在并非以表达寄生范畴为目的，但听者可以从中获取其寄生的信息，而言者也可能在意识到寄生范畴存在的情况下利用寄生功能传递相关信息。寄生范畴的形式和语义间存在弱关联——既非无关，又非紧密关联（刘丹青、孙泽方，2020）。对寄生范畴的关注使我们注意到"不入库"范畴[①]的凸显性以及母语者对某些语义范畴的心理感知度。寄生范畴的存在是以母语者对此范畴比较敏感为前提的。假如一个语义范畴寄生在很多目标范畴上，或能吸纳众多库藏来寄生它，那就说明该语言的母语者对该范畴非常敏感，语言库藏手段为该范畴内的对立义值做出了区分。寄生范畴

---

① "入库"也是库藏类型学的重要概念。"入库"包括"在库"及"进库"，主要研究哪些语义范畴有机会在一种语言中成为语法库藏，即由专门的语法形式手段来表示（刘丹青，2011）。"进库"是历时视角，或称为库藏化，观察语义范畴形成语法库藏要素的过程。进库的反面是"离库"，或称为去库藏化，即从语法库藏中消失。

是语法范畴超范畴扩张的重要类型，会形成跨范畴对应现象（刘丹青，2018a）。

第二组：超范畴扩张和跨范畴对应

跨语言交际（如翻译、二语习得等）并不总是表现为同一语义范畴的不同手段之间的对应，而常体现为不同语种间、不同语义范畴间在更高的表达层次上的对应。这与显赫范畴的扩张性有关。超范畴扩张（trans-categorical expansion）和跨范畴对应（cross-categorical correspondence）是基于形式库藏—语义范畴相互关系的重要观察：在特定语言中，显赫范畴的表达手段可以扩展到其原型范畴以外的语义域，造成形义语际参差性。

超范畴扩张指单一语言内部的扩张现象。显赫手段的超范畴扩张是库藏类型学的关键课题，也是这一学科的存在基础；跨范畴对应是超范畴扩张的结果，即"当一种语言的显赫范畴在自己语言中出现超范畴扩张时，就会和其他语言的其他范畴发生跨范畴对应"（刘丹青，2014），如汉语的体范畴与英语的时范畴。

第三组：物尽其用原则（the Principle of Maximal Use of Inventory）

任何语言都存在语言库藏有限性和表达需求无限性的矛盾。因此，语言库藏常常一物多用。以某范畴为核心义的手段常会扩张领地，用于偏离或超越其范畴核心的领域（刘丹青，2011）。这符合语言的经济原则。刘丹青（2014）进一步区分了组合经济性和聚合经济性。

组合经济性作用于实际言语中的组合关系，原则是：表达同样的内容，用尽可能少、短、简的语言单位。聚合经济性作用于头脑中的聚合关系，涉及语言库藏单位的获得、储存和调用，原则是：尽量减少学习、记忆和取用的库藏负担。以往对语言经济性的关注主要涉及前者，库藏类型学则充分关注后者。因为语言库藏是聚合关系的综合，物尽其用原则属于聚合—认知的经济性。这一原则是导致显赫范畴扩张的主要动因。一种手段越是常用，越容易使所表达的范畴取得显赫范畴的地位；一种范畴越是显赫，其表达手段越是会高频出现，以至扩展到其他范畴的语义域。这一原则的用途主要体现在两方面：①一般库藏层面：让语言库藏中的语法手段尽可能得到充分利用，淘汰不必要的库藏，减少库藏总量；②显赫范畴层面：让容易激活、可及性（accessibility，也译作"易推性"）强的显赫范畴得到充分利用，减少调用语言库藏手段的认知负担（刘丹青，2014）。总的来看，对显赫范畴和显赫库藏手段，一方面是考察单一成分功能在组合关系上的扩展，实现物尽其用；另一方面是考察聚合关系上的扩展，实现类似功能成分库的扩大化和分工的精细化。这也提醒研究者要更重视系统的作用，重视系统和概念表达的整体面貌。索绪尔就把语法系统比作棋局，并以此说明语言中的任何一个要素都不是孤立存在的，而是与其他成员共处于同一个系统之中，密切关联，彼此分工或互相制约。"只要有两个要素就会引起一种关系，一种法则，这是跟简单的确认大不相同的。"

1.3.2　研究方法

1.3.2.1　区分语言分析平面，重视语用因素

本书在语言分析中明确区别不同平面。胡裕树、范晓（1993）较早地提出汉语语法研究的三个平面[①]——句法平面、语义平面和语用平面——是互相制约、互相影响的，并提出应在汉语语法分析中一方面界限明确地区别，一方面互相兼顾地结合，尤其指出句法和语用的互相制约。语用离不开句法，任何语用上的东西，都附丽于一定的句法结构。

首先，对语义问题的分析最终需要落实到形式表现。例如，现代汉语"一个、一种"等"一量"结构有时可能相当于不定冠词（如吕叔湘，［1944］1984a；王力，1989［2005］：326—330 等）。

[①] 三个平面的观念来源于西方现代符号学和语言学理论，经由国内学者的吸收和发展，成为汉语语法学研究的重要模式（刘丹青，1995a）。

方梅（2002）认为北京口语中脱落"个"的"一"可能是语法化程度更高的不定冠词。句法表现是这一结论的重要依据：这种"一"不与其他数目构成对比，前面不能带指示词。

因此，在语义测试的同时，我们也重点分析句法表现，观察句法和语义的互动情况。例如，在对瑞安话定指"量名"结构、定指"两量名"结构的分析中，也将句法考察列为重点内容。这种观察是揭示背后规律的基础。同时，也考虑同现量化成分对代词及相关形式指称解读的影响。语义问题往往隐藏较深，在不同语言中可能对应不同的形式，有些细致的语义特征甚至完全没有得到编码，因此需要有合适的深度测试工具。量化成分就是重要的测试工具。对量化成分的已有讨论非常丰富，形式学派和功能学派都涌现了诸多研究成果。尤其对形式学派来说，量化结构是一个重要课题。量化成分的语义、句法，受语用因素制约的情况对与其同现的被量化成分以及句子产生的整体影响都是牵一发而动全身的复杂问题。不对这些问题进行深入探讨，一些疑难问题就找不到根本性的答案。

其次，应尤其关注汉语的语用优先特征。刘丹青（1995a）肯定了三个平面学说的重要贡献，也指出应谨慎看待三个平面紧密交融的语法体系可能产生的问题。他明确地指出汉语中存在一系列语用优先的语言事实，应建立与之相应的语用优先的语法学体系[1]，明确语法的传通功能及表达传通意义的语法手段都应是可以控制和作有限描写的规则性因素，涉及句子通不通而非好不好的问题。除刘丹青（1995a）指出的语言事实[2]外，还有一系列研究成果反映了汉语语用优先的事实。例如，陆丙甫（2003）指出"的"的基本功能是

---

[1] 语用优先的语法学体系并不排斥句法在语法中的核心地位，只是针对汉语中句法独立性弱的现实而充分重视语用对语法体系的作用；不否认语义平面在语法研究中的积极作用（刘丹青，1995a）。

[2] 主要包括：汉语话题明显地优于主语、汉语的语法形式手段疏于句法语义而精于语用、汉语存在凸显语用认知差异的状补对立、汉语中少量形态的语用制约强于语义制约等。

语义平面的描写性，其区别性及指称功能是在语境中从描写性中派生出来的语用功能。陈玉洁（2009）讨论汉语形容词作定语的功能时，指出限制性和非限制性功能的区别是修饰语在语用层面体现的，而区别性和描写性是从语义角度对形容词进行的分类，是形容词固有的语义特征，有固定的判断标准。根据语用和语义不同层面的分类，可以得到两组无标组配：①单音形容词—区别性—限制性，②复杂形容词—描写性—非限制性。具体到本书的相关研究，指示词及相关结构的跨方言表现可能显示整体句法条件对指称解读的影响和控制。其中，一些句法规则的形成受语用条件的制约。汉语作为语用优先型语言，语用因素的制约可能会影响某些句法规则和语义特征。

1.3.2.2　框架中立的如实描写

在中立的框架下进行广泛比较有利于研究的开展。一方面，刘丹青编著（[2008]2017：XI）引述Comrie等学者的观点指出，只有暂时抛开理论模型的学派之见，才能使调查结果成为不同理论模型都能使用的材料。另一方面，将不同流派的各种新角度汇总起来，能得到更全面的观察角度，有助于更全面深入地发现语言规律。①

胡建华（2009、2017、2018）发起的语言学研究的新描写主义（New Descriptivism）也反映了不限于特定的理论分析框架的学术思潮、研究取向和学术价值观。新描写主义倡导在跨语言比较视野下，追求以理论的眼光，通过不断发展、更新的科学分析工具，对显性或隐性的微观语言事实、现象和结构进行细颗粒度的刻画和描写，

---

①　刘丹青编著（[2008]2017：94）针对"框架中立"的具体操作给出了如下例子。一般认为，形容词后出现宾语就是形容词用作动词。如：红着脸、厚着脸皮；高你一个头，大他三岁等。但实际上能用于这种句式的形容词一般是作为形容词原型成员的单音节形容词，其句式意义是差比，符合形容词的语义功能，丝毫没有动词的语义特点，很难说这种用法的形容词是用如动词。面对这类有争议的复杂问题，首先需要描写清楚，而其词性作为理论问题可以另外讨论。同时，针对某一大规则的例外情况还要仔细分析。

反对在理论内部兜圈子、贴标签的做法。罗仁地（2017）指出，应该以科学的实事求是的归纳法来进行语言研究，即尊重个体语言事实，以个体语言实际呈现的形式来描写该语言。陶寰、盛益民（2018）同样指出，由于理论的不可通约性，对语言的记录和描写需要尽可能保持理论中立，不囿于流派而使用学界已普遍接受的各种概念和术语，尽量减少某些理论的特设（ad hoc）概念。

1.3.2.3 细颗粒度的精细描写

本书希望在更具区别性的测试环境中对以往研究中不被注意的、被轻易放过的现象进行更细致的观察和更细颗粒度的描写，深度挖掘微观语言事实，描写语言的微观句法、语义特性。因为一些语言项目可能在某些句法环境中表现相似，但在特定的、具有区别性的句法环境中有不同的表现。这些差异表现很可能反映其本质特性。正如新描写主义等思潮所倡导的：深度刻画和描写就是解释。已有的、合理的、被广泛接受的解释实际上都是对语言事实的深度刻画和描写（胡建华，2018）。

本书将在讨论中坚持区分名词性成分的不同指称解读，对话题、已知信息等概念提取更细颗粒的语义特征，对一些复杂难解的现象坚持从句法、语义和语用等不同层面进行观察，同时正视例外，不用暧昧含糊的态度面对"例外"，而是进行更细颗粒的描写，希望得出真正符合语言事实的结论。

1.3.2.4 形式和功能的双向互动描写

本书采用形式和功能的双向互动描写①（陶寰、盛益民，2018），这也是基于库藏类型学理论的研究方法。语言虽然是形式和意义的结合，但二者并非一一对应关系。一个形式有核心功能，又会引申出其他功能。不同语言中，建立在核心功能之上的对应成分在引申出的功能上会有很大差异，看似功能相近或相同的成分会因

---

① 陶寰、盛益民（2018）以新描写主义理论对吴语重点方言进行调查研究时所倡导的方法，他们指出这与库藏类型学有相通性。

所处系统的不同而被附加更多功能，或受到更多限制。Plank（1980）认为，特定语言中句法编码手段互相配合，形成一个系统。当某种手段的编码力度不够时，就可能遗留关键的歧义，需要与其他手段配合来消除。任何语法手段都不是孤立存在的。吴建明（2018）指出，库藏系统中无论是新成员的加入还是旧成员的离开，都会对系统内其他成员的句法语义特征产生或大或小的影响。以定冠词的研究为例。首先，在没有定冠词的语言中，指示词的功能可能更为强大。吕叔湘、江蓝生（1985：202）指出，"这"和"那"区别的力量以对举的时候最强；不对举的时候，只是指示一个以别于其余，力量就差了点。要是完全没有区别的作用，就是弱化的"这、那"，跟有冠词语言里的冠词相当。方梅（2002）等有进一步的讨论。在没有定冠词而指示词显赫的语言中，指示词可能有更强势的句法表现。跨汉语方言来看，指示词及相关结构在不同的方言中有不同的功能发展。例如，北京话是典型的指示词显赫型方言，吴语是典型的量词显赫型方言，而指示词相对不显赫。指示词和量词的显赫程度差异是汉语方言类型的重要参数之一，根据方言事实，可以列出一个连续统。除位于连续统两端的方言外，在连续统之中的闽、粤等方言也有相关的类型表现（可参 Cheng 和 Sybesma，1999；刘丹青，2002；Li 和 Bisang，2012）等。

有定冠词的语言中，指示词和定冠词的同现限制也不相同。某些语言中，指示词和冠词不仅可以在系统中共存，甚至可以在同一名词短语中同现，如西班牙语的指示词在名词后可以和冠词同现，英语不允许指示词与冠词同现（刘丹青编著，[2008]2017：119）。这可能与不同语言中定冠词的功能强弱有关。

这样的考察也更有利于发掘语言/方言中隐藏较深的寄生范畴。当我们注意到某种形式的兼职功能时，就需要讨论其原型功能，以及兼职功能与原型功能的关系。仍以定冠词举例。白鸽（2015）指出，应将定冠词的功能明确区分为附带功能和扩展功能。附带功能指并非专门由定冠词实现的功能，而是定冠词在标示定指的同时附带实现的功能。扩展功能是指借定冠词来表达的、与定指意义无直接关系的语义内容。定冠词能附带表达，特别是扩展表达其他语义内容，是定指范畴显赫度高的一种体现。巴西葡萄牙语的定冠词在表达定指意义之外还能附带表达一些特殊的语义，如用于"双性名词"时附带起到明示整个名词短语的性的作用。德语定冠词用于无独立复数形式的名词时能附带起到明示整个名词短语的数的作用。德语、法语的定冠词甚至扩展出一种特殊功能，即用于度量衡单位词，构成分配量短语。范畴的寄生是语言库藏物尽其用的重要手段之一（刘丹青，2011、2014、2018b 等），贯穿于语言的多个层面，指称系统自然也不例外。

1.3.3 语料来源

本书的普通话例句有三个主要来源：①已有成果中的例句，引用时可能有删改；②北京语言大学 BCC 现代汉语语料库（荀恩东等，2016）；③北京大学 CCL 现代汉语语料库。上述语料库语料的具体出处也将随文注出。另外还有少数普通话的简单短句由笔者根据语感自拟，并经过其他母语者确认，保证无误。

本书的瑞安话例句主要有三个来源：①方言长篇录音材料的转写；②日常对话记录及小专题深入调查；③本书作者自拟。其中一部分是根据已有研究中的同义例句对译的，另一部分是根据研究需要自拟的。对译、自拟的例句都经过两位母语者的核实。另外，本书作者 2010 年离开家乡瑞安求学，此前从未离开家乡半个月以上。2010 年之后的 13 年间，作者寒暑假在家期间仍使用方言，在外地也使用方言与家人通话、与瑞安籍师友交流。

本书所涉及的其他方言点材料均来自已有研究成果，将随文说明。

1.4 主要内容及章节安排

本书主要研究现代汉语代词的指称，依次讨论指示词、疑问词和人称代词。

需要说明的是，本书讨论不限于独现的代词，也包括代词的相关形式。一类是代词作为组成成分的结构，如指量结构、"量名"结构、"人称代词+复数/集体标记"以及人称代词作领有者的定语领属结构等。考察的重点是不同方言中功能相似又不完全相同的结构及其反映的类型学特点；另一类是与代词或其相关形式功能相似、相关的结构，如"一量名"结构及相应省略了数词"一"的结构等。考察的理由是指称系统具有复杂性，需要在系统中进行整体考察。

1.4.1 指示词部分

第2章重点关注指示词短语（指量短语和指量名短语）的属性用法。本书区分指示词短语的指示功能和所指对象的语义解读，因为事物本身的可辨识性和语言形式的定指性是两个不同的问题。因此，指示词短语既有指称用法，也有属性用法。本章以量词的不同种类为线索，观察指量名结构的属性用法是否受量词小类的影响。

第3章从指称系统的整体情况分别考察方言类型特点对指示词（短语）指称解读的影响。主要考察指示词显赫方言和量词显赫方言的指示词、指示词短语、"量名"结构、"概数量名"结构。同时也考察典型的不定指形式"一量名"结构的指称特点及扩展功能。考察"一量名"结构主要是基于以下几个理由。第一，"一量名"结构是汉语中典型的不定指结构。在考察定指表达形式时，有必要与相对的不定指形式进行系统的对比考察。第二，普通话的"这个N"

充当名词性成分同位语表达并强调属性的功能也可由"一量名"结构承担,与本书讨论相关。第三,从指称系统的整体协调来看,普通话"一量名"结构还有其他指称功能,如常用于类指,这一功能与指(量)名结构有所交叉,对此已有一些讨论,如刘丹青(2002)、李劲荣(2013)、陈玉洁(2014)、白鸽(2014)、李文浩(2016)、李广瑜、陈一(2016)、王灿龙(2019)、金晶(2020)等。一些方言中,类似的功能可能不是由"一量名"结构承担的,可能不是所有的方言中都存在具有类指解读的、主要用于强调一类对象属性的"一量名"结构;又或在一些方言中,"一量名"结构可能具有类指解读并且也用于强调一类对象的属性,但句法强制性表现与普通话不同。从指称系统的整体情况着眼,值得考察。本书还考察不定指的"量名"结构,它也是整个指称系统的重要组成部分。另外,量词是指示词短语的重要组成部分,塑造了汉语指示词显赫型方言和量词显赫型方言两大重要类型,引起一系列句法语义后果,本书也简要讨论汉语量词的性质和功能(2.2.1节)。

综上所述,指示词部分主要通过对普通话的专题研究和小样本的跨方言比较,讨论指称语义与句法表现、语用功能间的互动关系及其跨方言差异,分析其背后的方言类型差异。

1.4.2 疑问词部分

疑问词部分讨论疑问词的疑问用法、非疑问用法的指称解读。

第4章讨论疑问用法的疑问词的指称解读。本章以指人疑问词为主要对象,兼及指物疑问词,以"是"字句(特指疑问判断句)为典型环境,通过细颗粒描写,重新分析汉语的三个指人疑问词"什么人、谁、哪(一)个人"的指称特征。需要说明两点:第一,之所以选择"是"字句,是因为它可以密集地容纳名词性成分。在"是"的前后,作为主语和表语的名词性成分的指称解读将得到更充分的比较。一些已有研究也选择了这一环境,如吕叔湘(1984b)、王晓澎（1994）、杉村博文（2002）、李宇宏（2003）、陈振宇（2017）等。而且，"是"字句的环境相对较为单纯，没有时间和情态等因素的干扰，也没有主句从句不对称的现象等。第二，"是"字句中，疑问词需与各类名词性成分（指示词短语、领属结构、专有名词、普通指人名词等）配合，因此也需要讨论汉语各类名词性成分的指称解读（4.2.2节）。

第5章讨论非疑问用法的疑问词的指称解读。这类疑问词常被视为不定指称词，有虚指和任指、否定三种解读。本章仅涉及前两种，尤其关注任指解读。根据任指疑问词的所指对象通过句内成分得到明确的不同程度，将其分为两类，分别称为"有界"和"无界"任指疑问词。无界任指疑问词的指称解读与强制同现的量化成分"都"密切相关，因此也对"都"重新梳理和讨论，并对比观察汉语方言的情况。一些方言的任指疑问词可能与普通话表现相似但微殊。本章也讨论这些现象。

1.4.3 人称代词部分

人称代词的指称涉及一系列复杂问题，如人称代词与称谓词的关系（崔希亮，2000等）、人称聚合问题（吴建明、Siewierska，2013）、人称范畴与数范畴的关系、人称与量化[①]等。为使讨论集中，这一部分将讨论以下三个问题。

第6章讨论"人称代词＋复数/集体标记"的指称解读。复数/集体标记包括普通话的"们"以及方言中与"们"具有某些一致性又不完全相同的成分，如西南官话中的"些"[②]、中原官话中的"家"[③] 以及北部吴语中来自处所成分的"拉"、南部吴语中来自数

---

① 例如，意大利语非人称（impersonal）主语 si 结构可用于量化，但其量化功能在通指句和事件句中不同。量化范畴与人称范畴存在交互（Chierchia, 1995）。

② 丁加勇、沈祎（2014）认为其源自带"些"的后置复数指示词。

③ 这一成分究竟是不是"家"，学界还有争议。如汪化云（2012；2016：105—106）认为是"几"。

量成分的"两、两个、侪"等。这些成分与名词性成分的组合会产生何种指称解读，这些相似成分的功能有哪些具体差异，这些差异是否反映某些方言类型特点，本章将具体讨论。

第 7 章讨论人称代词作领属语的定语领属结构。定语领属结构本身涉及一系列问题，如充当领有者和被领有者的名词性成分的类型、领属关系的具体语义类型等，本章仅讨论人称代词充当领有者的情况。已有研究显示，领属标记使用与否，以及领属标记的类型和来源等都可能影响指称解读。普通话中，当人称代词作领有者，亲属名词作被领有者时，领属标记以省略为常。而有些方言中，同类情况下不仅需要使用领属标记，还需要根据不同指称解读分配不同的领属标记。领属标记使用与否、领属标记是否标记其原型语义等因素均可能影响领属结构的指称解读，本章具体讨论。

第 8 章讨论汉语史上重要的别称代词"人家"和不定代词"某"。尽管句法表现和语义解读已有不同，但它们仍然活跃在现代汉语中。在普通话及各汉语方言中，"人家"类成分的基本功能都是指代他人，同时在不少方言中也发展出了指代自己的功能，具体的功能格局则各有差异，同时各自有了进一步发展。本章尝试探讨其反映的方言类型差异。现代汉语中，"某"虽已不是不定代词，但保留了实指的不定指义。在普通话的书面语体和口语语体中，"某"所在结构可能有定指—不定指、实指—非实指的编码差异。在量词显赫型的汉语方言中，"量词"可能也影响"某"所在结构的指称解读，本章将具体讨论。

第 2 章

指示词短语的属性用法

本章讨论汉语指示词短语的属性用法。

以印欧语为对象的研究一般认为指示词短语是定指的,如英语的三类定指名词性成分,分别是:人称代词、限定摹状词和指示词,三者具有"高定指性"。Croft(1990)认为高定指性主要有两个保证因素:第一,个体是单一的。第二,有指示词修饰。

一些研究认为汉语的指量名结构也是定指的,也因此必然是有指的(详见下文)。本书认为,讨论汉语指示词短语的指称解读必须明确区分语义层面和语用层面。指示功能并不必然是指示实体:指示是语用层面的功能;而指示对象是否属于实体,是在语义层面划分的。这即是说,必须明确区别指示功能的语用属性和被指示对象的语义特征。

本章主要以指(量)名结构①为观察对象,根据量词的小类依次讨论其指称解读。

---

① 在指示词显赫的方言中,指示词无须经由量词中介即可与名词直接组合,如"这书"。这在量词显赫的方言中是不合法的。

2.1 汉语指示词短语的指称特点

一般认为，汉语的指量名结构都是定指的（如 Cheng 和 Sybesma，1998 等）。徐烈炯、刘丹青（[1998] 2007：141）指出，汉语指示代词"这、那、这个、那些"等可以充当定指的形式标记。张伯江（1997）认为，汉语名词的性质大多能由其与数量词的结合方面显示出来：定指名词和不定指名词可用指示性量词组合（这个方案/那种药）和数量性量词组合（一个主意/两杆枪）区别；有指名词与无指名词可用名量词和动/时量词区别。这即是说，能与指示性量词组合的名词都是定指的。陈平（1987）将汉语的名词性成分分为以下七组：

  A 组 人称代词   B 组 专有名词
  C 组 "这/那"（+量词）+名词 D 组 光杆普通名词（bare noun）
  E 组 数词（+量词）+名词 F 组 "一"（+量词）+名词
  G 组 量词+名词

张伯江（1997）认为，上述七组中，只有 D 组可表示无指成分，其他都是有指的。其中，A、B 组仅从词汇语义本身就可说明外延的明确性，C－G 五组的共同之处是名词前都有量词，量词体现其在言者心目中的现实性和有界性，即界定其在话语中的外延。

而我们认为，上述七组中，至少 C 组在汉语中是有歧义的。

首先应厘清"定指性"。Roberts（2002）指出，指示词短语有话语直指（discourse oleixis）和一般指示（standard deixis）用法。沈园（2005：111）总结相关研究指出，指示词短语主要有两种功能。一是"外指"（exophoric），指示词所指示的是所指相对于言者而言的空间—时间关系；二是"内指"（endophoric），包括回指（即前照应，anaphoric）和后照应（cataphoric）①，指示词所指示的是已被提及或将被提及的对象（可参 Halliday 和 Hasan，1976 和 Diessel，2003 等对英语指示词以及 Huang，1999 对汉语指示词的讨论）。用于回指的指量名结构是定指的，而且是更适应低可及性成分的回指形式。②

此处的定指性其实包括了两层含义：事物本身的可辨识性和语言形式的定指—不定指性。陈平（1987）指出，定指—不定指主要基于言者的判断，即言者认为听者是否能够将某个事物从同类事物中辨识出来。表示可辨识的事物，一般使用定指形式③；表示不可辨识的事物，一般使用不定指形式。综上所述，事物本身的可辨识性和语言形式的定指性是两回事。

第一种情况，事物本身具有语用上的可辨识性，可通过言谈现场或上下文确定。

用于言谈现场时，指量名结构用于实体对象，即一般的指示功能，因此指示词短语整体也一定是定指、有指的。用于上下文话语时（内指），指示词短语整体上是定指的，却不一定是有指的。这种定指性实际上与熟悉度相关，更受语用驱动，而与语义上的唯一性不甚相关。Kaplan（转引自 Robert，2002）指出，指示词短语与人称代词、限定摹状词的不同在于它预设了一种"伴随的指示性"。④指示词短语本身并不一定有指，但可通过这种事先预设的指示性挑

---

① 指示词短语的后照应用法相对较少见。

② 可及性序列中，零形回指一般用于可及性最高的情况，远指指示词短语一般可用于可及性最低的情况（沈园，2005：127—129）。

③ 陈平（2016）指出，事物主要通过四种方式获得可辨识性：第一，物理同现，即位于同一物理空间；第二，语篇同现；第三，共有背景知识；第四，自含式定指。即某一对象尽管是第一次出现，没有物理同现和语篇同现，也不属于严格意义上的共有背景知识，但名词性成分自身带有一个较长的限制性定语，包含大量听者已知的信息，使得听者能够将该定语中心词所指事物从同类事物中辨识出来。

④ Roberts（2002）指出，Kaplan 认为指示性是指示词的语义内容的一部分。"伴随的指示性"（accompanying demonstration）就是基于 Kaplan 的理论提出的。

选出特定实体。只是这一挑选过程不一定能真正得到实现。

沈园（2005：127）指出，汉语的光杆名词和指示词短语都可用于回指①，通常可以互换。但由于指示词的本质功能是直指，具有指示或指别的先天条件，所以指示词短语是比光杆名词更适用于回指的形式，尤其更适用于远距离回指等可及性较低的情况。总的来看，汉语的光杆名词和指示词短语用于回指的适应性呈现为一个连续统，有时只能使用指示词短语而无法使用光杆名词。② 例（1）中，（c）位置前的"这件"不能省略，否则将不用于回指，而是引入一个不定指的新对象。同理，例（2）（b）位置前的"那个"不能省略，否则（b）位置后的"男人"将不用于回指，而是作属性或类指解读。

（1）她穿着一件（a）睡衣，坐在窗边的阳光里。（b）睡衣是用蓝丝绸缝制的。每天她下床后总会穿着*（这件）（c）睡衣。

（2）他知道有那么一个（a）男人，六个星期前他就知道了。但他从没见过*（那个）（b）男人。

另外，还有一种"回指包装"（anaphoric encapsulation）现象，也就是 Halliday 和 Hasan（1976）提出的"扩展的所指"。回指包装是指用于回指的词汇形式是未在话语中出现过的新形式，但其所指对象能在上文中回溯（可参沈园，2005：118）。如例（3），"这个情况"回指"整个架子晃动起来"；例（4）"这个亏"回指"想致富不懂技术不看市场"。

---

① 有时，光杆名词和指示词短语互换与否可能体现言者与所指对象之间的心理距离（沈园，2005：112）。本书暂不考虑这一因素。

② 有一些情况应使用光杆名词甚至零形式。一般而言，可及性越高的对象，使用的语言形式越简单。零形回指一般用于可及性最高的情况，远指指示词短语一般可用于可及性最低的情况（沈园，2005：127—129）。

（3）只听见"嘎巴"一声，整个架子晃动起来，主席和朱总司令看到<u>这个情况</u>，朱总司令说了声不好。(1994年报刊精选)

（4）咱农民想致富不懂技术，不看市场就是不中，前些年我种瓜就吃了<u>这个亏</u>。(1994年《市场报》)

在一般的话语回指中，有时被回指的先行语是远距离的，如例（5）的"厂长"其实是这句话所在段落的话题，回指距离较远。有时被回指的对象距离较近，如例（6）的"这些"回指的是言者对自己经历和心理的自述。

（5）我当时只感觉到脑子翁翁作响，伤心极了，我发誓儿孙后代再不当<u>这个厂长</u>。(1994年报刊精选)

（6）那些战场上没回来的人，打得比我好，可是啥也没捞到。我只不过是回来了，就得了个英雄称号。一想起<u>这些</u>，我就想哭。(《人民日报》1993年12月)

第二种情况，语言形式，即指示词短语整体是定指的，但这不能保证语言形式所指的对象定指，甚至不能保证其有指。王力（1985：214）指出，有时"这、那、这些、那些"没有指示的意思，算是一种冠词，"专为引起一个名称"，如例（7）。

（7）<u>这</u>抬爆竹的抱怨卖爆竹的捍的不结实。
<u>那</u>花儿开的时候儿叫人爱。
我想着世上<u>这些</u>祭文都过于熟烂了。

值得注意的是，王力先生在原文中给出了五个例子，"这"两个、"那"两个、"这些"一个，没有"那些"。这可能也反映了"这、那"的不对称及"那些"语法化进程的相对落后（可参徐丹，

1988；曹秀玲，2000；方梅，2002 等）。

在北京口语里，一些"这、那"用在无指成分前，也没有指示意义，成为无指成分的标志，如例（8）（张伯江、方梅，1996：157—158）。

（8）我这舞跳得也够灰心的。
你那孙子装得可够匀实的。

我们认为，例（8）中的"这、那"仍有指示功能，指示的是"某一次跳舞"和"某一次装孙子"。方梅（2002）进一步梳理了北京话指示词的功能发展，以"人称代词+指示词+名词"为基础，类推出以下格式：首先，"指示词+一+动词"指称某种行为，但在篇章中，这种用法都是回指性的。进一步，指示词构成"人称代词+指示词+动词"，整体上仍然是回指性的，非回指性的情形比较特殊，要求所指对象必须具有较高的可及性。再进一步，指示词可以构成"指示词+动词/形容词"，一般用于回指。当"指示词+动词"构成的弱化谓词短语在句首作话题时，其指称的仍是上文中叙述的某种行为或某个事件。这说明谓词性成分可以被指示，但此时被指示的对象明显不是实体。总的来看，指示功能并不必然指示实体。指示是语用层面的功能，而指示对象是否属于实体则是在语义层面划分的。

需要注意的是，北京话的"这"已经有定冠词的用法，见例（9）（例自方梅，2002）。

（9）你们什么时候儿听说过这文化人办文化上的事儿还自个儿掏钱的？都是要掏别人腰包。
有的人他是把白薯煮熟了以后，风干，弄成白薯干儿，那个就，我很喜欢吃那个玩艺儿，呃，就是，一咬就跟那橡皮筋儿一样。

它是篇章中"认同指"用法进一步虚化的结果，用于认同指的名词不依赖上文或言谈现场，开始脱离指示词的基本功能，但仍与言谈双方的认知状态有关。以上讨论限于以北京话为代表的指示词显赫方言的情况，讨论的多是指示词和名词等成分直接组合的情况。汉语中，某些指量名结构也有属性用法。

下面以量词的不同种类为线索，观察指量名结构的属性用法是否受量词小类的影响，具体有哪些影响。

2.2 指量名结构中量词种类对指称解读的影响

2.2.1 汉语的量词

汉语是典型的量词语言。在讨论指量名结构的属性用法之前需要梳理汉语量词的性质和功能。跨语言地看，汉语中称为"量词"的词至少应分为两类，一类是人类语言普遍具有的计量词单位（度量衡或借用的容器名词等），另一类是汉语及部分语言特有的分类词，国内学界通常称为"个体量词"（刘丹青编著，[2008] 2017：280，另可参 Bisang, 1999；Aikhenvald, 2000 等）。

对量词的功能已有大量讨论。Greenberg（1974）认为，量词的功能是将集合名词转化为可数名词。量词语言没有强制的数形态，当其中的光杆名词既不与数词搭配也不与复数标记搭配时，其数意义是中性的，或者说是不明确的。此时量词的角色相当于在有单复数对立的语言中的单数派生词缀。大河内康宪（1985）认为汉语的名词都是不可数的，加上量词后才成为可数的。汉语中所谓的可数名词的表现类似于英语的物质名词（即不可数名词, mass noun）。Chierchia（1998b）指出，汉语的名词没有不可数和可数之分。汉语的光杆名词用于指类别。任何名词都必须在搭配量词的情况下才能与数词同现，量词的功能是将名词原子化（atomized），并为数词提供合适的计数单元。汉语的光杆名词本质上是物质名词或集合名词。量词勾勒的计数单元也是名词表达的概念本身所具有的，而不是量词赋予的。Zhang（2013）也认为汉语量词的存在不仅因为其独特的语义功能，更是句法上的要求。

Bisang（1999）集中讨论了量词的功能，指出其基本功能是通过对名词进行个体化（individualization），使其能被计数，并对名词进行分类（classification）。一些语言的量词有更多扩展功能。① 东亚和东南亚的量词语言中，量词不仅有上述两个基本功能，有时还可用于指称化（referentialization）和关系化（relationalization）。指称化是指使名词性成分获得句法上的指称性。在苗语（Hmong）② 中，指称化甚至可能是量词的基本功能。关系化是指量词成为关系化的标记，最典型的表现就是量词充当定语标记（关系从句标记）。一种语言的量词可以具有上述其中几种或全部功能，我们将Bisang（1999）的结论转录为表4。

表4　　　　量词功能的类型与跨语言差异（Bisang，1999）

类型	功能	代表语言
Ⅰ	分类—个体化	日语、汉语、越南语
Ⅱ	分类—个体化—指称	泰语
Ⅲ	分类—个体化—关系化	广州话
Ⅳ	分类—个体化—指称—关系化	苗语

---

① 量词的功能扩展要在整个语言系统中考察，因为其具体表现受若干因素的影响：指示词、名词以及相关的范畴编码。Bisang（1999）认为，在量词具备指称功能的语言中，量词在不同句法环境中的功能仍有差异：与指示词搭配时，量词一般没有指称功能。因为指示词本身具有指称功能，不需要量词也具有；与形容词搭配时，量词一般具有指称功能。因为形容词本身没有指称功能，需要量词承担。指示词、名词与量词复杂的配合与分工提醒我们在全面考虑汉语量词、名词的性质和功能的情况下考察指示词的指称解读。

② 苗瑶语族一般记作Hmong-mien，Hmong是苗族人的自称。

可见，量词就是世界部分语言处理名词的一种方式。此外，还有其他几种处理名词的方式。T'sou（1976）用［精确性（exact）］和［实体性（entity）］两个参数的四种组合区别不同的名词处理方式，如表5所示（转引自Bisang，1999）。

表5　人类语言中的名词处理方式（T'sou，1976，转引自Bisang，1999）

对名词的处理方式	［精确性］	［实体性］	说明
量词（classifier）	+	+	用于离散的实体，数目精确
测量（measure）	+	-	不用于离散的实体，数目精确
集体（collective）	-	+	用于离散的实体，数目不精确
类（kind）	-	-	不用于离散的实体，数目不精确

上述离散—非离散的概念也进一步引出对汉语个体量词—非个体量词这一区分的思考。陈玉洁（2018b）指出，汉语量词的核心功能是"离散化"，汉语中其实并没有个体量词和非个体量词之别。因为汉语在选择量词时并不过多考虑名词本身是否具有自然个体性或离散性。量词是对所有名词进行离散化的手段。而"个体量词、集体量词、度量衡量词、容器量词、借用量词"等只是从不同角度对名词进行离散化，彼此具有统一的句法语义表现。例如，与传统的"集体量词"搭配的名词性成分的所指对象具有强整体性（宗守云，2007）。但同时，这种集体量由个体量组成，仍可还原为个体量。这说明集体量词实际上和个体量词一样，只不过对名词进行离散化之后的后续操作不同。而从名词的角度来看，汉语的名词在语法范畴层面统一不具有离散性，所有名词都属于非离散范畴，不能直接计数，只有由量词在语法范畴层面进行离散化操作之后才能被计数。本书认可陈玉洁（2018b）对个体量词和非个体量词不加区分的处理，以传统的个体量词作为已有研究中个体量词、度量衡量词、容器量词、借用量词的代表，并根据对名词离散化之后的后续操作的不同，将其与集体量词、种类量词相区别。

综上所述，本章将指量名结构中的量词分为三个小类：个体量词（同时作为度量衡量词、容器量词、借用量词的代表）、种类量词和集体量词。下文分三个小节依次进行讨论。

2.2.2 "指示词+个体量词+名词"的属性用法

本节主要以通用量词"个"为例，因为包含其他具体语义信息的个体量词以及度量衡量词、容器量词、借用量词等，一般都被锁定于现实场景中的具体个体。相原茂（1991）将这些另有其他具体语义信息的量词称为"专用量词"，并指出"指示词'这'+专用量词"只能指示眼前存在的唯一对象，如例（10）、（11）。而"这"和"这个"既可指示实物，也可指示某一对家的同类事物。因此，本节仅讨论"个"而将专用量词的情况排除在外。

(10) a. *这瓶酒我以前喝过。b. 这个酒我以前喝过。
c. 这酒我以前喝过。
(11) a. *这件衣服我姐姐也有。b. 这个衣服我姐姐也有。
c. 这衣服我姐姐也有。

可以看到，至少在以下三种情况中，"这个 N"是属性用法。

2.2.2.1 位于系词句的表语位置（非回指）

表语（predicative）也被称作"谓语性的名词"，表语位置是无指名词最容易出现的句法位置（张伯江，1997）。这种成分不表示任何实体，也不指称篇章中的任何参与者，如例（12），且不论"这个校长"的指称解读，"校长"无疑是无指的。

(12) 我才不愿意当这个校长。

但具体话语中，这些无指成分却能借助言谈双方的背景知识确定所指对象的外延。陈振宇（2017：206—208）认为这是"内缩"

（shrinking）现象：指称对象的语词所指称的对象仅是其字面意义所表达的概念的外延集合的一部分（真子集），这是语言的有限性和经济性决定的。内缩要求听者将字面上缺失的指称信息补充完善，获得"指称的完备性"，语境、实际事件、认知等都是指称完备性的来源。指量名结构中，指示词的作用之一就是帮助结构获得指称的完备性：在语境信息基础上一定程度地明确光杆名词的外延，使名词与上文所谈论的内容或听说双方的知识背景产生直接关联，如例（13）a 较之例（13）b 外延更为明确。例（13）a 通过"这个"给出了明确的限制条件，表示"王银秀"不希望丈夫当特定工厂的厂长。而例（13）b 表示"王银秀"不愿意丈夫担任"厂长"，而不限于特定工厂、特定阶段。例（14）同理。

（13）a. 王银秀曾经恳求过丈夫辞职，不要当<u>这个</u>得罪人的<u>厂</u>长。（1994 年报刊精选）
　　　b. ……不要当得罪人的厂长。
（14）不是为了……的事……，而是谁上谁下、谁做<u>这个局</u><u>长</u>的问题。（刘震云《官人》）

需要注意的是，这种指称完备性是语用性的。尽管"这个 N"并非全无所指，但不强调语言形式所对应的具体客观对象，而是强调满足某个属性或符合某种关系。语义上，表语位置的"这个 N"仍是无指的。之所以会出现上述现象，我们认为有两方面的原因。

第一，在没有定冠词的汉语中，指示词的功能发生扩展。Hawkins（[1978] 2015：154）指出，指示词和定冠词的相同点是都可向听者介绍新对象，差异是使用指示词时存在"匹配约束"（matching constraint），听者倾向于将所指对象与某些可辨识的客观实体相匹配；使用定冠词时，听者倾向于将所指或在直接的话语情境中，或在更大的话语情境中，或在由共享知识所定义的一组相关对象中，或在先前话语提及的一组对象中进行定位。在没有定冠词的语言中，指示词可能同时具有上述配对和定位两种功能。

第二，这与汉语自身的句法类型特征有关。汉语的量词可能不仅能对"实体"进行个体化，也能对"特征"进行个体化。

2.2.2.2　位于名词性成分的同位语位置

汉语中，线性上与名词性成分紧密相邻的指量名结构有歧义解读。例如，"他这个父亲"既可以整体作"他"的同位语，意为"他作为父亲"；也可以由其中的指量结构兼作领属标记，意为"他的父亲"。前一种情况中，"这个父亲"是有指的，作指称用法。后一种解读中，"这个父亲"是无指的，作属性用法。本节讨论后一种情况。

"一量名"结构也可充当名词性成分的同位语，也是无指的。与指量名结构充当同位语的不同在于，指量名结构作同位语时，指示词"这/那"保留了指示功能，因此指量名结构比"一量名"结构更能锁定对象的个性特征而非对象与同类成员的共享特征，如例（15）、（16）。"不得人心"是杨国忠作为宰相的个性特征，而非所有宰相的共享特征；"不好交待"的是"他"这一位农税处长，不是所有农税处长都遭遇相同的困境。因此，"一量名"结构往往预设了编码在名词内部的、属于同类对象的共同特征，具有较高的可及性；指量名结构没有这样的预设，它的语义重点是话语中将明确指出的对象的个性特征。

(15) a. 杨国忠自己知道他这个宰相最不得人心，……更加害怕。(《中华上下五千年》)

b. 杨国忠自己知道他*一个宰相最不得人心。

(16) a. 他担心这种改革搞乱了对农业税的征收，他这个农税处长最后会不好交待。(《中国农民调查》)

b. 他*一个农税处长最后会不好交待。

陈振宇（2017：81—82）认为，汉语中的"一量名"结构虽然可以用于典型的通指，但是个有标记形式（无标记形式是光杆名词），表示的是作为一个典型的个例应该或不应该具有某种社会属性或价值，属于"个体类指"，同时反映言者的主观态度与评价（陈振宇，2017：68）。指量名结构也可以为名词性成分提供补充说明，但所补充的信息一般是关于具体个体的个性特征，如例（15）、（16）。当然，所补充的信息也可以来源于同类对象的类特征，但仍然需要其他手段或成分来凸显个体，强调个体具有这种特征，作为类特征的属性并不被强调。指量名结构后加的谓词性成分可对这些编码于名词的类特征进行进一步的补充或否定，主要目的仍是体现名词所指对象的个性化特征。如例（17），"刑满释放分子"在社会上受歧视是一个普遍困境。此例的重点并非描述这一普遍现实，而是用"所有……唯有……"进行转折，引出后面陈述的重点。例（18）则更加特殊，对象的类特征已经蕴涵在名称"麻将高手"之中，这类人唯一的、核心的属性就是打麻将水平高，但此例仍通过描述事件，将这一属性具体地落实到个体上。

（17）<u>他这个刑满释放分子</u>几乎遭到了所有人的白眼，唯有一等兵曾田原二对木谷怀着种特殊的同情。（CCL \ 当代 \ 应用文 \ 社会科学 \《当代世界文学名著鉴赏辞典》）

（18）<u>他这个麻将高手</u>，两个小时下来，就将另外三个小青年的钱悉数赢去。（《人民日报》1993 年 10 月）

这种情况同样体现在没有定冠词的汉语中指示词功能的扩大，同时显示量词对"特征"的个体化作用。

2.2.2.3　在结合紧密的动宾结构①之间插入的指量短语

指量短语也可插入结合紧密的动宾结构之间，如：

---

①　张伯江（1997：197）认为这种动宾结构实际上相当于不及物动词。

(19) 这么大的事，不是区里首长下决心，我怎么敢做这个主啊！(周而复《上海的早晨》)

　　除了"个"外，动量词也可以出现在其中，如例(20)、(21)。张伯江(1997)已注意到无指名词可以加动量修饰语[例(21)改自张伯江，1997]。

　　(20) 进这趟城还是亚平丽鹃好说歹说了一晚上，最后亚平爸拍板说去的。(六六《双面胶》)
　　(21) a. 你必须称这回体重。　　b. 你必须称体重。

　　需注意，例(19)、例(20)中的名词是抽象名词，例(21)中的名词是具体名词，两种情况还有不同。具体名词对同现量词是通用量词还是专用量词较为敏感。如例(21)a是对"眼下称体重"的要求，有时空限制；例(21)b只能表示对"称体重"的要求，无时空限制。
　　首先，这与光杆名词本身的指称歧义解读有关，光杆名词可以是指称用法，也可以是属性用法(详见1.2.2.1.2节)。通用量词允准上述两种解读，具体量词只允准属性用法。这一点在熟语上有更明显的表现(容另文专述)。
　　其次，指量名结构的指示词不指示名词本身，而指示名词所在结构所表示的事件，即，将单次的个体事件编码实现在名词上。此时，量词必须是通用名量词"个"或动量词，以体现事件的个体性。
　　综上，这种无指的指量名结构在形式上是对名词的个体化，但在语义上是对事件的个体化。通过对名词的个体化实现对事件的个体化，且以具有个体化功能的量词为形式标记，可能反映汉语的个体指是发展较为成熟的范畴。

2.2.2.4　小结与补充讨论

　　总的来看，"指示词+个体量词+名词"("这个N")在系词句的表语位置、名词性成分的同位语位置、结合紧密的动宾结构之间时，都是属性用法。这显示了在没有定冠词的汉语中指示词功能的扩大。同时，这种无指的指量名结构虽在形式上是对名词的个体化，但在语义上是对事件的个体化。通过对名词的个体化实现对事件的个体化，且以具有个体化功能的量词为形式标记，反映个体指是汉语中发展较为成熟的范畴。

另外，上述三种指量名结构都可提到话题位置。这种情况与北京话中"这+名词/动词"作话题的情况相似，"这个"所介绍的对象是首次在谈话中出现，如例（22）。

（22）看到敌人垮下来，我心里真不是滋味，又难过，又高兴！我不怨别人，我这个班长没当好。（吴强《红日》）

此时，"这个"只能用在无指的名词性成分前。而北京话的"这"不仅可以用在名词前面，也可以用在谓词性短语前面，不能换作"这个"（方梅，2002）。

2.2.3 "指示词+种类量词+名词"的属性用法

王力（1985：215）指出，有时不能论"个"的东西也称为"这个"，往往有"这种"的意思，如例（23）。相原茂（1991）也指出，除通用量词"个"外，带有其他语义信息的专用量词没有这种用法。

（23）我不明白你这个话。　　这个天我怕水冷。

其实，"这种"是含有特定词汇成分的类指成分（Krifka，1995：6）。"这种N"单独出现时与在紧接并复指名词性成分时表现不同。刘丹青（2002）将"这种、这样"等指示类别的指量短语称为类指量词短语，其本身仍主要用于类指。"这种N"并不用于定指，而是代替没有指明名称的类别，如例（24）。

（24）这种蚂蚁在乡下很多。

2.2.3.1 "这种 N" 独现

刘丹青（2001、2002）指出，"这种 N"可与表总括的"都"同现，指称一个类，相当于一个光杆名词。即便在现场直指时，"这种 N"虽直指言谈现场的某个对象，但并不意在强调对象本身，而是强调关系，如例（25）的"一件"是不定指标记，与此同时表明数量为"一"。但种类量词"种"又显示"这种衬衫"仍是类指的。"一件"和"这种"并不矛盾，因为"这种"并不表示定指，而是代替没有指明名称的类别。

（25）他买了一件这种衬衫。

2.2.3.2 "这种 N" 复指光杆名词

"光杆名词 + 这种 N"也是类指的手段，陈振宇（2017：63）认为这一结构表达的是"广义个体"，就是将整个概念视为一个单一的事物，属于整体类指。

"光杆名词 + 这种 N"严格地用于类指，可搭配类指谓语如"存在、灭绝"等，如例（26）和例（27）a；不能与"都"同现，如例（27）b 和例（28）a。例（28）b 只能解读为熊猫的所有个体或各个品种都喜欢吃竹子，而不表示熊猫这一类动物有吃竹子的习性。

（26）龙这种动物是不是存在？（2003.9.19 百家讲坛·何光沪《存在与人生》）

（27）a. 恐龙这种动物已经灭绝了。

  b. *恐龙这种动物都已经灭绝了。①
(28) a. *熊猫这种动物都喜欢吃竹子。
  b. 熊猫都喜欢吃竹子。

  我们认为，光杆名词后加复指型的"这种 N"可能是汉语中表类指的积极的、稳定的手段。

  龙涛等（2011）提出，属性事物的单数用法可表属性主体的复数形式，由多个个体构成的属性主体（如"这些人是个坏蛋"中的"这些人"），每一个个体性的成员"人"都具有同一个个体性的"属性"事物，即"坏蛋"。反过来，这一属性事物也可以被多个主体同时地或重复性地共享。同时他们认为，作为个体的信息义事物，其共享性与拷贝性特征是在表示信息义事物的"类"这个类指意义上呈现出来的，即信息名词加个体量词的所指既是信息义事物的个体，也是类。② 陈振宇（2017：75）指出，指示词短语以指称个体为基本功能，指称类为伴随功能，目的是为特定个体提供更清晰的属性或内涵描写。指示词短语的指类用法是将概念看成一个整体，作为概念网络上的一个节点，而每个节点都是一个个体，因此可称为"广义的个体"。龙涛等（2011）的观点与陈振宇（2017）相似，但将讨论限制在属性事物、信息义事物等，概括力相对弱于后者。

  另外，不同的名词性成分表现也不同。例（27）、（28）是普通光杆名词的情况，而人称代词或专有名词由"这种 N"复指时可能是歧义的。因为人称代词和专有名词可能更凸显某个现实的原型成员，并从中提取某些属性特征。以人称代词为例，"人称代词+这种 N"的语义是"他/你/我这样的人"，亦即"他/你/我及其他具有共

---

① 当"都"表达"甚至"或"已经"义时，句子可以说。但这里不涉及这种情况。

② 相原茂（1991）也已指出，有些名词的内容信息比物质材料重要，可称为"信息名词"，其特征是大量存在同类。提起某个具体对象时说的是其内容信息而非眼前实物本身，如"书、唱片"等。

同特征的人"的集体，不强调集体成员的客观存在，而是强调这种潜在集体中的成员共有的属性特征。被凸显的特征与被凸显的原型成员的整体特点密切相关，可能是不常规的，具有不易推知性或低可及性，如例（29）—例（31）。相对地，普通光杆名词一般无法凸显某一成员，语义中也不包含明确的原型成员[①]，每个个体都是平等的，且被凸显的特征一般是常规的，具有易推知性。

（29）他根本就是想趁帝国和同盟两大势力互相倾轧之时，坐收渔人之利。这种事也只有<u>他这种人</u>做得出来。（《银河英雄传》）

<u>像他这种人</u>可不会在情人的窗外唱小夜曲——也不会在遇到挫折时憔悴或者呻吟。（《嘉莉妹妹》）

望着小宋远去的身影，郭支书感叹道："农村里还真离不开<u>他这样的人</u>！"（1998年《人民日报》）

<u>像他这样的人</u>我见过一百四十七个了。（《人性的枷锁》）

（30）萧峰冷笑道："萧某大好男儿，竟和<u>你这种人</u>齐名！"（金庸《天龙八部》）

你只有一只手能动，一柄刀可杀，却还是能令伊哭负伤而逃，<u>像你这种人</u>，我对你怎能不特别小心，分外留意。（古龙《小李飞刀》）

连当今天子都对你不错，我若杀了<u>你这样的人</u>，麻烦一定不少。（古龙《陆小凤传奇》）

……都是<u>像你这样的人</u>去考的吗？（村上春树《挪威的森林》）

（31）<u>我这种人</u>，又不惹是生非，天一黑就把门关得紧紧

[①] 但当使用光杆名词指一类对象的时候，人们的认知中会浮现出这类对象的"原型成员"，这是认知语言学范畴中的原型成员，与这里讨论的不是同一个问题。

的，所以倒也平安无事。(《残血自选集》)

像我这种人，有时是很吃亏的，样子好象很恶，其实一点攻击力也没有。(张小娴《把天空还给你》)

如能活着出去，将来天下总会是你们的，我这样的人算完了。(《人民日报》1995年8月)

像我这样的人还真不少，……，所以就越来越坦然了。(新华社2003年1月)

"(像)人称代词+这种N"凸显部分对象时可直接配合与数量相关的谓语，如例(32)的"多"；也可与跟量化有关的副词性成分同现，如例(33)中表示总括的"都"。

(32) 现在像我这样的人多得是。(CCL \ \ 当代 \ 网络语料 \ 网页 \ C000022)

(33) 在我平常遇见像他这种人的时候，……，我觉着他们都是些懒惰而无聊的。(关露《秋夜》)

"(像)人称代词+这种N"凸显原型成员时可以是单指的，如"他/你/我这种人"搭配特指谓语或用于事件句(episodic sentence)时，指的是个体对象，如例(34)。

(34) 至少他这种人总是你这一辈子很难再遇见第二个的。(古龙《小李飞刀》)

张炼强(1982)较早对此有讨论：人称代词的"扩大式"是以个体指集体，"缩小式"是以集体指个体，以众多的同类掩盖其中之一，既是句法现象，也有修辞效果。而我们认为，无论是凸显全体成员形成广义个体，还是凸显部分成员甚至单指某个原型成员，"(像)人称代词+这种N"仍然强调特征，只是这些特征实现的对象范围不同。即便是"(像)人称代词+这种N",也只是看似凸显了部分成员或某个特定成员,实际上强调的仍然是这类对象的属性特征。

2.2.4 "指示词+集体量词+名词"的属性用法

集体量词指将计量对象作为群体事物计量的量词,如"批、伙、群"等,类似的还有不定名量词"些"(郭锐,2002:204—205等)。"些"之所以得此名称,主要是因为它表示不确定的量。吕叔湘、江蓝生(1985:369)称"些"为准量词,它"指示物件的少量,用在名词之前或是省去名词单独用,性质近似量词"。

本节讨论集体量词主要以"些"为例。因为"批、伙、群"等受词义限制,以指人为常,不如"些"具有普遍性。另外,集体量词中还有一些"成双成对"义的如"双、对、副"等,也受到词义限制,暂不以之举例。

"这些N"也是歧义的。它通常指称实体,是个体对象的集合。但有时也有属性用法,如例(35)的"这些书、那些人",虽然用"些",但言者仍可以在仅指一本书、一个人时这么说,指这本书以及与其有共同特点的若干本书、那个人及与其有共同特点的若干个人。

(35)我不想看<u>这些书</u>。　　张三总是和<u>那些人</u>混在一起。

当然,即使是属性用法的"这/那些N"也并非全无所指,至少存在一个具体对象可用以明确涉及的属性特征。但"这/那些N"强调的不是这一具体对象,而是以该对象为代表的成员集体普遍具有的属性特征。因此,指示词短语的语用功能和语义功能不同,即便在直指环境中也不一定强调与客观对象的对应。

龙涛等(2011)、陈振宇(2017)实际上也都提出"属性"具有一定的个体性。但龙涛等(2011)的处理方式与本书相反:他们认为实体名词表属性义时，个体量词是类标记，个体量词本身发生了语法化。而我们认为这是量词直接对属性特征进行了个体化，这符合量词的基本功能。而量词是汉语中的显赫成分，若认为它发生了语法化，则需要更充分地解释这一语法化过程的动因。

总的来说，本书认为汉语的量词可以对类（包括个体类和特征类）进行个体化。这里的量词既包括个体量词等，也包括集体量词、不定量词、种类量词。

2.3 "这、那"在指示词短语属性用法中的不对称表现

汉语中，近指词"这"和远指词"那"的表现常常不对称。而当出现不对称现象时，"那"的句法限制比"这"多；当"这、那"理论上对称时，人们用"这"的概率也大于"那"（徐丹，1988），尤其是在篇章中，"这"的使用频率明显高于"那"（曹秀玲，2000；杨玉玲，2006等）。这是因为"这"的可及性高，其所指在信息处理中容易储存和提取。

有时，"这、那"的不对称表现在相当微观的层面。例如，在同位关系和所属关系中，"这、那"与第三人称的相容表现是对称的，但第一人称后的"这、那"就不对称。吕叔湘（［1954］2002：166）指出，当用于指示上文已说或虽未明说但言者和听者早有默契的人或事物时，"这、那"用于近指和远指的区别并不很明显，可以通用，类似于一个中性指称词（即中性指示词，可参陈玉洁，2011）。吕叔湘、江蓝生（1985：188）指出"在这和那并不对举的时候，近指性和远指性都会弱化而近于中性"。Tao（1994，转引自方梅，2002）最早指出汉语的近指词"这"和远指词"那"在表示所指示对象的可辨识度上有分工："这"通常引入低辨识度的对象，"那"通常引入高辨识度的对象。方梅（2002、2011）指出，"这、

那"在表现相关性和定指性方面也具有差异性:"这"更倾向于表现相关性,新的谈论对象首次被引入谈话作话题时,或保持话题的连续性时,都倾向于用"这";引入对比性话题,着意表现不同时用"那"而不用"这"。北京话的"这"已经产生类似定冠词用法,"那"则尚未发展至此。

上述不对称现象也存在于指示词短语的属性用法中,因此,本章对指示词短语指称解读的讨论主要围绕"这"展开,在"指示词＋个体量词＋名词"的讨论中尤其如此,因为"那个"明显地带有远近对举义,因而常与言谈现象的实体关联起来,较难有属性用法。

指示词的主要功能是将听者的注意力引导到与某个对象相关的信息上(Diessel,2003)。本章中,属性用法的指示词短语也多用"这"而少用"那",正体现了引导听者注意焦点的功能,用于再次提取刚刚在语篇中出现的旧信息。这与指示词显赫势方言中近指词率先发展出类似定冠词功能的表现是和谐的。

2.4 本章小结

无论直指还是回指,指示都是语用层面的功能。指示对象是否属于实体,语言形式作指称用法还是属性用法则是在语义层面划分的。指示对象为实体的指量名结构属于指称用法,而指示对象不为实体的指量名结构属于属性用法。指示基本上是语用概念,指称基本上是语义概念,考察指示词短语的指称解读需要明确区分这两个层面。指示词短语所指示对象的定指性和不定指性是语用上的可辨识性,而不是语义上的唯一性(可参 Li 和 Bisang,2012)。

综上,指示功能并不必然指示实体,这是对语用功能和语义解读的明确划分。进一步地,汉语之所以存在这种明确划分,是因为汉语的个体指—类指和指称—属性是密切相关、相互交叉的两对概念。个体指是汉语中相对成熟、完善的范畴,和由光杆名词表示的消极类指在一定程度上形成范畴对立。汉语的属性（特征）也有类—个体之别。Chierchia（1998b）认为不可数名词可以直接指称类别而不需要经过类型转换。按照本书的思路，由于汉语的个体指范畴非常发达，与指称—属性存在交叉，汉语的"个体实体"与"个体特征"之间可能也没有经过类型转换，而是量词分别对实体和特征进行个体化的结果。

量词只在句法层面对名词进行离散化操作，而与语义内容关联不大。被量词离散化的名词性成分可以是有指的，也可以是无指的。即使是不指称实体的、属性用法的名词性成分，也可以被离散化。

第 3 章

方言中指示词短语和相关形式的指称解读

指示词有两个基本功能：一是指别，二是替代。根据这两个基本功能，可以在句法上将指示词分为三类：第一，仅用于替代的，具有代名词性，属于指示代名词，在句中只能作论元而不能限定名词，例如法语的 *celui*、*celle*、*ceux*、*celles* 只能独立使用而不能修饰名词（Diessel，1999：4）；第二，仅用于指别的，属于指示形容词（或指示限定词），只能限定名词，不能单独作论元，例如吴语、粤语的指示词，以及法语的 *ce*、*cette* 和 *ces* 就是只指不代的指示形容词；第三，兼有上述两种功能的，普通话的"这、那"及英语的 *this*、*that* 都是既指又代的。

刘丹青（2000、2002、2005）、刘丹青编著（[2008] 2017）等区分了指示词显赫型方言（如北京话）与量词显赫型方言（如吴语、粤语），指出吴语量词的功能强于北京话，指示词的功能弱于北京话。这也导致了一系列的句法表现差异，我们尤其关心其中的指称编码形式差异。

指示词显赫的方言中，指量名短语中不仅量词常常可以省略，指示词还可能产生扩展功能。王灿龙（2006）指出普通话的"这、那"可以充当照应语，指称一个或若干个小句表达的事件。北京话中，指示词可用于引入一个新的谈论对象，或回指一个已经引入的言谈对象，或指上文陈述、上文所述的事件，或引入一个可辨识性相对较弱（不存在于上文或语境，而存在于听说双方共有知识中）的谈论对象。北京话的指示词"这"还可以加动词构成指称形式，具体有两类：一是把"这"直接放在动词或带主语的小句之前，充当主语或宾语，即"这（S）VP"；二是把"这"插入主谓之间，即"S这VP"。两种形式在指称属性和话题延续性上有区别："这（S）VP"一般用于通指，而"S这VP"一般用于特指，"这（S）VP"的话题延续性强于"S这VP"。方梅（2011）认为"这"具有较强的建立话题和延续话题的功能，可对一个全新的概念进行定指包装。实际上，汉语语法系统是允许动词直接作主宾语来指称行为的，即是说，汉语语法系统允许通过句法结构变化来指称行为，因此由"这"对新概念进行定指包装是语用需求导致的。而且这种指称行为形式是非常晚近才出现的，大约产生于20世纪80年代。现代北京话的"这"甚至已有类定冠词的作用（方梅，2002）。

  量词显赫的方言中，指示词不可单独使用。指示词和量词的地位差异也使得相关的指示词短语、定指"量名"结构等有不同的句法表现和语义解读。指示词显赫方言中指示词的扩展功能在吴语、粤语等量词显赫型方言中常由量词承担。例如，南方方言的量词往往不依靠指示词而单独在名词前表示定指。这些方言中量词的定指功能也兼有直指、回指两种功能，以后者为重，存在"直指多用指示词，回指多用量词"的趋势，量词成为比指示词更专用的句间回指手段（刘丹青编著，[2008] 2017：153）。另外，吴语苏州话中有一类量词型关系从句，可以依靠这种形式区别典型的关系从句和不典型的关系从句。苏州话的单个谓词，如及物动词、不及物动词、性质形容词等，都不能以量词为标记充当定语，而这些都属于不典型的关系从句。典型的关系从句都可以由量词充当标记。吴语中的这类量词标记和北京话中单个指示词充当的关系化标记是平行的现象。但北京话关系从句使用指示类标记仍然是一种边缘性手段，偶见于口语；苏州话的量词引导关系从句却是自然而常见的说法（刘丹青，2005）。

两种类型的方言中，指示词直接与名词共现的表现也存在差异，这造成指示词短语的指称解读形成系统差异。以个体指—类指为例，指示词显赫的方言中，指示词虽然常直接与名词组合，却无法明显地体现个体和类的对立："这书"可能指一本书或多于一本书。[①] 量词显赫的方言中，指示词必须与量词同现才可与名词搭配，"本书"只能指一本书而不能指多本书，个体和类的区别较为鲜明。Cheng 和 Sybesma（1998）、Longobardi（1994）等认为汉语量词的作用相当于印欧语中的限定词，尤其是限定词的指称和指示功能在汉语中是通过量词实现的。这一结论可能适合于量词显赫型方言而不适合于指示词显赫型方言。

综上，我们认为有必要对指示词显赫和量词显赫的方言的指示词及相关指示形式分别进行系统考察。本章从指示词短语入手，整体考察定指范畴编码形式和程度的差异，揭示方言整体类型特点的差异，包括以下内容：

第一，汉语方言中具有定指解读的"量名"结构，及这类结构在具体方言中的差异表现。

第二，吴语中处在发展之中、具有一定程度定指用法的"概数量名"结构。

第三，"一量名"结构的指称解读的跨方言差异及其对方言整体类型特征的反映。

对定指"量名"结构和"概数量名"结构的考察，是基于其与普通话指（量）名结构的关联。考察"一量名"结构主要是基于以下几个理由：第一，"一量名"结构是汉语中典型的不定指结构，是

[①] 需要注意，当指示词短语的核心名词为高生命度名词时，有时只能作个体单数解读。但这一方面是因为高生命度名词的个体性强，另一方面也与语境、谓语属性有关，不是"指名"结构自身的语义。

定指范畴研究中的重要内容；第二，普通话的"这个 N"充当名词性成分同位语表达并强调属性的功能也可由"一量名"结构承担；第三，从指称系统的整体协调性看，普通话"一量名"结构还有其他指称功能，如常用于类指。另外，一些方言中，类似的功能可能不是由"一量名"结构承担的，或者尽管由"一量名"结构承担，但句法强制性表现不同。

3.1 汉语方言定指"量名"结构的指称解读

定指"量名"结构是南方方言中的常见现象，已有讨论如石汝杰、刘丹青（1985）、潘悟云、陶寰（1999）、Cheng 和 Sybesma（1999、2005）、陈玉洁（2007）、王洪钟（2008）、Li（李旭平，2013）、王健（2013b）、盛益民（2014）、盛益民等（2016）等，尤其是盛益民（2017a）进行了大样本的类型学考察，但在其涉及的 37 个汉语方言样本中，瓯江片仅涉及游汝杰（2003）对温州市区话的讨论。而瑞安与温州市区的情况有所不同，本章的讨论也起到补充材料的作用。

定指"量名"内部并不同质，其类型与具体功能有明显的跨方言差异。盛益民等（2016）根据已有讨论，将方言中的定指"量名"结构分为两类：准冠词型和准指示词型。前者功能类似于"定冠词＋名词"结构，不表达距离远近；后者功能类似于指量名结构，可表距离远近。二者的主要区分标准是：能否表示距离远近，能否纳入指示系统中对举。同时，盛益民（2017a）根据陈玉洁（2010）进一步指出，准指示词型"量名"结构内部还可以细分为两类：一类表示距离指示，另一类表示中性指示。二者的主要区别是：距离指示表达远近距离意义，而中性指示词仅用于指示而不体现距离意义。

潘悟云、陶寰（1999）指出，温州话除"个"外，表定指的量词只有一种，且有近指距离意义。这种量词读入声，与"近指词 + 量词"结构中量词变调作入声相一致，是"近指词 + 量词"的省略形式。具体来看，这是指量名结构中的量词与入声调的近指词"居"[ke^{323}] 合音：近指词省略后，声调作用在量词上，合音表现为量词统一变读入声。远指词"许 [he^{35}]"没有这一现象。[①] 游汝杰（1981）、潘悟云、陶寰（1999）、郑张尚芳（2014）、吴越（2016、2019a）等都有相关讨论。盛益民（2017a）指出，温州话中独立使用的"量名"结构功能较为受限，只用于现场直指，并结合潘悟云、陶寰（1999）及游汝杰（2003）等已有研究，认为温州方言的"量名"结构属于准指示词型。吴越（2019a）考察发现，瑞安话中确实存在上述两类定指"量名"结构，且二者的语音形式存在明显差异：准指示词型定指"量名"结构为指量名结构中的量词与入声近指词"居"[ke^{323}] 的合音：近指词省略，声调保留，量词变读入声。远指词"许"[he^{35}] 没有这一现象。准冠词型定指"量名"由准指示词型进一步发展而来，量词失去本调，呈现"中性化"。句法上，准指示词型定指"量名"的自由度高，准冠词型定指"量名"的自由度低。一方面，准指示词型定指"量名"能出现在更多句法位置，而准冠词型受限制更多；另一方面，准冠词型定指"量名"的量词不允许离开名词独立使用，而准指示词型允许。语用上，准指示词型定指"量名"用于区别性中性指示[②]，回指小句；准冠词型定指"量名"用于非区别性中性指示，回指名词性成分。认同指、关联回指和大情景指都只用准冠词型定指"量名"（"大情景指"目前只允许通用量词"个"）。可详参吴越（2019a），此不赘。

---

① 这种语音模式不仅涉及量词，表示程度和方式的代副词（游汝杰，2003 使用的术语）"能"，表示方位的成分"面、头"，表示时间的成分"届"等也都能进入这一结构并遵循相同的合音模式。

② 中性指示还可分为区别性的和非区别性的。前者指中性环境中多个同类事物需由身势手段区别；后者所指对象为言谈现场同类事物中唯一一个/一些，无须身势手段区别（陈玉洁 2010：76、2011）。

我们进一步认为，与其他方言相比，瑞安话的准指示词型"量名"结构是相对不典型的，准冠词型"量名"结构是相对典型的。

瑞安话准指示词型"量名"结构的不典型性首先在于它可回指小句，作为典型例子的宾阳平话的准指示词型定指"量名"不能用于回指、关联回指和认同指等环境（覃东生，2007，转引自盛益民2017a）。其次在于它仍未脱离距离指示系统。苏州话的准指示词型"量名"结构既可以用于距离指示，也可以用于中性指示，多用于回指、关联回指和认同指（盛益民，2017a）。尽管如此，盛益民（2017a）仍认为苏州话的定指"量名"结构属于准指示词型而非准冠词型，理由正是其仍能进入距离指示系统，例如：

（1）哀棵树是桃子树，棵树是苹果树。（这棵树是桃子树，那棵是苹果树。）

而瑞安话的准指示词型"量名"结构是指量名结构省略了近指词的结果，只能表示近指，不能像苏州话一样自由地指近或指远，受限更大，相对较不典型。

瑞安话准冠词型"量名"结构的典型性在于无论是否受到修饰都不允许量词独用。尽管这些准冠词型定指量词具备定冠词的部分用法与性质，但仍不能认为是真正的定冠词，最主要的原因是不具有句法强制性。但即便如此，仍能根据准冠词型"量名"结构在非同位性定中结构中是否允许省略核心名词即"无核使用"这一指标排出典型性序列。一些方言允许省略，如泰州、富阳、绩溪岭北、玉林、揭阳等；另一些方言则完全不允许，如光山、平江、湘乡壶天、桂阳六合、廉江。如果无论如何都不允许无核使用，说明这些定指量词的类冠词型功能更为典型。夏俐萍（2013）认为益阳方言的"阿"正因为不能脱离核心名词充当无核领属标记，因而更接近定冠词。盛益民（2017a）的解释是"量名"结构独用时，量词是限定词；受到修饰后，量词具有一定的代词性。我们认同这种说法：指示词最典型和基本的功能是直指，因而与现实世界有更密切的关联；冠词包含的语义信息更少，其受修饰时的代词性是由修饰成分赋予的。泰州、富阳、绩溪岭北、玉林、揭阳等方言准冠词型定指"量名"结构中的量词不受修饰时有限定词性，受修饰时可以获得一定的代词性，内部是异质的。而光山、平江、湘乡壶天、桂阳六合、廉江、瑞安等方言的准冠词型定指"量名"结构无论是否受修饰都不允许量词独用，内部是同质的，更为典型。我们将两类定指"量名"结构中量词的性质差异小结为表6。

表6　　两类定指"量名"结构中量词的性质差异

"量名"结构性质	准指示词型	不典型的准冠词型	典型的准冠词型
量词性质	代词性	代词性/限定词性	限定词性
具体表现	无论是否受修饰，量词都可独用	根据受修饰与否变化	无论是否受修饰，量词都不独用
系统内部	同质	异质	同质

两种"量名"结构之间的关系目前尚无定论。本章尝试继续探讨。

在没有明确区别两种不同类型的定指"量名"结构时，对其来源就有许多讨论，"省略说"是其中一种。省略说认为定指"量名"是由指量名结构省略指示词得到的。步连增（2011）对"省略说"提出了三点质疑：第一，"量名"结构最主要的作用是表明信息的定指性，而指量名结构主要表示直指。第二，在有定指量名结构的语言中，"量名"结构除表示定指外，还可以表示无定、周遍意义。若用"省略说"，就得分别解释为什么同样的结构，表定指意义省略的是"这"或"那"，表无定意义省略的是不带重音的"一"，表周遍意义省略的是带重音的"一"。第三，"量名"组合中量词的声调与指量短语中的量词声调相同，重音在名词上，且不能用于远近对举。而指量名组合重音在指示词上。现在看来，如果区分了准指示词型和准冠词型这两种类型，就能解决上述第一和第三点质疑。而对第二点质疑，表示不定指解读和周遍义的"量名"结构与"一量名"结构的关系更密切，而与指量名结构关系不大，不在讨论之列。

现在一般认为准指示词型定指"量名"由指量名结构省略得到，但对准冠词型的来源却还有几种不同观点。我们认为，瑞安话的准冠词型"量名"结构并非从不定指的"量名"结构发展而来，而是从准指示词型"量名"结构发展而来。

第一，句法上，首先，两种"量名"结构句法自由度不同，准冠词型低于准指示词型；其次，上文以"量名"结构中的量词从"具有代词性"到"具有限定性"这一发展说明从准指示词型定指"量名"到准冠词型定指"量名"结构构成了典型性序列，这可能反映了发展关系。

第二，语用功能上，准冠词型的功能可能是准指示词型的延伸。Himmelmann（1996）指出，情景指（situaltional use，又称为直指）的作用是在普遍话语里建立一个特殊的所指；示踪用（tracking use，即狭义回指）和认同指（recognitional use）的作用是在已经建立的所指中再挑选特定对象。可见（狭义）回指和认同指的功能建立在直指的基础上。瑞安话中，典型的直指（距离指示以及区别性中性指示）严格使用准指示词型"量名"，典型的回指（回指名词性成分）与认同指严格使用准冠词型"量名"，过渡地带（回指小句的篇章直指）则可使用两类"量名"。可见，准指示词型保留了指示词的基本功能，准冠词型则脱离了指示词的基本功能。准冠词型"量名"结构中的名词可以不依赖上文或言谈现场实际存在的对象，因此这里的量词功能"既非指别又非替代"（方梅，2002），且可在已经建立的所指中再挑选特定的所指，是一个"挑选"标记，所以只能在内涵性定语后出现，且必须紧靠名词，试比较表7给出的例子。

表7　　　瑞安话两种"定指"量名结构的量词功能比较之一

准指示词型	准冠词型	无定式
(2) 买蓝个件 [dzi$^{13-212}$]衣裳（买蓝色的这件衣服）	(3) 买蓝个件 [dzi$^{13-0}$]衣裳（买蓝色的那件衣服）	(4) *买蓝个件 [dzi$^{13-0}$]衣裳（买件蓝色的衣服）
(5) 买件 [dzi$^{13-212}$] 蓝个衣裳（买这件蓝色的衣服）	(6) *买件 [dzi$^{13-0}$] 蓝个衣裳（买蓝色的那件衣服）	(7) 买件 [dzi$^{13-0}$] 蓝个衣裳（买一件蓝色的衣服）
(8) 买件 [dzi$^{13-212}$]衣裳（买这件衣服）	(9) *买件 [dzi$^{13-0}$]衣裳（买件衣服）	(10) 买件 [dzi$^{13-0}$]衣裳（买件衣服）

例（4）的"件"是普通的量词，没有挑选功能，在宾语位置表示不定指，因此不合法。例（3）、（6）的对比说明挑选功能只产生在内涵性定语建立特定范围之内。[①] 例（2）、（5）都合法，而例（3）和例（6）中则只有量词紧靠名词的例（3）合法，说明准指示词型定指"量名"结构保留指示词的功能，准冠词型在已建立的所指中再挑选特定所指，后者很可能是前者的进一步发展。

此外，瑞安话准冠词型定指"量名"结构和不定指的"量名"结构采用相同的语音形式（详见吴越，2019a），句法上也呈现互补性：准冠词型定指"量名"结构只有在受修饰时才可以出现在宾语位置，以区别不定指形式。我们认为，一方面，句法条件的互补性允许二者使用同一语音形式且不混淆；另一方面，可应用于二字组的轻声模式是有限的（可参郑张尚芳，2007），二者使用同一语音形式具有偶然性，不必然反映相关关系。但两种定指"量名"结构常出现在同一句法位置，且有明显的功能差异/分化，因此必须采用不同的语音形式。

第三，语音形式上，准指示词型到准冠词型的量词语音变化是一种弱化。从准指示词型到准冠词型，量词从曲折的入声调变为一个更轻更短的音。类似地，北京口语中没有指别作用的冠词化的

[①] "结构赋义"观点（石毓智，2002）可能无法解释为什么在保持语音形式不变的情况下仅调换量词和定语的顺序会产生不同解读。

"这"（zhe）也不重读，声调基本上中和；德语方言中有一个单独用作冠词的词，也是读前附轻音的；一般认为英语定冠词 the 来源于指示词 that（也有人认为可能来源于 this），保留了词首辅音，其余部分弱化（方梅，2002）。这一进程中的语音变化都是弱化，显示进一步语法化的可能。

综上，瑞安话的准指示词型定指"量名"结构由指量名结构省略近指词得到，准冠词型定指"量名"结构由准指示词型进一步发展得到。另据盛益民等（2016），绍兴话"远指量名"结构不用于关联回指和认同指，而瑞安话允许。这说明瑞安话"远指量"可能正在逐渐失去指示词短语的典型功能而获得定冠词的某些性质。Diessel（1999）通过类型学考察指出，世界语言一般由远指词优先语法化为冠词。但无论瑞安话"远指量"表现出何种程度的定冠词性质，其机制都与准冠词型定指量词不同，二者走的是两条不同的发展道路。

另外，海南屯昌方言的"奶"和"枚"形成了一定的定指—不定指分工，如例（11）（钱奠香，2002：26—27）。一般认为"奶"是远指词"许"和"枚"的合音。

(11) 叫伊衔枚椅囝来。（叫他拿张椅子过来。）
    叫伊衔奶椅囝来。（叫他把那张椅子拿过来。）

远指词与量词合音在汉语方言中相对少见，但在闽方言区也不是孤例，如例（12）。

(12) <莆仙>（刘福铸，1999）这街 [tsik^{21} ke^{533}] → □ [tsie^{533}]

许街 [hik^4 ke^{533}] → □ [hie^{533}]

<揭阳>（许惠玲，2002）只块 [tsi^{53} ko^{213}] →

□ [tsio⁵³]

许块 [hɯ⁵³ko²¹³] → □ [hio⁵³]

在指示词显赫的方言中，可能会产生指示词和量词的融合。例如：

（13）<太原>（沈明，1994）这块 [tsəʔ²kʰuai⁵³] →喀 [tsai⁵³]

兀块 [vəʔ²kʰuai⁵³] →哇 [vai⁵³]

<忻州>（温端政、张光明，1995）

这个 [tʂɿ⁵³kʰuæ⁵³⁻³¹] →这 [tʂæ⁵³]

未个 [vei⁵³kuæ⁵³⁻³¹] →哇 [vai⁵³]

盛益民（2017a）指出，跨方言比较显示准冠词型定指"量名"在语用功能上有更大的一致性，而准指示词型定指"量名"结构的语用功能差别较大，常受制于具体方言中表达定指的库藏手段。因此，不同方言中存在定指"量名"结构的类型区别与否，两类定指"量名"结构的相互关系都可能不同。

另外，广州话的情况值得注意。广州话量词的定指解读在一定程度上独立于成分所在的句法位置。如动词后的"啲+名词"既可以表示定指，也可以表示不定指，句法位置的影响比较小，而且两种解读没有语音形式的差异（例自詹伯慧主编，2002：79），如：

（14）啲衫干嗮喇。（那些衣服全干了。）

执好啲书啦。（收拾好这些书吧。）

（15）你食啲饭添啦。（你再吃些饭吧。）
　　　佢哋种咗啲花。（他们种了一些花。）

可以看到，广州话中，宾语位置上的"量名"结构有歧义，主语位置上则没有歧义。对此，刘丹青（2017：298）认为，广州话量词的指称功能主要是实指而非定指。具体来说，可以认为量词有定冠词的功能，表示定指，也可以认为量词表示实指。在主语位置时，句法位置赋予它定指解读。但在宾语位置，则可能是不定实指或定指实指。如果认为广州话的量词主要作实指标记而不一定表示定指，这一问题就可以得到解释。即，广州话的量词主要表示实指，因此定指、不定指、非实指环境中均可出现量词，最终的定指解读是在句法位置的帮助下实现的。

最后，关于定指量词的语法化程度差异。吴语中，通用量词"个"语法化程度较高，已发展出类指标记功能。广州话也用不带指示词的量词表示作话题的类指 NP，但选择的是复数量词"啲"（些）。从共性与类型的角度看，广州话的选择更符合语言的共同倾向——类指排斥个体性。吴语选择突出个体性的"个"来表类指看似反常，但"个"先用于表定指再派生出类指用法，其实也是合理的（刘丹青，2002）。同时，我们认为，吴语的"个"由表示实体个体发展到表示特征个体，再发展到表示特征类，其表类指的功能实际上是从眼前的或某个虽不在言谈现场却能被明确的样本关联到具有共同特征的特征类。眼前的样本是实体个体，不在言谈现场却能被明确的样本是特征个体。从这个角度看，广州话量词的发展路径和吴语实际上是相似的。①

---

① 另外，北部吴语区的海盐、长兴等方言中，指示词和种类量词经过合音和语法化，已经形成了名词前的专职类指标记，功能上接近类指冠词（刘丹青，2020）。

3.2 吴语的"概数量名"结构及其指称解读——以瑞安话为例

吴语中有一种处在发展中的定指"概数量名"结构,如绍兴话(可参盛益民,2019)和瑞安话的"两量名"结构以及海门话的"多量名"结构(王洪钟,2011)。和定指"量名"结构一样,"概数量名"结构也可大致分为准指示词型和准冠词型两类。出于对指称系统整体考察的考虑,"两量名"结构有整体讨论的必要。

本节介绍瑞安话的定指"两量名"结构(另见吴越,2021a、2021c)。它有指称用法和数量解读,本节依次讨论。与定指"量名"结构一样,定指"两量名"结构也与普通话指量名结构在功能上存在关联和差异。但数目"二"在客观上产生限制,"两量名"结构与指量名结构的关系相对不如定指"量名"与指量名结构那样密切。

3.2.1 定指解读

与定指"量名"结构相似,瑞安话"两量名"结构也可分为准指示词型和准冠词型两类。

3.2.1.1 语音形式

语音形式上,两类定指"两量名"结构存在差异。

准指示词型"两量名"结构可分两部分,"两[la^{13}]+量"构成一个"音系/韵律词"或"黏附组",与名词(语音词)构成音系短语。"两"变为入声调[la^{212}],量词失去底层的声调,读"两[la^{212}]"的延展调。重音落在名词上,名词不发生变调。这样一来,原本单字调不同的量词与同一个名词组合后的音系短语声调相同。

准冠词型定指"两量名"结构语音形式记为"两[la^{0}]量名",具体规则是量词读短促的高平调,名词不变调。

音强上,"两[la^{212}]量名"中"两量"的音强相较于名词更强,"两 [la⁰] 量名"中则是名词的音强更强。从"两量"内部来看,"两 [la²¹²] 量"中"两"需重读,而"两 [la⁰] 量名"中"两"和量词音强相差不大。例字见表 8。

表 8　　　　　　瑞安话定指"两量名"结构语音变化例字

量词	量词读音	准指示词型音系词/短语	准冠词型音系词/短语
张	tɕɛ⁵⁵	{两 [la²¹²] 张 [tɕɛ⁵⁵⁻¹²]} {纸}	{两 [la⁰] 张 [tɕɛ⁵⁵⁻⁰]} {纸}
头	dəɯ³¹	{两 [la²¹²] 头 [dəɯ³¹⁻¹²]} {蚊虫}	{两 [la⁰] 头 [dəɯ³¹⁻⁰]} {蚊虫}
本	paŋ³⁵	{两 [la²¹²] 本 [paŋ³⁵⁻¹²]} {书}	{两 [la⁰] 本 [paŋ³⁵⁻⁰]} {书}
件	dʑi¹³	{两 [la²¹²] 件 [dʑi¹³⁻¹²]} {衣裳}	{两 [la⁰] 件 [dʑi¹³⁻⁰]} {衣裳}
个	kai⁴²	{两 [la²¹²] 个 [kai⁴²⁻¹²]} {苹果}	{两 [la⁰] 个 [kai⁴²⁻⁰]} {苹果}
埭	da²²	{两 [la²¹²] 埭 [da²²⁻¹²]} {路}	{两 [la⁰] 埭 [da²²⁻⁰]} {路}
荚	kɔ³²³	{两 [la²¹²] 荚 [kɔ³²³⁻¹²]} {毛豆}	{两 [la⁰] 荚 [kɔ³²³⁻⁰]} {毛豆}
粒	lø²¹²	{两 [la²¹²] 粒 [lø²¹²⁻¹²]} {布}	{两 [la⁰] 粒 [lø²¹²⁻⁰]} {布}

3.2.1.2　句法表现

句法上,本节参照盛益民(2017a、2019)的处理,分"两量名"结构独立使用和受到修饰两种情况讨论。

先看独立使用的情况。准指示词型"两量名"结构对句法位置不敏感,可以出现在主语、定语、介/谓词宾语等多个位置。一般都能与"居(近指)两量名"相互替换,如:

(16) 两 [la²¹²] 碗面你倈吃两吃底爻快。(你们快把这两/几碗面吃了。)[话题]

　　　渠代两 [la²¹²] 头鸡刣爻罢。(他把这两/几只鸡给杀了。)[介词宾语]

　　　我爱两 [la²¹²] 本书,不是许两本。(我要这两/几本书,不是那两/几本。)[谓词宾语]

准冠词型"两量名"的句法位置较为受限,一般只出现在谓语前,作主语或话题,也可以出现在宾语从句、补语从句的谓前位置。如:

(17) 两 [la⁰] 碗面你倈吃两吃底爻快。(你们快把那两/几碗面吃了。)[话题]

两 [la⁰] 头狗是□ɦiau⁰喝水。(那两/几条狗在喝水。)[主语]

我还只当两 [la⁰] 个杯丐渠担去爻。(我还以为那两/几个杯子被他拿走了。)[宾语从句主语]

我昨夜两 [la⁰] 碗配也忘记担来爻。(我昨天那两/几碗菜忘记拿了。)[补语从句主语]

准冠词型"两量名"结构一般不出现在谓后位置。例(18)、(19)本身其实都是合法的,只是都不解作定指而必须解作不定指。

(18)#我想爱两 [la⁰] 本书(①不定指:我想要两/几本书。②定指:*我想要那两/几本书。)

(19)#你走来挑两 [la⁰] 件衣裳。(①不定指:你来挑两/几件衣服。②定指:*你来挑那两/几件衣服。)

量词独用问题上,准指示词型定指"两量名"结构作定中结构核心时,名词性成分可以省略,如例(20);"两量"能独立充当定语,如例(21)。

(20) 两 [la²¹²] 张丐我。(这两/几张给我。)

两 [la²¹²] 碗好吃。(这两/几碗好吃。)

(21) 两 [la²¹²] 件个衫袖上个纽珠冇钉好。(这两/几件的袖子上的纽扣没有钉好。)

相应地，准冠词型"两量名"结构的"两量"不可单独充当主语，更不能独立充当定语。

(22) *<u>两［la⁰］件</u>你担去着。（那两/几件你拿去穿。）
　　　*<u>两［la⁰］件</u>个衫袖上个纽珠冇钉好。（那两/几件的袖子上的纽扣没有钉好。）

再看受修饰的情况。定指"两量名"受到限定修饰时的情况也可再分为两种情况讨论：①"X+两量名"为定中关系；②"X+两量名"为同位关系。

"X+两量名"为定中关系时，两种结构都可受外延性定语修饰，如：

(23) 老张<u>两［la²¹²］间屋/两［la⁰］间屋</u>（老张这/那两/几间房子）
　　　你<u>两［la²¹²］本书/两［la⁰］本书</u>（你这/那两/几本书）

但当领属性定语的领有者是强调代词时，情况较为复杂。"强调代词"是用于加强句中某个名词性成分信息强度的代词性词语（刘丹青编著，［2008］2017：122）。瑞安话的第一类强调代词由普通人称代词与加强信息强度的"自"组成，即"我自、你自、渠自"，体现该个体与其他同类个体的区别，具有"区别性"，一般只用准指示词型结构，如：

(24) 我自/你自/渠自<u>两［la²¹²］间</u>/*<u>两［la⁰］间</u>屋（我自己/你自己/他自己这/那两/几间房子）

瑞安话的第二类强调代词由普通人称代词与强调前缀"丐"组成，即"丐我、丐你、丐渠"，具有一定的"对比性"，但可能发生功能扩展或者弱化（可参盛益民、吴越 2020），区别性不如"我自、你自、渠自"，既可用准指示词型，也可用准冠词型，如例（25）。

（25）丐我/丐你/丐渠两^{8}间/两^{0}间屋（我/你/他这/那两/几间房子）

同时，两类定指"两量名"结构一般都可受状态形容词、关系从句等内涵性定语修饰，分别见例（26）、（27）。具体作用规则与内涵性定语是否具有区别性有关：有区别性的内涵性定语仅修饰准指示词型"两量名"，如例（28）；无区别性的一般仅修饰准冠词型"两量名"，如例（29）。

（26）稀薄个［gi⁰］/蓝幽幽个［gi⁰］两［la²¹²］粒/两［la⁰］粒布（很薄的/蓝色的这/那两/几块布）

（27）我读书个［gi⁰］两［la²¹²］间/两［la⁰］间学堂（我读书的这/那两/几所学校）

（28）大侥个［gi⁰］两［la²¹²］件/＊两［la⁰］件裤（大一点的这/那两/几条裤子）

（29）乡下个［gi⁰］＊两［la²¹²］间/两［la⁰］间屋（乡下的那两/几间房子）

当"X + 两量名"为同位关系时，同位语为名词性成分（并列短语）或小句时，均使用准指示词型"两量名"，而不用准冠词型①，见例（30）、（31）。

---

① 这些情况都与回指小句的情况相似，而不同于回指名词性成分的情况。因此只能和回指小句时的情况一样使用准指示词型"两量名"结构，详见下文讨论。

(30)《西游记》搭《红楼梦》两[la^{212}]本书我做小就眙过罢。(《西游记》和《红楼梦》这两本书我小时候就看过了。)

(31)渠下个月日调杭州，明年结婚，两[la^{212}]起事干我早晓得罢。(他下个月调去杭州和明年结婚，这两件事，我早知道了。)

综上，句法位置上，准指示词型"两量名"可现于话题/主语、宾语、定语等位置，准冠词型"两量名"一般只出现在谓前位置；准指示词型允许"两量"独用，准冠词型不允许；受修饰时，若定语有区别性，则只能使用准指示词型。可见，准指示词型定指"两量名"结构的句法自由度高，准冠词型的句法自由度低。

3.2.1.3 语用功能

对定指"两量名"结构的语用功能，仍基本按照定指"量名"结构的讨论框架，考察直指、回指、关联回指、认同指四类情况。由于"两量名"结构所指对象数目必然大于"一"，无法用于大情景指，因此将其排除在外。

用于直指时，准指示词型"两量名"结构可用于典型的远近对举，如例(32)，但只表示近指，这与其来源有关：由"近指词+两量名"结构省略近指词得到。

(32)两[la^{212}]粒肉太肥，许两粒好俫。(这两/几块肉太肥，那两/几块好些。)[距离指示]

用于中性指示时，准指示型"两量名"结构用于区别性中性指示，准冠词型"两量名"结构用于非区别性中性指示，此时言谈现场没有言者所指对象之外的其他同类对象。例如：

(33)两[la^{212}]间屋真大。(这/那两/几间房子真大。)

[区别性中性指示]
两 [la²¹²] 间屋真大。(那两/几间房子真大。) [非区别性中性指示]

非区别性中性指示也可换用"近/远指两量名"结构,例如：
(34) 居/许两间屋是我拉阿太起起个。(这/那两/几间房子是我太爷爷造的。)

但区别性中性指示必须用"居(近指)两量名"或准指示型"两量名",不用"许(远指)两量名",试比较：

(35) a. 两 [la²¹²] 间屋是渠拉大伯个 [kai⁴²],两 [la²¹²] 间屋是渠拉二伯个 [kai⁴²]。(这两/几所房子是他大伯的,这两/几所房子是他二伯的。)
　　　b. 居两间/*许两间屋是渠拉大伯个,居两间/*许两间是渠拉大伯个。(这两/几所房子是他大伯的,这两/几所房子是他二伯的。)
　　　c. *两 [la⁰] 间屋是渠拉大伯个,*两 [la⁰] 间屋是渠拉二伯个。(这两/几所房子是他大伯的,这两/几所房子是他二伯的。)

和"居(近指)量名"表现一致,"居(近指)两量名"不仅可以出现在区别性中性指示场景中,也可以出现在非区别性中性指示场景中。

用于认同指时,对象存在于双方共有知识中,用准冠词型定指"两量名"结构,不用准指示词型,如例(36)。

(36) *两 [la²¹²] 个/两 [la⁰] 个西瓜可以担出罢。(那两/几个西瓜可以拿出来了。)

用于回指时，准指示词型定指"两量名"结构回指小句，准冠词型回指名词，如例（37）（38）。①

（37）渠下个月日调杭州搭明年结婚，两［la²¹²］起事干我早早就晓得罢。（他下个月调去杭州和明年结婚，这两件事我早就知道了。）

（38）渠前两日有书送丐我，两［la⁰］本书险厚。（他前两天有书送给我，那两/几本书很厚。）

关联回指可用准冠词型定指"两量名"结构，不用准指示词型定指"两量名"结构。

（39）昨夜我走屋眙爻罢，两［la⁰］个／*两［la²¹²］个睏间蛮大甚。（昨天我去看了房子，那两/几个卧室蛮大的。）

综上，准指示词型定指"两量名"结构的语用功能包括：第一，在直指情境中，表达距离指示和区别性中性指示。在少数情况下，也可用于非区别性中性指示，这与瑞安话本身用于表达指示的库藏手段有关。第二，可用于回指，但一般只回指小句。第三，不用于认同指、关联回指。准冠词型定指"两量名"结构的语用功能包括：第一，在直指情境中表达非区别性中性指示，绝不用于距离指示和

---

① 两类定指"两量名"结构用于回指的功能差异有待另文考察。这一功能差异也可与"X+两量名"为同位关系的情况共同考察。初步地看，回指名词性成分时，先行成分和用于回指的成分是相同的，即同一名词性成分已经是第二次在句中出现，具有相对较高的可辨识度，因此可用准冠词型"两量名"回指；回指小句时，用于回指先行成分的名词实际上是第一次在句中出现，可辨识度相对较低。在"X+两量名"为同位关系的情况中，X为名词性成分或小句可能会进一步造成同位关系的内部差异，影响"两量名"结构的选择和使用。

区别性中性指示。陈玉洁（2010：79）认为，语义上没有远近距离区别并不意味着指示功能弱化，也非指示词冠词化的标志。只要语言中的指示词有直指等典型的指示功能，不管是否表示远近距离，都可以称得上是典型的指示词。但用于非区别性中性指示则明确意味着直指等典型指示功能的弱化甚至消失。瑞安话准冠词型"两量名"就属于这种情况。第二，可用于认同指和关联回指，且常可与"许（远指）两量名"互相替换。Himmelmann（1996）指出，指示词不能用于依靠概念关联进入话语的单位，而定冠词可以。第三，可用于回指，但一般只回指名词性成分。另外，准冠词型"两量名"并不像准冠词型"量名"结构一样发展出类指标记用法。因为数词"一"具有特殊性：某个类的成员如果只有唯一一个个体，此个体就是该集合的全体成员。而数词"二"不存在这种特殊性，缺少发展为类指标记的语义基础。

3.2.2 不定指解读

作不定指解读时，"两量"的语音形式为："两"和量词均自变轻声，如例（40）。

（40）有两个 [la$^{13-0}$ kai$^{42-0}$] 苹果是桌上。（有几个苹果在桌上。）

纸担两张 [la$^{13-0}$ tɕɛ$^{55-0}$] 丐我。（拿几张纸给我。）

门头有两部 [la$^{13-0}$ pu$^{35-0}$] 车停□ɦau^0。（门口停着几辆车。）

例（40）中，不定指的"两量"结构都有数量意义，与"两"表确数、概数的两种功能有关。陈玉洁（私人交流）认为，数量结构一定有数量意义，在特定语境中才有存在意义，可以是定指的或不定指的。这一问题有待另文详细讨论。本书仍采用如下处理：将数量意义与定指—不定指等指称义分开讨论，但不代表我们认为这些解读没有交叉。

3.2.3 数量解读

3.2.3.1 "两量（名）"结构表确数和概数

瑞安话"两"表确数时与"二"有分工，需要与"二"对比说明。

第一，只能用"两"的情况：①计数：两万两千两百廿两①；或数词连用表示约数：一两百、两三万，但是二三十则强制用"二"，不用"两"；②后接除旧式度量衡之外的量词，表示基数，如两个、两粒、两碗、两米、两克等；也可以数词连用表约数，如两三个、一两粒等；③用在"头、前"后表示"前两"，如前两名、头两名；④集合亲属称谓连用，如两夫妻、两姊妹、两兄弟等；⑤用来称星期：星期两/＊二、礼拜两/＊二；⑥称农历日期：初两/＊二；⑦后接旧式数量度量衡，如两两、两寸等；⑧称公元年或电话号码。

第二，只能用"二"的情况：①用作"十"的系数，但"二十"只表示农历日期；②"二三十"连用表约数，也可用"廿三十"；③亲属排行：如二伯、二姑爹等。

第三，"二"和"两"可混用的情况：①连续数数时：一、二/两、三、四等。②用在"第"后，形成序数结构，如第二、第两。也允许在数词后再后接量词，如第二/两套、第二/两个等。③后接量词表示序数。但并非后接所有的量词都能混用，如二/两号、二/两月、＊二/两楼等。

温州方言"两/几量（名）"结构可通过语音形式区别确数和概

---

① 这一点与绍兴话不同，绍兴话的个位数不用"两"，而强制用"二"，如<u>一百廿二/＊两</u>。

数（郑张尚芳，2007、2014 等）。本书据此将轻声调值记为"0"。①具体来看，表示确数时"两量"结构有两种语音形式：第一，"两"和量词都不变调；第二，"两"不变调，量词倚变轻声，如例（41）。

（41）有两个［la¹³ kai⁴²］［la¹³ kai⁴²⁻⁰］苹果是桌上。（桌上有两个苹果。）

两张［la¹³ tɕɛ⁵⁵］［la¹³ tɕɛ⁵⁵⁻⁰］纸就有罢。（两张纸就够了。）

门头有两部［la¹³ pu³⁵］［la¹³ pu³⁵⁻⁰］车停□ɦau⁰。（门口停着两辆车。）

表示概数时，"两"和量词均为自变轻声，如"两个"［la¹³⁻⁰kai⁴²⁻⁰］。

"两"表概数时还与"几"有分工。"几量"除用于陈述句表概数，也可在疑问句中对数量提问，二者的语音形式也不同，前者"几"与量词均自变轻声，见例（42）、（43）a；后者"几"和量词均保持原调，量词有时可倚变轻声，见例（42）、（43）b。

（42）a. 袋底有几个［ke³⁵⁻⁰ kai⁴²⁻⁰］苹果。（袋子里有几个苹果。）

b. 袋底有几个［ke³⁵ kai⁴²］［ke³⁵ kai⁴²⁻⁰］苹果？（袋子里有几个苹果？）

（43）a. 有几本［ke³⁵⁻⁰ paŋ³⁵⁻⁰］书囥是桌上。（有几本书放在桌上。）

b. 有几本［ke³⁵ paŋ³⁵］［ke³⁵ paŋ³⁵⁻⁰］书囥是桌上？（有几

---

① 用语音形式区别"两"的概数—确数用法的情况比较多见。如凌锋（2013）总结了苏州话的情况："两"如果表确数，它所在的数量结构单独构成一个连调域；如果表概数，则这个数量结构必须合并到前面动词的连调域中。这至少是吴语的普遍现象。

本书放在桌上?)

瑞安话"两、几"表概数的作用范围有所不同。例（44）a 的情况只能用"几"。① 若使用"两"，则只能解读为确数的"两个"，见例（44）b。

（44）a. 渠俫几个侬走狃爻？（他们几个人去哪里了?）
　　　b. 渠俫两个 [la¹³ kai⁴²⁻⁰] 侬走狃爻？（他们两个人去哪里了?）

瑞安话表概数的"两/几量名"可以受一些成分修饰限定，如表大量的"好"、表小量的"只"，以及指示词"居、许"，与近指词"居"合音的表方式的成分"恁"（可表主观量），疑问词"狃（哪）"等。相对地，普通话表概数的"两"前不再加修饰成分。

综上，"两量（名）"结构至少有三种语音形式：第一，"两"和量词都不变调；第二，"两"不变调，量词倚变轻声；第三，"两"和量词均为自变轻声。前两种表确数，后一种表概数。"几量（名）"本身无法表确数，但它也有平行于"两量（名）"结构的语音表现，分别用于疑问句和陈述句。小结见表9。

表9　　瑞安话"两/几量"表确数和概数的语音形式

功能	单字语音形式	与量词组合后的语音形式（以量词"个"为例）
确数"两"	la¹³	两个 [la¹³ kai⁴²] [la¹³ kai⁴²⁻⁰]
概数"两"		两个 [la¹³⁻⁰ kai⁴²⁻⁰]
概数"几"	ke³⁵	几个 [ke³⁵ kai⁴²] [ke³⁵ kai⁴²⁻⁰]（疑问句）
		几个 [ke³⁵⁻⁰ kai⁴²⁻⁰]（陈述句）

① 这种情况在绍兴(柯桥)话中一般倾向于用"两"而不用"几"。

3.2.3.2 "两/几量（名）"结构表主观量

李宇明（1999：111）指出，主观量是客观世界的量范畴在语言中的一种表现，是一种含有言者主观评价的量。本节讨论"两/几量（名）"结构表主观量的情况，主要包括两个问题：第一，"两量（名）"结构中"两"与近指词形成的可表主观量的形式；第二，适用于"两/几量（名）"结构的表主观量的专职语音形式。郑张尚芳（2007）已注意到轻声在"两量（名）"和"几量（名）"结构主观量表达中的作用（前加"·"表轻音节位置，下同）："两个"表确数，"·两个"表概数。"几个"是普通的概数表达①，"·几个"是"一些个"，有一定的主观"大"量意味。而我们发现，瑞安话中，轻声确实可以在一定程度上区别主/客观量，但"·几个"用于表主观"小"量，而非如郑张先生所说的"用于数目不少的概数"（即主观大量）。下文也将对此进行简要讨论。

第一个问题："两量（名）"的"两"与近指词合音成可表主观量的形式。

"两量（名）"结构的"两"可与入声近指词"居 [ke^{323}]"合音。入声近指词省略，"两"变读入声 [la^{212}]，量词为自变轻声，名词不变调，意为"这两个（名）"，可以是确定的两个或大概的几个，"两 [la^{212}] 量（名）"可包含言者的主观小量评价，如：

(45) 两本 [la^{212} paŋ$^{35-0}$] 书也着一个礼拜眙。（这么两本/几本书也要一个礼拜看完。）

(46) 两 [la^{212}] 个钞票訾那了得哦？（这几块钱怎么够啊？）

例（46）只能理解为"这几块钱"而非"这两块钱"，这与名

---

① 这是我们的概括，原文为"不多的几个"。但从上下文与例句看，郑张先生实际意为"普通的概数表达"。

词"钞票"本身的性质有关。

这种"两［la^{212}］量名"一般不离开名词单独使用，可见这种主观小量判断可能附加于定指用法而非附加于数量用法。瑞安话量词也可与近指词"居"［ke^{323}］合音，但入声量词不用于表主观量。这是因为此时量词引入的个体数目是"一"，不存在对数量的主观判断。张敏（2001：32—33）指出一个实体和两个相同实体的对立在数量认知上具有两个层次上的效应：量化效应和多量效应。[①] 其中，量化效应是指两个相同实体在同一认知域中的显现可引入"二"和"一"的对立，这种对立的。引入有关此实体的量的维向。只有多于一的情况才涉及量的问题和言者的主观判断。瑞安话数词"两"和量词的合音与量词和近指词的合音遵循相同模式，却因为数词"两"引入了量维向而产生了主观判断意味。而且，合音与否，指称解读存在差异，这应是合音形式的物尽其用（详参刘丹青，2014）。

第二个问题："两/几量（名）"结构表主观量的专职语音形式。

"两/几量（名）"结构有专用于主观量的语音形式："两/几"自变轻声：

(47) a. 两个 ［la$^{13-0}$ kai^{42}］人

几个 ［ke$^{35-0}$ kai^{42}］人（这么少的几个人）

b. 两个 ［la$^{13-0}$ kai^{42}］人

几下个 ［ke$^{35-0}$ ɦo^{0} kai^{42}］人（好几个人）

(48) a. 两张 ［la$^{13-0}$ tɕɛ^{55}］纸

几个 ［ke$^{35-0}$ tɕɛ^{55}］纸（这么少的几张纸）

b. 两张 ［la$^{13-0}$ tɕɛ^{55}］纸

[①] 同时，"二"是量的起点，是量维向的触发物，是量观念的索引符（index）。两个相同实体的出现可引出对量的意识，并可在具体条件的操纵下实现为对"多量"和"少量"的意识（张敏，2001：33）。"多量效应"正是在这一基础上产生的。本书暂不涉及"多量效应"。

几下个 [ke$^{35-0}$ ɦo^{0} tɕɛ^{55}] 纸（好几张纸）

可以看到，这一专职语音形式虽能激活主观量解读，却不严格规定到底是大量或小量。如例（47）、（48）中的"两个"就同时有主观大小量解读，具体解读与句中其他成分以及语境相关；"几个"与"几下个"则是通过形式差异分化主观小量和大量。

陈昌来、占云芬（2009）指出，主观量的表现手段有：第一，句中标记。在同一句子的前后找到相关标记，这个标记可以是对句义的理解起关键性作用的一个词或短语；第二，语境显化。虽没有具体明显的标记，但通过上下文语境或言谈双方共知的背景知识凸显表达意图；第三，语音赋值。指通过语音、语调等手段来分化、凸显主观大量或主观小量。瑞安话的特定语音形式是激活主观量解读的专职形式，但具体是大量还是小量，仍需要其他成分（主要是词汇性成分）的配合或语境限制才能进一步明确。"几"和"两"的情况还有不同。

先看"几"。表主观大量时，"几"加"下"再加量词，如"几下个"；表主观小量时，"几"直接加量词，如"几个"。"几下个"的"下"非常短促，"几下"连读占据的时长与"几个"中的"几"基本相同。

根据语境和句义，例（49）的言者认为"狗"和"花盆"太多，均表主观大量，只允许"几下个"。例（50）有表小量的副词性成分"只"和"冇（没有）"，受此语义限制，只允许"几个"。

(49) 碎细儿也养不起还<u>几下头</u>/*几头狗养起。（小孩都养不起还养了好几条狗。）

亦不养花，<u>几下个</u>/*几个花樽顿起。（又不养花，还放着好几个花盆。）

(50) 屋底只*几下个/<u>几个</u>花樽顿□ɦau^{0}。（家里只放了几个花盆。）

冇喝*几下杯/<u>几杯</u>酒就喝爻怎个。（没喝几杯酒就喝成这样了。)

再看"两"。其形式区别手段主要是句中其他成分,至少有两类:第一,动补结构的补语;第二,蕴涵"量"解读的副词性成分。此外,完全没有形式标记的情况则需要依赖语境。

先看动补结构的补语。温州方言的"起"和"爻"作补语时,语义有积极和消极之别(游汝杰,2003):"爻"一般只用于消极或中性意念,"起"或"来"则表示积极意念,例如:

(51)做张桌起(做了一张桌子)
　　　捣张桌爻(弄坏了一张桌子)
　　　越洗越了滞起(越洗越干净了)
　　　越洗越鏖糟爻(越洗越脏了)

瑞安话中,例(52)a 的补语"起"关联了主观大量解读;b 句的"□ɦau⁰"是一般处所词,在量上是中性的,允许主观大小量两种解读。

(52) a. 教室底两个 [la¹³⁻⁰ kai⁴²] 人坐起。(教室里坐了两个/好几个人。)[大量]
　　　 b. 教室底两个 [la¹³⁻⁰ kai⁴²] 人坐□ɦau⁰。(教室里坐了两个人。)[大量或小量]

又如例(53),"只"与"起"语义冲突,因此 b 句不可说。例(54)的"顿□ɦau⁰(放着)"在量上是中性的,因此只要与上下文的句义不冲突,"两个"就可与"只"同现表主观小量。

(53) a. 亦不养花,屋底两个 [la¹³⁻⁰ kai⁴²] 花樽顿起。(又不养花,家里还放着两/几个花盆。)

b. 亦不养花，屋底 * 只两/几个 [la$^{13-0}$ kai^{42}] 花樽顿起。

（54）屋底只两个 [13$^{13-0}$ kai^{42}] 花樽顿□ɦau^0。（家里只放了两/几个花盆。）[主观小量]

再看本身有量意义的副词性成分。"两量名"受表小量的"只"修饰就表示主观小量，见例（55）a。而"起"只允许主观大量解读，与"只"冲突，因此例（55）b不能说。

（55）a. 教室底只两个 [la$^{13-0}$ kai^{42}] 人坐□ɦau^0。（教室里只坐了两/几个人。）[主观小量]
b * 教室底只两个 [la$^{13-0}$ kai^{42}] 人坐起。

方式副词"能 [naŋ^{21}]"可与近指词"居"合音得到"恁 [naŋ^{212}]"，表示程度深。表主观小量时，"恁"可加深言者认为量小的主观程度，如：

（56）恁两个 [la$^{13-0}$ kai^{42}]/几个 [ke$^{35-0}$ kai^{42}] 人（这么少的几个人）

表主观大量时，"恁"可加深言者认为量大的主观程度，如：

（57）恁两个 [la$^{13-0}$ kai^{42}]/几下个 [ke$^{35-0}$ ɦo^0 kai^{42}] 人（好几个人）

"恁"只是加深程度，不能明确是主观大量或小量，这项工作还需依靠句中其他成分，如例（58）的"起"和"只"。

（58）屋底恁两个 [la$^{13-0}$ kai^{42}] 花樽顿起。（家里放了两个

花盆。)［主观大量］

教室底只恁两个［la$^{13-0}$ kai^{42}］侬坐口ɦau^0。（教室里只坐了两/几个人。）［主观小量］

例（59）是较为特殊的情况。尽管"口ɦau^0"和"恁"都是中性的，但整句表示主观大量。我们认为，"恁"在无标情况下还是表主观大量。因为从更抽象的层面看，"恁"用于表主观大小量都是对程度深的主观强调，属于"元大量"。

（59）屋底恁两个［la$^{13-0}$ kai^{42}］花樽顿口ɦau^0。

总的来看，"两/几量（名）"结构通过特定语音形式表主观量时功能相对受限。因为这种语音形式仅激活主观量解读，而具体的大小量仍需依靠其他手段（如其他词汇性成分或语境）配合。但可以看到，"两/几量（名）"使用专用于主观量的语音形式时只有数量解读。

3.2.3.3 小结

系统地看，瑞安话"两量（名）"结构有定指解读、不定指解读与数量解读（包括确数表达和概数表达），语音形式发挥了重要的区别作用。"两量"结构几乎穷尽了二字组所有可能的语音形式：

① "两"和量词都不变调，或"两"不变调而量词倚变轻声，表示确数；

② "两"和量词均自变轻声，表示概数，也可有不定指解读或准冠词型定指解读；

③ "两"自变轻声，量词读本调，专门表示主观量；

④ "两"与入声近指词"居"合音，有准指示词型定指解读也可用于表示主观小量。

与准冠词型定指"量名"结构类似，准冠词型定指"两量名"结构对定指范畴的编码程度也较高。但如上所述，"二"的特殊性不如"一"，"两量名"结构对定指范畴的编码程度整体上弱于"量名"结构。

此外，绍兴话的"两量名"结构（盛益民，2019）及海安话中的"多量名"结构（王洪钟，2011：207—221）等也是吴语中"概数量名"结构编码定指范畴的例子。王洪钟（2011）据此指出，"指数量名"是汉语方言普通名词表示定指的常式，量词定指、数词定指等都可以视为这种常式的某种省略或变式。

3.3 "一量名"结构的指称解读

本节讨论"一量名"结构。之所以考察"一量名"结构，主要基于以下三个理由。第一，一般认为"一量名"结构是汉语中典型的不定指结构。在考察定指形式时，有必要与相对的不定指形式进行对比考察。第二，普通话的"这个 N"充当名词性成分同位语表达并强调属性的功能也可由"一量名"结构承担，与本书的讨论密切相关。第三，从指称系统的整体协调性看，普通话"一量名"结构还有其他指称功能（尤其在主语位置上）。而跨方言来看，部分方言中类似的功能可能不是由"一量名"结构承担的，或者虽然由"一量名"结构承担，但在句法强制性上有不同的表现。为便于讨论，本节首先对汉语的数量结构进行一些必要的讨论。

3.3.1 汉语的数量结构

李艳惠、陆丙甫（2002）指出数量名结构具有双重性：一种是以数词为核心的数目短语，表示的是数量，不具有指称性，可称为数量用法。这种数量名短语在分布上不同于表示个体的不定指名词性成分，不是指称性的，因此不能后跟同标的受制约代词（coreferential/bound noun）。Li（李艳惠，1998）指出，汉语的数量结构仅表示纯粹的数目时，可以出现在主语位置，如例（60）a，此时"一"绝不省略。而"量名"结构没有纯粹的数量解读，无论如何都不出现在主语位置,如例(60)b。

(60) a. 一个苹果不够我吃。　　b. *个苹果不够我吃。

另一种是不以数词为核心的表达不定指性的指称性短语,即数量名短语的指称用法。

李艳惠、陆丙甫(2002)认为汉语的主语成分不能是非实指不定指的。在实际话语中出现的不定指主语被语境赋予了数量解读。数量短语不能处理为存在性的量化表达,不表示存在具体的个体,只表达数量意义。数量短语也据此不同于以量词或 NP/DP 为核心的指称性名词短语。这些数量短语无法与"有"共现,无法与代词同标,无法成为受制约代词的先行词。如"??一个客人来了",除非主语中"一个客人"作实指解读,否则句子较难接受。这一解读通常可以通过与"有"同现来实现。邓思颖(2003)从句法、句法/语义和语用三个方面对汉语数量词作主语的情况进行综述。句法上,已有研究主要都是针对定指—不定指名词性成分内部是否有限定性成分展开讨论,如 Li(李艳惠,1999)认为不定指的数量词短语内有一个空语类,若出现在主语位置,就不能受到词汇管辖,因此不定指数量词不能出现在主语位置。句法/语义方面,Lee(1986)和 Tsai(2001)等都认为句子情态影响不定数量词作主语的情况。Tsai(2001)认为数量词主语在句子表达某种情态时可以表达非实指,如"得"字句、情态句、可逆句、"够"字句等,如:

(61) 五个人吃得完十碗饭。("得"字句)
　　　三个步兵可以带九份口粮。(情态句)
　　　六个人睡两张床。(可逆句)
　　　两张床够睡六个人。("够"字句)

语用方面,徐烈炯(Xu,1997)等认为不定指名词的语义理解受语境约束：如果语境能够增加主语、谓语等的信息量，数量词主语的接受度就会明显提高。邓思颖（2003）则在已有研究基础上提出，名词短语内的空语类受到两种不同的制约：一是空数词必须得到准许，二是空限定词必须得到辨认。前者是汉语不定指主语的必要条件，后者是充分条件。前者是句法问题，后者是语用问题，依靠语境提供的补充信息。空限定词的辨认中，有两种情况与我们的讨论密切相关。第一，在有量化词的句子中（陆俭明，1986；Lee，1986；Tsai，1994），一个辨认空限定词的方法是让空限定词在句中受到量化词（如"也、都"）约束，如"一个人也不去"和"三个人都去了"。第二，空动词句（邓思颖，2002）往往有全称义或分配义，空限定词受全称量化词的约束，如"三个人一队""一个房间三个人"。

"一量名"结构是一种特殊的数量结构。对"一量名"结构的争论主要与"一"的性质和功能有关，有学者认为"一量名"结构并非数量结构，而是限定词短语。[①]

贝罗贝（1998）[②]指出，在公元前5—前3世纪的上古汉语中虽然出现了"数词+单位词（measure word）+名词"，但数词只能是"一"，且"一"通常只有比喻用法，类似于英语的不定冠词a，而不是真正的数词。Zhang（2013：93—107）指出，"一"有基本的基数词用法，此外还有三种非数量用法：①通指算子（又见 Wu 和 Bodomo，2009、Cheng 和 Sybesma，2012）；②存在算子，只表示存在，可以被"几"替换而不影响语义，属于量化成分[③]；③最大化

---

① 一般认为数量成分中没有限定词而量化结构中有限定词。
② 转引了由法语写成的 Drocourt（1993）。
③ 其实，Zhang（2013：124、131—133）认为汉语所有的数词都是量化成分，并通过"单位词重叠"的表现说明。先看"一"。当重叠成分是不表类的量词时，如"一盏盏明灯"，"一"是存在算子，同时也允准了复数标记"盏盏"。此时，"单位词重叠"既可以是分配性解读，也可以是集体解读。其他数词也是同理。"单位词重叠"与数词互斥是因为其本身的合法性需要量化成分允准。除允准其身份的量化成分外，排斥其他的量化成分。类比的例子是其他的量化性成分，如"所有、很多、任何、大量、好几"等。

算子（maximal quantifier），是最大或完整解读。同时，通过测试"一"与其他数词、事件谓语的兼容性，与语义相似成分的替换，插入某些副词性成分等不同情况，认为"一"的各种非数量用法不仅是语用表现，还是句法表现。

吕叔湘（[1944] 1984a：166—167）指出普通话"一量名"结构中的"一"有强弱之别。强"一"无法省略且必须重读，最常见于否定句，如"嘴里要想讲一个字儿也不能了"；对多个而言的一个，有"唯一"或"单独"的意义，如："若有好事，你们享去；若是不好，我一个人当去"；也可作"同一"讲，如"一个人家儿过日子，在京在外是一个理"；也可作"全"或"满"讲，如"我把一个南京城走了大半个"（例自吕先生原文）。也有"虽非强义，但在平行结构中有别的数目衬托，数量意义较显，于是保留'一'的"，即"枝"前的"一"也非完全不能省略。只是在平行结构中有后面的"几"和"一"衬托，因此一般不省略。

(62) 一同被获的还有＊（一）个学生，五个车夫。
　　买了＊（一）枝笔，几张纸，＊（一）个信封。

吕先生进一步认为，不定指的"量名"结构是"一量名"结构省略了弱"一"得到的：动后宾语及类似宾语成分前的冠词（如"一量"结构）中的"一"常被省略。此时，"一"不仅语音弱，语义也弱，如：

(63) 他吃了（一）碗饭就匆匆走了。
　　我是（一）个很顽固的人。

但 Cheng 和 Sybesma（1999）、Li 和 Bisang（2012）等认为普通

话的不定指"量名"结构并非由"一量名"结构省略数词得到。①
Li 和 Bisang（2012）指出"一量名"结构有三种解读：实指解读、非实指解读以及数量解读。可省略数词的弱"一量名"结构可以有实指或非实指解读，"量名"结构只有非实指解读。

我们认为，汉语的数量结构不是量化结构，"一量名"结构中的"一"也不是限定词。正如 Ritter（1991）、C. Lyons（1999）等指出，限定词、数词等分别可以和 NP 组合，形成限定词短语和数词短语。我们认为数量结构的基本语义是数量意义，在特定语境中获得存在解读，存在的对象可以是定指的也可以是不定指的。王羽熙、储泽祥（2017）认为，"一量名"结构在短语层面用于表示实体或事物的数量信息为"一"，入句后则不限于表数量，具有表示不定指、定指和类指等指称功能，功能并不是单一的。类指"一量名"有时候兼备强调数量的功能；不定指的"一量名"在修饰语作用下也可能向准定指甚至是定指游移；陈述性"一量名"在一定语境中也有可能偏向指称性，这是由于"一量名"的各指称功能并不是完全独立的，而是构造了"指称—陈述"这样一个连续统。在具体话语中，其指称功能也可能发生游移。张新华（2019）也认为"一量名"结构是语境在先的，本身并没有稳定的指称能力，只有在特定的事态中才能获得具体所指。

综上，我们以不同的指称功能为线索，讨论普通话"一量名"结构的功能。

3.3.1.1 "一量名"结构的不定指和不定指解读

"一量名"结构在宾语位置作不定指解读是一种无标记状态，这里不赘述。但"一量名"结构在主语位置也可以出现，指称解读相对较为复杂。

邓思颖（2003）指出，汉语的不定指"量名"短语一定不能出

---

① 另外，李艳惠、冯胜利（2015）还认为"一"的省略可能与语体、句法、韵律都有关系，是三者综合作用的结果。

现在主语位置，数量词能够用作主语，但受语境制约。而徐烈炯（2009）认为，汉语不使用定冠词和不定冠词表示定指性和不定指性，因此这些术语并不是从句法上定义的。一般来说，汉语句子中的主语如果是定指的或类指不定指的，通常可以接受；而实指不定指主语则有不被接受的可能。在语义或逻辑上尚无可用术语来区分"可接受的实指不定指主语"和"不可接受的实指不定指主语"。他认为一些语用上的操作可以相对地增加句子的具体信息，不同程度地提高句子的接受度。如例（64）的"一量名"结构作主语的接受度很低，不是句法不合格，也不是语用不可用，只是提供信息过少以至于无法理解其对话含意。通过补充不同类型的语境和话语信息，句子的接受度逐步提高，试比较例（64）—例（69）。

(64) *一个人来了。

第一，可以把相关的名词换成一个下位词，如用"学生"替换"人"：

(65)^{??}一个<u>学生</u>来了。

第二，在数词和名词之间增加一个或多个修饰语来扩充名词，如：

(66)[?]一个<u>三年级</u>学生来了。　[?]一个<u>高高的、瘦瘦的</u>学生来了。

第三，扩充动词短语，如增加一个目的状语，如：

(67)[?]一个学生来<u>看你</u>。

第四，在名词短语前增加一个或一些成分，典型的如时间和处所成分，如：

(68) 昨天下午三点钟一个学生来看你。

第五，给整个句子提供一个预设语境，如例（69）预设的语境是"昨天下午你不在此处"。

(69) 你昨天下午哪里去了？一个学生来看你。

另外，徐烈炯（2009）指出在以下四种情况中，数量名结构（含"一量名"结构）可作主语。第一，言者不打算用它指称事物；第二，言者打算用它指称事物，但指称对象在话语中可被识别；第三，指称对象的身份不是交谈的关键；第四，言者和听者达成共识：指称对象的身份不必或不该被揭示。

类似的，白鸽（2014）指出应区分两种不同的"一量名"结构：普通话的"一量名"结构有兼表定指与类指的情况，如例（70）。a 句的"一个学生"指称具体对象，b 句的"一个学生"不指称任何具体个体。这可能是句法表层的偶合现象，又如例（71）。

(70) a. 他话没说完，一个学生就咯咯地笑了起来。
　　　b. 一个学生应该好好学习。
(71) 张玲本事可大着呢，你可不要小瞧一个孤身女人。

这种兼指的"一量名"结构由"人称代词/专有名词＋一量名"式省略同位结构的前件而来。"一量名"结构作为同位短语的后件，不能直接指称实指对象，其指称功能是通过与之同位的人称代词或专有名词实现的。当前件承前省时，"一量名"结构仍然是前文实体的回指性定语。但句法上，只有原本作为后件的"一量名"结构占据原本整个同位短语的位置，此时"一量名"结构看似直接回指了前文的实体，带有定指意味。这种兼指"一量名"尽管在句法层面是偶合的，语用上却体现了言者的意图：表达对某特定实体或事件的主观认识或态度，并将这种认识或态度放到一种普遍道理或规则之下。

3.3.1.2 "一量名"结构的无指和类指解读

普通话中，无指的"一量名"结构主要用于表达对象的特征属性。对这一问题的已有讨论可见李劲荣（2013）、白鸽（2014）、李文浩（2016）等。

刘丹青（2002）指出，类指的核心语义是非个体性，即［-个体］。而个体不是独立的指称义，定指、不定指、实指、非实指、全量、存在量等的指称义中都带有［+个体］属性，只有无指是［-个体］的。因此无指与类指有接近之处：一样着重内涵而不着重外延。不同之处在于类指有隐形的外延，相当于全量，只是在认知及交际中未被突出或暂时抑制，可通过添加指称成分凸显外延。[①] 陈平（1987）指出，类指成分不指称语境中任何以个体形式出现的人物。从这个角度看，它与无指成分有相同之处。[②] 许多语言的不定冠词都能用于类指，如英语的 a/an 等。C. Lyons（1999：185—186）认为表示类指的不定指单数名词短语是无指不定指成分的特殊情形。[③] 普通话的"一量"也有类似的表类指的功能（另可参陈平，1987；徐烈炯、刘丹青，[1998] 2007；刘丹青，2002；唐翠菊，2002；陆烁，2009；Zhang，2013 等）。本小节一并讨论无指和类指的两类"一量名"结构。

"一量名"结构在不同句法位置上都可能有无指、类指解读，本

[①] 张伯江（1997）认为类指与无指的区别在于：类指名词在人们的认识里仍表事物，无指名词侧重表性质。

[②] 当然，另一方面，通指成分代表语境中一个确定的类。从这个角度看，它与定指成分有相同之处。

[③] 他认为在 An Indian smokes a pipe every night 这一句子中，an Indian 是无指的。

小节以句法位置为线索进行讨论。

3.3.1.3 表语位置的"一量名"结构

张伯江(1997)认为,判断句的表语往往表示属性。他主张区别表语这个整体和表语中的名词性成分,认为表语中必有无指名词,但表语成分整体却未必无指,如例(72)中,两个"干部"都是无指的,但b句的"一个干部"不是无指的。二者都表属性,而属性不鲜明的对象更需要加"一个"使之具体化才能更好地表属性。

(72) a. 他是干部。 b. 他是一个干部。

张伯江、李珍明(2002)讨论了汉语判断句表语位置上的NP和"一个NP"的功能差异,发现一些与个体性无关的名词,如"严师、慈父、恶棍"等也有排斥光杆形式、依赖个体数量词的倾向,如:

(73) a. ?他是慈父。 b. 他是一个慈父。

上述情况并不具有跨语言普遍性,如英语的表语位置就不允许光杆名词,如:

(74) a. He is * (a) teacher. b. He is * (a) good teacher.

张伯江、李珍明(2002)认为,汉语判断句中的"是(一)个NP"没有语法强制性,也不完全区分语义,只是在语用上具有主观性倾向。"是NP"则通常是一般表达。对类似的情况,徐烈炯、刘丹青([1998]2007:161)指出,此时光杆名词和数量短语都是无指的。二者的差别是功能性的,前者用于强调而后者是普通的命题判断句。① 陈振宇（2017：78）也指出"一量名"结构具有特殊的描写性质，主要强调事物的社会属性。两种合语法的格式在功能上形成一定对立，但在具体使用中究竟何种对象前应加"一个"尚无定论（张伯江、李珍明，2002），甚至有截然相反的看法（大河内康宪，1985；张伯江，1997），语用因素在其中发挥了很大的作用（可参陈振宇，2017：81—84）。

我们暂不考虑相关的语用因素，而纯粹从语义角度切入。上述观察都显示汉语中的一些无指名词也是强烈依赖个体数量词的。可以认为，"一个 N"其实是对无指对象进行了个体化，也就是对特征进行了个体化。大河内康宪（1985）已经指出"一个"（以通用量词"个"为代表）有表名词属性的功能，可以把类名或总称名词聚合成特定个体，"一个"是表示"统一、合一"或者个体化、个别化的语言单位。他重点强调汉语的个体量词对一些无指名词、类指名词，甚至是属性用法的专有名词也有个体化功能，如（例自大河内康宪，1985）：

(75) 他就是一个<u>爱花的人</u>，喜欢赏花，也愿意种花。
　　　孟姜女走上前去说："你们这儿有个<u>范喜良</u>吗？"
（《孟姜女哭长城》）

这说明他已看到汉语中属性用法的名词也能被个体化，只是限于篇幅，并未进行更为深入的探讨。另外，任鹰（2013）指出"（一）个"有重要的个体化功能，是一个可将无指成分、通指成分变为有指成分、任指成分的个体化成分。随着"一"的脱落，"个"会完成自身的"去数量范畴化"，个体化功能进一步得到凸显，成为强式个体化成分。强式个体化成分"个"会发生语用强化现象，获

---

① 徐烈炯、刘丹青（[1998] 2007：161）同时引用古川裕（1996），指出数量名结构有强调作用，为了突出表语的前景地位才使用数量词语。

取一定的主观情态义，表明言者对表述对象的态度和认识。我们的观点与之存在一定的相似之处。

3.3.1.4 主语/话题位置的"一量名"结构

徐烈炯（2009）指出，汉语"一量名"结构有类指解读，强调一类对象的属性，即"类指的不定指"，如例（76）。

（76）<u>一个青年</u>应该有志气。

但汉语表达类指不定指的典型形式是光杆名词。刘丹青（2002）指出，汉语有若干种偏离了原型的类指变体，"一量名"结构是其中之一。① 一个证据是当英语的典型类属句被翻译成汉语时，带不定冠词的主语通常对译为光杆名词短语，而非"一量名"结构。

（77）a. *<u>一条鲸鱼</u>是一只哺乳动物。　b. <u>鲸鱼</u>是哺乳动物。

类指/无指解读的"一量名"结构作主语往往有语用因素的作用。刘丹青（2002）认为，主语位置的"一量名"结构产生类指义的机制是转喻（凸显外延时也可以理解为全体）。陆烁（2009）也认为"一量名"结构表示类指在本质上是由一个不确定的个体代表整个类别，背后的机制是转喻。当然，对这类句子还有其他理解方式。陈振宇（2017：56）将其处理为个体类指。他认为个体必须是独一无二或不可替换的，但例（76）的"青年"实际上可替换为任一青年，此时"一个 N"的个体功能被任指义覆盖（陈振宇，2017：75）。这一过程的实质是类指到个体的投射。"不是对个体或具体实例的讲述，而是类层次的。但它常被说话者赋予个体或实例，表示说话者对其的主观态度与评价"（陈振宇，2017：77）。

---

① 原文写作"一个 NP"，本书统一写作"一量名"结构。

我们认为,"一个青年"凸显的是青年的原型特征或核心属性,所有符合该特征的对象都能满足这个句子,因此,它表示任一对象或全体对象的功能只是属性用法的副产品。"一个青年"能被替换为任一青年个体,可能不是类到个体的投射,而是个体特征(<e, t>)到个体实体(<e>)的实现。如上文所引述,在凸显特征而压抑外延的情况下,类指和无指本就有相似之处。类指凸显内涵而暂时压抑外延,无指凸显内涵而没有外延,二者都是对内涵(属性)的凸显。不同之处无非是类指的外延可通过其他指称成分凸显,而无指没有任何外延(可参刘丹青,2002)。因此,将"一个"的功能处理为"实现特征的个体化",语境或句子的其他相关成分协助从个体特征到个体实体的实现,理论上是成立的。一个更重要的证据是,如果不将主语位置的"一个N"处理为个体指而是类指,就无法解释其不适配属性谓语[①](陈玉洁,2014)的情况,如例(78)。

(78) a. 橘子含有维生素 C。 b. *一个橘子含有维生素 C。

3.3.1.5 名词性成分同位语位置的"一量名"结构

"一量名"结构还可以出现在名词性成分的同位语位置,如例(79)。

(79) 他一个学生却总不好好学习。

刘街生(2003)指出,构成同位短语的两个名词性成分指称对象相同,二者还间接存在实体和属性的关系。白鸽(2014)认为,

[①] Carlson(1977)提出的术语,原文是 individual-level predicate,也直译作"个体谓语"。与之相对的是事件谓语,原文是 stage-level predicate,也直译作"阶段谓语"。

"人称代词/专有名词+一量名"分别从不同角度指称同一实体，前者是独立的指称成分，而后者更注重该实体的某一项属性特征，本身并没有独立指称实体的功能，是借某个特征来指称该实体，而这一指称最终是通过结构上与之同位的人称代词/专有名词实现的。金晶（2020）认为，"单数人称代词+一个NP"结构主要用于触发一个内容为"人称代词所指对象应具备某种特征"的背景命题，这一特征的具体所指在句中的赋值由语境决定，一般是与语境有最大关联的特征，表示的是所指对象身份的典型特征之一。

刘丹青（2002）认为"一量名"结构以个体转喻类[①]，类指义也通过转喻获得，"因为是转喻，字面上仍是个体的，所以篇章中仍可将其作为个体来回指"。这实际上肯定了"一量名"结构对个体的凸显。

李劲荣（2013）认为汉语中典型的类指成分是光杆NP和"一个NP"[②]。"我/你一个NP"属于受限的类指成分，其中的两个名词性成分句法上是同位关系，如"我一个独身女子"与"他一个堂堂男子汉"只能理解为"我"是单身女子中的一个，或"堂堂男子汉中的一员"。这类结构在非事件句中只能充当话题，由谓语对其进行评述，主要用于在对话语体中进行现场评论，一般是言者对意料之外的情况进行问责，进而在使用范围上也扩展到第三人称，表示推脱责任，如例（80）。

（80）他一个普普通通的庄稼人，能有多少本事呢！（路遥《平凡的世界》）

李劲荣（2013）提出："虽然'一个NP'是类指成分，但因为

---

① 也因此最适合针对特定个体宣扬普遍道理的交际需求。
② 被广泛讨论的"这/个+NP"，"这"和"个"都是不同方言中特有的类指标记，且主要起话题标记作用，严格说来不能算是类指成分。

是转喻，字面上仍是个体，所以人称代词只能是单数"。而我们认为，像"我们/你们/他们三个普普通通的庄稼人"也并非不可说。这些数量名结构与"我/你/他一个 NP"在功能上相似：语义上，数量名结构仍凸显名词的内涵属性，"普普通通的庄稼人"是带主观评价意义的非关系名词；句法上，也只能充当话题；语用上，可以想到，所关联的谓语也应具有明显的评价性，完句后整体确实属于"问责式"（或推脱责任式），符合李劲荣（2013）对"我/你一个 NP"的概括。

根据本书的观点，量词"个"对表特征的 NP 进行个体化，无论是"一个 NP"还是"其他数词 + NP"都是属性用法，且属性实现在"我/你/他"或"我们/你们/他们"等相应的实体对象上，量词实现的是对属性特征而非实体的个体化，问题就得以解决。

3.3.1.6　宾语位置的"一量名"结构

白鸽（2014）指出，实际上，动词宾语、介词宾语等位置的"一量名"结构也可以是类指的，而不限于无标记的不定指解读，如（例自白鸽，2014）：

（81）真正的英雄耻于杀<u>一个手无寸铁的人</u>。[动词宾语]
　　　 男人在哥们儿面前是不能为<u>一个女人</u>辩护的。[介词宾语]

当然，例（81）中的"一量名"结构也可以是定指的，对应特定的"被害者"和"女人"，但这种定指性是由语境赋予的，不再赘述。

3.3.1.7　小结

本节考察汉语"一量名"结构的整体表现，认为汉语个体指范畴的作用对象不仅包括实体对象，也包括特征属性。无指的"一量名"结构可以统一处理为量词对特征的个体化，此时，"一量名"结构具有 [+个体] 特征，语义类别却不是 <e> 而是 <e, t>。本书的处理能够解释那些无法通过任何指称成分凸显外延的情形。

Chierchia（1998b）提出一组用于区别两种类型的名词短语的语义参数：谓词性的（[+pred，-arg]），论元性的（[-pred，+arg]）。在前一类型的语言中，谓词性成分<e, t>需要转换为论元<e>，因此需要 DP 短语。而本书主张，汉语量词是个体指范畴的标记，与量词同现的名词性成分都可以被个体化/离散化。这些名词性成分可能是有指的，被个体化的对象是实体，这是较常见的情形；这些名词性成分也有可能是无指的，被个体化的对象是无指名词表达的特征或属性，这较为罕见，可能是汉语的特殊情况。上述个体化过程均不涉及类型转换。

指示词短语及相关形式的指称问题显示个体指在汉语中是较为成熟的范畴，典型的范畴标记是量词。Bisang（1999）指出，汉语的名词具有高度的不确定性。刘丹青（2002）指出，汉语光杆名词的基本指称意义是类指，但类指的范畴化并不成熟。在语义上与类指形成对立的是个体指（详见 4.2 节）。陈玉洁（2014）指出，汉语光杆名词无标记地指称类指，但它不是真正的类指名词，表达的是消极类指而非积极类指：消极地出现在要求表达类指的场合，不允许带量词的结构出现，但自身不完全排斥个体指，如"书我拿走了"中，"书"可指一本书或多本书。这与刘丹青（2002）的观点基本一致，都认为汉语类指的范畴化并不成熟。

陈玉洁（2014）同时提出，汉语中的"一量名"结构明确标志着个体指范畴的确立。由于"一量名"结构表达个体，与类指的语义要求不相容，因此不能出现在要求表达类指的场合。同时，光杆名词表达消极类指，不完全排斥类指之外的语义，因此可以出现在个体指的语境中（如包含时体意义的事件句），产生个体解读，但这种个体解读是语用因素触发的。

汉语个体指范畴的高度成熟得到明确，个体指范畴与类指范畴的关系、个体指—类指与其他指称概念的关系得到了一定程度的揭示。刘丹青（2002）已经指出，类指与其他指称义，如定指、不定指、实指、无指等不是在同一个标准下划分出的范畴。陈玉洁（2018a，另有私人交流）认为，无指—有指、个体指—类指是从不同角度划分而语义上常有交叉的范畴。

综上，我们的主要观点是：第一，个体指范畴在汉语中是相当成熟的范畴，典型的范畴标记是量词；第二，汉语的无指—有指、个体指—类指是从不同角度划分的范畴。不能简单地认为类指成分一定是无指的，也不能简单地认为个体指的成分一定不是无指的。特征—实体、类—个体并不是上下位概念，而是彼此交叉的。

3.3.2 方言中的"一量名"结构

汉语方言的"一量名"结构与普通话存在差异表现，涉及句法表现、语义解读、语音形式和语用效果等多个方面。陈玉洁（2010：217）总结相关研究指出，"一量名"结构的数词"一"可以省略，这种"量名"结构有不定指、数量或周遍意义。只是普通话中这些情况未见语音形式差异，所在的句法环境也比一些方言自由。

本节以瑞安话的"一量名"结构为线索，进行方言间的对比考察。

3.3.2.1 属性用法的"一量名"结构

瑞安话中，属性用法而非数量解读的"一量名"结构，无论是陈述客观事实、规律，还是表达言者的主观判断和评价，均不能出现在主语位置。

（82）＜普＞一个学生就应该好好学习。
　　　＜瑞＞a. 学生就应该好好（能）学习。
　　　　　　b. *一个学生就应该好好（能）学习。

白鸽（2014）指出，普通话的"一量名"结构的类指解读和定指解读存在句法形式上的偶合，而瑞安话中不存在这种偶合。只有在"人称代词/专有名词＋一量名"结构中，"一量名"结构作为同位短语后件而省略前件时才似乎有这种兼表类指和定指的情况，如例（83）。

(83) 你<u>一个学生</u>应该好好（能）学习。（你一个学生，就应该好好地学习。）

语义上，这种"一量名"结构仍是用于体现对象的属性特征的，属于无指解读，只是因为处于同位关系中，才使得对象得以辨识。这显示量词对特征进行了个体化。

属性用法的"（一）量名"结构只能充当表语，如例（84）a、b 两句的语用功能不同。a 句其实类似于普通话中表语位置上的"（一）量名"结构，言者一般要进一步发表自己的看法，谈论一类对象应该具有或不具有某些属性。b 句则是单纯地就身份、属性等进行说明。

(84) a. 渠是<u>(一) 个老师</u>。[她是（一）个老师。]
　　　b. 渠是老师。（她是老师。）

如上所述，吴语的"一量名"结构或"带数量词的名词短语"（Numerically Quantified Noun Phrase，NQNP）一般不能出现在主语或话题位置。但上海话中，NQNP 有时确实充当话题，只是这类 NQNP 不用于类指，而是定指解读。徐烈炯、刘丹青（［1998］2007：146）指出，这突出体现了话题位置对成分定指性的要求和对不定指成分的排斥。这可能是吴语这类话题优先型方言的类型表现之一。这与普通话中 NQNP 以不定指成分身份出现用于类指、"非实指的不定指"不同，吴语的表现明显是句法约束的后果，而不是语用因素的作用。

3.3.2.2　数量解读和周遍解读的"一量名"结构

徐烈炯（2009）指出，在数量名短语作主语的情况中，当数字很大时，NQNP 作主语常常是可以接受的，如例（85），此时听者对投票者的数量更感兴趣，数字本身提供的信息已经能够满足数量准则。

(85) 一千二百三十四个人投了票。

其实，数字大或具体只是数字提供足量信息的其中一种情形。即便数词为"一"，只要在数目作焦点信息的情况中就是数量解读。

瑞安话中，数量解读的"一量（名）"结构主要有六种情况，但对数词"一"省略的要求各有不同：前四种不允许省略数词，后两种可省略数词，但量词必须重读。

第一，强调数量为"一"，是数量解读，数词"一"是焦点信息，如：

(86) 我订个是 *（一）张桌，不是两张桌。（我订的是一张桌子，不是两张。）

第二，用于对数量的问答，是数量解读，如：

(87) ——你爱几件衣裳？（你要几件衣服？）
　　 —— *（一）件有罢。（一件就够了。）

第三，用于数学计算，是典型的数量解读，如：

(88) *（一）头蛤蟆一张嘴，十头蛤蟆十张嘴。（一只蛤蟆一张嘴，十只蛤蟆十张嘴。）

第四，在数量分配结构中，"一"用于分配，有"每"的意味，也不能省略，如：

(89) 十个苹果逆 * (一) 袋。(十个苹果装一个袋子。)

第五,"一量名"结构后加"多、多俫、半"等与数量有关的成分时①,或受"只、只有"等副词性成分限定时都是数量解读,如:

(90) 居底有(一) 斤多罢。(这里已经有一斤多了。)
　　苹果只吃(一) 个半,梨吃三个。(苹果只吃了一个半,梨吃了三个。)

第六,"一量名"结构通过否定最小量"一"来否定全量,获得周遍性的解读,如:

(91) 底面(一) 个侬也冇。(里面一个人都没有。)
　　我面煮起渠(一) 餐也冇吃。(我煮了面他一口都没吃。)
　　(一) 件衣裳也寻不着。(连一件衣服都找不到。)

在周遍解读中,除例(91)所示作否定句的主语或话题的情况,另有一种特殊用法:偶见于肯定句的主语或话题位置,用于正面、积极的意义,表达言者积极的主观态度,如例(92)。

(92) 一个也好个。(每一个都是好的。)

---

① 潘悟云(2004)指出,一些少数民族语言如瑶语、壮语、傣语都可以把"一万三千"说成"万三","一千四百"说成"千四",温州方言也有类似的现象。吴语中,除温州外,处州方言也有这种现象。但从台州开始一直到苏南都没有这种省略方式。粤语、闽语、广西平话有这种说法,但西南官话不说。类似现象还见于湖南的湘乡话、汝城话以及客家话等。

*一个也烂个。（所有的都烂了。）

　　胃口好起(一) 粒米也吃底爻。[胃口好的时候一粒米也吃进去了（一粒都不剩）。]

语音形式上，作数量解读时，若数词省略则量词重读，若数词不省略则量词既不重读也不轻读；作周遍解读时，量词都是重读的。

3.3.2.3　不定指解读的"一量名"结构

陆烁（2009）指出，汉语"一量名"结构作主语一般是存在解读，在非主语位置上时也常获得存在解读。语言中表"一"的数字最自然的信息传达是区别于"零"，因此易获得存在解读，进而发展为不定指限定词。

瑞安话中，不定指解读的"一量名"结构可以表示存在，但不能单独作主语，只有在受存在算子"有"封闭时才能作主语，如例（93）。若没有"有"，则只能作宾语，如例（94）。

　　（93）*(有) 一件衣裳丐风吹去爻罢。（一件衣服被风吹走了。）

　　　　渠还未讲好，*（有）一个学生就笑笑起。（他还没说完，一个学生就笑了起来。）

　　（94）买件衣裳着着。（买件衣服穿穿。）

　　　　妆个苹果吃吃。（弄个苹果吃吃。）

徐烈炯（2009）认为普通话中这类"有"的使用不完全是句法手段，而有语用因素的影响。"有"的有无反映说话者的不同意图，产生不同的言外效力和言语效果。不使用"有"的情况一般用于客观的、无偏见的描述。即，徐烈炯（2009）认为普通话的"有"不是（至少不完全是）存在封闭算子，它的隐现更多与语用因素相关。而瑞安话中，"有"更多的是句法手段，它的强大功能是句法系统整体控制的结果。当然，无论在普通话还是瑞安话中，"有"对不定指性的要求都是一样的（Yang，2001：33）。

另外，这类"一量名"结构有时强制"一"不出现，如例(95)；有时"一"出现不出现则是两可的，如例(96)。这可能与量词、名词的语义有关：个体量词的个体化功能强，更容易表示不定指的存在量化。而集体量词、临时量词、单位词、动量词等的个体化功能相对较弱，数词不省略时可能凸显数量解读，数词省略时可能凸显不定指解读。语音形式上，省略数词后量词必须自变轻声，名词读本调。

(95) 渠背(*一) 个书包望外面走爻罢。（他背着个书包往外面走了。）[个体量词]

渠搬(*一) 张矮凳坐拉门头。（他搬了张凳子坐在门口。）

(96) 渠外面叫(一) 帮侬来。（他从外面叫了一帮人来。）[集体量词]

渠担(一) 篓苹果来。（他拿了一篓苹果来。）[临时量词]

张三昨夜走买(一) 两黄金来。（张三昨天去买了一两黄金回来。）[单位词]

我昨夜走(一) 埭渠爼过。（我昨天去了一趟他那里。）[动量词]

另外，不定量词"俫"本就不与数词"一"搭配，如例(97)，此不展开，详见6.3节。

(97) 你配担(*一) 俫去。（你拿一些菜去。）[不定量词]

3.3.3 小结

普通话"一量名"结构有不定指解读、属性用法,使用时不严格受句法位置限制,常在语用因素作用下获得一定灵活性。同时,"一量名"结构还能在一定条件下获得语用性的定指解读。

瑞安话中,"一量名"结构在主语位置基本只有数量解读,极少数情况下有类指解读,且这两种情况的语音形式存在差异。若要在主语位置合法地出现且获得不定指解读,必须由存在算子"有"封闭;在表语位置只有属性用法;在宾语位置只有不定指解读,此时数词"一"常可省略,这也是跨方言的普遍现象。总的来看,瑞安话"一量名"结构的解读受句法位置的限制较严格,受语用因素影响较小,无论是徐烈炯(2009)提出的信息量因素,还是白鸽(2014)所说的言者表达主观态度的意图,都无法使瑞安话"一量名"结构自然地出现在主语位置。此外还有一个辅证。陆烁(2009)指出,普通话的"一量名"结构有整体解读,作主语可表达相当于"满/全"的整指意义,且数量词和中心语之间可插入"的",如:

(98) <u>一屋子(的)</u>人全愣住了。
<u>一盒子(的)</u>点心没有一块我爱吃的。

瑞安话中,"一量名"结构也有整体解读,只是此时泛用定语标记"个"(基本与普通话的"的"对应)是强制出现的,例(99)是例(98)在瑞安话中的对应表达。

(99) <u>一个间*(个)</u>侬下呆拉爻。
<u>一匣儿*(个)</u>点心也冇一粒儿我爱吃个。

Zhang(2013:127)指出,当"的"出现在两个名词性成分之

间时，左侧成分会成为右侧成分的修饰成分。这也说明瑞安话"一量（名）"结构的属性用法更为受限。

跨方言地看，并非所有不定指的"一量名"结构都受如此严格的句法限制。绩溪岭北方言的不定指"量名"结构可以作主语（王健，2013a），例（100）的"个人"在定指解读之外也有不定指解读，整个句子用于报道一个突发事件，而且两种解读的语音形式没有区别。

(100) 老张，<u>个人</u>是尔家门口转。（老张，有个人/那个人在你家门口转悠。）

在汨罗湘语中，非定指量名结构可以充当主语、次话题①、宾语及兼语（陈山青，2018）。

(101) a. <u>个菜</u>有得喃。（一个菜够了呀。）[主语]
　　　b. 一个学期<u>节课</u>冇上。② （一个学期一节课都没上。）[次话题]
　　　c. 我想去买<u>块衣</u>。（我想去买件衣服。）[动词宾语]
　　　d. 听见话是他把<u>只手</u>搞疤得。③（听说他把一只手弄伤了。）[介词宾语]
　　　e. 捉<u>只猫</u>来赶下老鼠看。（捉只猫来赶赶老鼠吧。）[兼语]

除 c 句和 e 句这样由宾语位置限定为不定指解读的情况，其他例子在瑞安话中的对应说法都不能省略数词。这显示"一量名"结

---

① 原文称为小主语，此处改称次话题。
② 表示对最小量的否定以实现全体否定，也更倾向于数量解读。但数量解读和不定指解读并不矛盾。
③ 我们认为这种情况的"只手"并非完全不定指。因为一个人只有两只手，指其中的一只手时，至少是部分指的，应有相当程度的定指性。

构在各方言中受句法系统整体控制的程度不同。一些方言中语用因素的影响较为显著，另一些方言中句法因素的限制更为严格。

3.4 本章小结

本章讨论汉语指示词短语及相关形式的指称解读及其跨方言表现差异。正如陈振宇（2017：154）指出，具体语言中，把定指的范围缩小到一个定义还是扩大到多个维度的定义，并不是语义问题，而是语言使用及语法化的问题：如果一个语言发展出特定的定指或不定指标记，或者发展出要求定指或不定指的构式位置，就应该具体考察它们的分界线或限制条件，从而判断该语言在定指性上是更加收敛还是弥散。不同的语言呈现不同的策略，有不同的分布；一个语言内部，不同标记的发展方向与程度会有所不同。这也是本章的考察目的之一。

考察发现，汉语定指"量名"结构、定指"概数量名"结构的句法分布会受语用因素影响。语用影响力和句法自由度呈密切的正相关。一些方言中，上述结构的句法强制性较强，可以认为定指范畴的句法编码程度较高，自由度低，受语用因素影响相对较小，如吴语；另一些方言中，上述结构的句法强制性较弱，可以认为定指范畴的句法编码程度较低，自由度高，受语用因素影响相对较大。

董秀芳（2003）指出，南方方言量词的定指用法来源"指示词＋量词"结构。北京话的"一量"结构中，"一"变读为阳平，表示不定指，量词弱化消失。南方方言则是量词保留，指示词或"一"消失，表面看来就是量词单独具有定指或不定指的功能。而北京话和南方方言这一变化的源头都是"数词/指示词＋量词"结构的语法化。这种语法化路径与汉语作为量词语言的类型特点密切相关。方梅（2018：142）也认为汉语的定指标记有两种可能的虚化途径，一种是北京话模式：脱落量词，近指词的指示义弱化，虚化为定冠词。

另一种是以粤语、吴语为代表的南方方言模式①："指量"结构的指示词脱落，量词的表量意义弱化，成为定指标记。两种模式都与指示词的语义中性化倾向有关。

根据目前的研究成果，汉语中的类定冠词成分只有上述两条主要来源。据报道，湘语中有一种专用的定冠词性成分"哎"，湖南新化_{田坪}、益阳（记作"阿"）、涟源（记作"阿"）、宁乡（记作"阿"）及湖北阳新、咸宁、大冶（记作"啊"）等地都有这一成分（陈青松，2012）。研究者对这一成分的来源有争议，陈青松（2012）认为可能来源于句首的感叹性指示词，曾炜（2006）、夏俐萍（2013）认为应该来源于量词"只"。若来源于量词，则仍符合上述南方方言量词语法化的途径。

讨论"一量名"结构时，我们重点关注句法因素和语用因素的制衡。一些方言中，"一量名"结构的句法位置自由，且句法位置对语义解读的限制不强，语用因素影响结构的语义解读。而另一些方言中，"一量名"结构的句法位置受限，特定的句法位置一般匹配了相应的语义解读，语用因素的作用相对较小。可见，在语用整体优先的汉语中，各方言的语用优先程度也可能存在差异。

---

① 当然，这两种模式的划分也不是南北一刀切的。例如，烟台话中就有在主语位置上表示定指和实指的"量名"结构，尽管这种结构基本上只用于主观评述（刘探宙、石定栩，2012）。

第 4 章

疑问用法的疑问词的指称解读

本章考察汉语疑问用法的疑问词的指称解读。这类疑问词的主要作用是表示疑问,构造各类特指疑问句。

根据所提问对象的不同,现代汉语疑问词可大致分为问人、事物、地点、时间、数目、方式、性状等的几类。不同学者根据不同的目的和考量,或考虑疑问词的形式,或考虑疑问词的意义,或形义兼有,给出的具体分类方案稍有不同。吕叔湘([1953]2006:47)主张按所提问的对象,将疑问词分为九组:问人、问物、问人物属性、选择人物、问状态、问处所、问时间、问数量、问程度。高名凯(1986[1945]:455、462—466)同样主张按所提问的对象,分为七组:问人、问事物、问方位、问原因、问时间、问方式和状态、问数量。邢福义(2002:111—112)主张按形式分为六组:"谁"组问人,"什么"组问物,"哪"组问人、物或方所,"几"组问数量,"多"组问数量或程度,"怎"组问性状、行动、方式、程度等。由于疑问词的形式构造和功能基本呈现出稳定的关系,因此从功能或形式出发,最终结果都有较高的相似性。陈振宇(2017:264—266)排除了问数量和程度等的组别,主张将与指称用法和属性用法相关的疑问词分为四组。第一,问事物外延的"哪"系,如:哪儿、哪里、哪(一/些)个、哪种、哪个人、哪天、哪个地方等;第二,问事物内涵的"什么"系,如:什么、什么人、什么时间、什么地方等；第三，问事物较次要属性的"样"系，如什么样、怎么样、什么样的人、怎么样的人等；第四，专用于问人的"谁"。其中，指人疑问词具有复杂类和独特性。同时，指人疑问词的表现还有跨方言差异，许多南方方言中没有"谁"，因此"什么"系和"哪"系会在系统内部调整分工（可参王健、曹茜蕾，2013）。

总的来看，指人疑问词是其中最为复杂的一类，因为它同时涉及"什么"系、"哪"系以及专属的"谁"，明确涉及名词性成分的指称问题，本章对此作重点考察，同时兼及问事物的疑问词。而专用于问时间、地点、方式、性状、原因等的疑问词基本不涉及名词性成分的指称问题，本章不作过多讨论。

4.1 "是"字句：讨论疑问词指称问题的典型环境

"是"字句是讨论疑问词指称问题的典型环境。首先，"是"字疑问句的句内成分，干扰因素少，易于控制变量，是将名词性成分密集地置于一个句子中考察指称解读的极佳环境。在此基础上，可以根据"是"字疑问句中与疑问词同现的名词性成分的指称解读明确疑问词自身的指称解读。当然，名词性成分的指称解读也不是始终统一的，常有多种歧义解读，详见1.2.2.1节。"是"字句的整体功能也会影响其中名词性成分的指称解读，与疑问词的指称解读彼此影响，紧密关涉。因此，本节首先对"是"字句（系词句）的功能进行简要说明。

Higgins（1973：207）认为系词句主要有两大功能：说明（predicational function）和指别（specificational function）。Dik（1997：197—207）以英语为对象，指出在系词句中，表语位置上的光杆名词相当于形容词，强调属性；如果主语是定指形式，那么句子表示主语所指的个体是表语所指对象中的一员；如果主语不定指，则表示主语所指之类从属于表语所指之类；表语位置上定指的结构仍然是定指的，表示等同。Payne（1997：111）认为系词句中的述谓性名词（predicate nominal）与述谓性形容词（predicate adjective）、述谓性处所词（predicate locative）应有所区分，述谓性名词用于表达"真包含"（proper inclusion）和"等同"（equation）关系。真包含指判断具体的实体属于某个类别，且该类别由系词句表语位置上的名词性谓语所指明；等同指小句所判断的特定实体与名词性谓语所指的实体一致。Payne 的观点与 Dik 是相似的，两位学者都就述谓性名词的功能进行了探讨，而 Payne 对述谓性名词的相似、相关成分进行了更为明确的区分和界定。Pustet（2003：29—31）认为述谓形式有归因性的和指别性的两种类型，与系词句的功能有关。

本书参考 Higgins（1973）、Dik（1997）、Payne（1997）、Pustet（2003）等，将汉语"是"字句的功能分为三类：定义、归类、等同。

"定义"指说明一个对象或类别的属性或性质，如例（1）—例（3）。

（1）这个人是老师。　这个人是一个老师。
（2）张三是老师。　　张三是一个老师。
（3）乌鸦是最聪明的动物之一，是很多城市非常常见的鸟。（维基百科）

"归类"包括两种情况，第一种是将个体归入群体，如例（4），"我们"指几个不同的个体成员，"少年侦探队"是几个个体组成的群体；第二种是将小类归入大类，如例（5）的"两栖动物"是"青蛙"的上位概念。

（4）我们是少年侦探队。
（5）青蛙是两栖动物。

用于定义时，主语位置的名词可以是指示词短语，表语位置的名词可以加"一个"等，如例（1），但用于归类时不行，如例（6）。

（6）＊青蛙是一只两栖动物。
　　　＊这只青蛙是两栖动物。
　　　＊这只青蛙是一只两栖动物。

"等同"指等同关系，包括属性/内涵上的等同，如例（7）、（8），也包括指称/外延上的等同，如例（9）。

（7）蟾蜍是癞蛤蟆。　　老舍是舒庆春。　　孙悟空是齐天大圣。
（8）张三是张明的爸爸。　　《西游记》的作者是吴承恩。
（9）这本书是昨天她给我的那本。

汉语语法研究中经典的"谁是张老三"——"张老三是谁"以及"什么是爱情"——"爱情是什么"这类句子是与"是"字句的功能密切相关的问句。"是"前的主语或"是"后的表语其中之一由特指疑问词提问，整个句子要求对某一对象进行说明或指别。杉村博文（2002）将此类"是"字句称为特指疑问判断句。针对这种含有疑问词的"是"字句，吕叔湘（1984b）提出，主表语位置上的疑问词语义存在差异："谁是张老三"中的"谁"有两种功能，可以要求"指出"张老三这个人，也可以要求"说明"张老三这个人；但"张老三是谁"中的"谁"只要求"说明"张老三这个人。王晓澎（1994）认为，"谁是张老三"和"张老三是谁"都只要求"指出"一个人，即"谁"在主表语位置都只有指别作用，与之相对，"什么人是张老三"中的"什么人"才起说明作用。陈振宇（2017：

264）进一步明确如下观点："哪"系疑问词用于询问外延，即指称用法；"什么"系疑问词用于询问内涵，即属性用法；"谁"询问外延和内涵都比较自由。

我们认同陈振宇的基本区分，但认为仍存在尚待进一步思考的问题。陈振宇（2017：265）虽然提出区分不同系列的疑问词，也同时指出"哪"和"什么"有中和现象，有时可以彼此换用，但并未进一步阐明中和的句法语义条件。而且，虽然他指出"谁"可自由用于指称和属性，却又明确指出，"'谁'……所问的是搜索域中的某一个实体……纯粹描写性的语言形式不能用（'谁'）"。这又意味着他和王晓澎（1994）的观点类似，认为"谁"只询问实体，只有指称功能或者询问外延的功能。陈振宇（2017）没有具体探讨疑问词在系词句中的句法位置和语义解读之间的关系。本章重点关注这一问题。

总的来看，疑问词的指称问题不仅是语序问题，也不仅是指称用法—属性用法对立的问题。"是"字句中，疑问词和名词性成分并不总能自由同现，不同类型的名词性成分与疑问词的同现能力不同，如：

(10) a. *谁是他？　　　　　　b. 他是谁？
(11) a. ??什么人是孩子？　　　b. 孩子是什么人？
(12) a. ?他是哪一个人？　　　 b. 哪一个人是他？

本章从"是"字句中与指人疑问词同现的名词性成分的指称特征入手，考察指人疑问词与名词性成分的同现规律，希望明确以下三个问题。

第一，指人疑问词在"是"字句中的句法位置与指称特征的关系。

第二，三种指人疑问词的功能差异。

第三，"是"字句中指人疑问词和同现名词性成分的语序的决定因素，以及包含指人疑问词的"是"字句的合法性的决定因素。

4.2　与疑问词同现的名词性成分

分析指人疑问词在句子中的语义解读，首先应充分考虑与之同现的名词性成分。

4.2.1　语言中的刚性指称语和"直指指称语"

1.2.2.1 节已述及，专有名词的内涵和外延问题是指称问题的核心争论之一。Mill（1919）、Kripke（1977）等认为专有名词只有外延而没有内涵，而普通名词既有外延也有内涵。弗雷格和罗素则认为专有名词也有内涵。罗素的摹状词理论进一步认为专有名词是"伪装的摹状词"。Quine（1939）认为专有名词也是谓词，是对一个个体对象来说为真的谓词。Chierchia（1998b）认为，专有名词和光杆普通名词一样，可能在不同语言中展示出不同的语义类型特征。"刚性指称语"（rigid designator）这一概念正是在这样的争论中产生的。Kripke 反对罗素等人的摹状论，而主张直接指称论，如 Kripke（1972）认为专有名词用于指称对象是必然的，专有名词属于刚性指称语，在所有可能世界中都指称同一对象，专有名词的意义就是对象本身（上述概括主要参考了陈嘉映，2003；涂纪亮，2007）。我们并不认为专有名词属于刚性指称语，而是既有外延也有内涵的（下文详述）。

与专有名词不同，人称代词[①]等索引词只能用于直指实体，属于

[①] 以往一些研究认为人称代词（尤其是第一人称）是无指的。例如，Benveniste（1971：218）认为"我"从现实角度来看是一个"空标记"。Anscombe（1975）提出，人称代词不能用于将一个人介绍给另一个人或者称呼某个人，人们只能用"我"来指自己，因此认为"我"既不是"名称"，也不是能用于指称的表达。本书不采用这种观点。另外，人称代词可能有一种"虚指"用法，常见于第二、三人称，见第 6 章。这里排除了这种情况。

"直指指称语"。一个证据是在与"谁"同现时，专有名词和直指指称语表现不同，如：

（13）a. *谁是他？　　　b. 他是谁？
（14）a. 谁是张三？　　b. 张三是谁？

4.2.2　与疑问词共现的名词性成分的指称解读

与疑问词同现的名词性成分主要有六类：普通光杆名词、人称代词、指示词短语、专有名词、领属结构、其他摹状名词（如美国总统等）。本书认为，普通光杆名词、专有名词、领属结构、其他摹状名词等都有指称和属性两种解读。

4.2.2.1　专有名词的指称解读

专有名词可指称客观对象，即指称用法，如例（15）；也有属性用法，可以不表示和客观对象的对应，而表示一组属性和特征。

（15）朱丹溪这个人性格有趣。（CCL：\ 当代 \ 口语 \ 对话 \ 梁冬对话罗大伦.txt）

需要说明，专有名词的属性用法有两种表现。第一，仅表示名称符号，如言者在言谈现场向别人介绍张大明，见例（16），此时"张大明"仅提供该对象的"名称"。第二，表示人名符号以及人名符号所指对象的特征，如例（17）。此时"张大明"只提供"张老三"的人名符号，同时附带（可以通过背景知识浮现）张老三/张大明的一组特征。

（16）这是张大明。
（17）—张老三是谁？　—就是张大明。

对比测试发现，当专有名词作指称用法指称具体对象时，可后加"这个 N"复指。① 而当专有名词作属性用法说明属性时则不行，如例（18）。

(18) 老孟这个人有点靠不住，得防着一点。（刘醒龙《菩提醉了》）

＊这是孟保田这个人。

4.2.2.2 领属结构的指称解读

领属结构及表达更广泛的领属语义的结构（如"美国总统"，详见7.1节）等都有指称用法和属性用法。

(19) 张三是我妹妹家邻居的小儿子。（改自陈振宇，2017：265）

(20) 早上打电话来的是我妹妹家邻居的小儿子。

例（19）画线部分是属性用法；例（20）画线部分可以是属性用法或指称用法。作属性用法时，若例（19）表示的领属关系不存在（如"我妹妹家邻居"没有儿子，只有女儿），例（20）就不成立；作指称用法时，即便例（19）表示的领属关系不存在，例（20）仍能表示早上打电话来的人是"张三"，因为言者用"我妹妹家邻居的小儿子"来指称"张三"这个人。

4.2.2.3 普通光杆名词的指称解读

对光杆名词指称解读的讨论多以英语为主要对象。已有结论主要可以概括为两种看法。一种看法认为英语光杆名词本质上是类指

---

① 汉语中常见的"第二个+专有名词"或"专有名词+第二"，如"第二个北戴河""盖茨第二"只能表示属性类同，即只有属性用法，而基本无指称用法（陈一，2014）。而且，"第二个+专有名词"或"专有名词+第二"一般不能由"这个人"回指。

的，且可以通过类型转换（Partee，1987等）获得其他解读；另一种看法认为英语光杆名词既可以用于类指，也可以用于属性特征，有歧义解读（Krifka，1988；Diesing，1992等）。

汉语光杆名词的性质则更为复杂。Chierchia（1998a）认为，有个体量词的语言，其名词实际上都是不可数名词。汉语的名词是类别的名称，因此光杆名词可以直接出现在论元位置。Chierchia（1998a）发展了Carlson（1977）的观点，认为光杆论元只有类指解读，没有歧义。英语的物质名词（mass noun，即不可数名词）和复数形式有许多共同之处，物质名词没有复数形式，这是因为它们本来就是复数，不能再进行复数化。Bisang（1999）指出，汉语的名词具有高度的不确定性。Yang（2001：12）指出，汉语光杆名词也可自由出现在论元位置，同时具有量化上的可变性：既可作类指解读，也可作个体层面上的存在解读。但同时，汉语光杆名词较之英语有两点重要差异。第一，在事件句环境中，汉语动词前位置的光杆名词一般不允许不定指解读，而英语允许。第二，在表属性的环境中，汉语光杆名词常表现出定指特征，这是英语的光杆名词所不具有的。Yang（2001：13）赞同Carlson（1977）的观点，认为汉语光杆名词的本质特征是类指的。

总的来看，汉语光杆名词的表现和英语光杆复数名词（bare plural）相似。因此Carlson（1977）等的处理更符合汉语实际。但同时，Carlson（1977）等的"光杆名词类指解读"说在处理汉语事实时，需要面对两个实际难题。

第一，在通指句或事件句中，汉语光杆名词都可能获得特殊的定指解读，英语的光杆名词没有这种情况。如果认为光杆名词都是类指的，就需要在不影响类指解读的情况下合理地解释这种特殊情况。

第二，事件句中，当名词出现在动前位置时，英语光杆复数名词能够获得不定指解读，而汉语光杆名词一般只有定指解读。这是"主宾语不对称"倾向性，也是汉语研究中的共识（可参Chao，

1968；Li 和 Thompson，1981；陈平，1994，等等）：动前位置的光杆名词倾向于定指解读，动后位置的光杆名词倾向于不定指解读。

Yang（2001：31）认为这两点体现的是具体语言的类型差异，而不是名词性成分的内在语义差异，同时指出，汉语没有词汇性的定指限定词，这是一个重要的影响因素。Chierchia（1998b）指出，这种类型的语言可能选用 ι 算子来弥补类指名词和属性谓语的类型错配。汉语中没有这样的 ι 算子。因此，当谓语明显指向个体时，汉语光杆名词倾向于定指解读。而且实际上，动前的光杆名词不一定都是定指解读，如例（21）是一个全称量化环境，"狗"显然是不定指的。该句译自 Yang（2001），原句为英文，附后。

(21) 狗在每个人的后院里叫。

（Dogs are barking in everyone's backyard.）

Yang（2001：33）认为这种倾向性和"显著性"（saliency）有关。事件句环境中，作主语的光杆 NP 既可以有定指解读，也可以有不定指解读。这种定指性由语用上的显著性保证，属于语用问题。

总的来说，主要有三个"汉语特色"因素产生影响：①汉语允许光杆名词有时有特殊的定指解读，这是因为汉语缺少词汇性的定指限定词；②汉语允许代词省略（pro-drop）[①]；③汉语是话题优先型的语言。跨语言研究显示，主语不必须定指，而话题通常是定指或类指的。因此话题位置上的光杆名词不允许不定指解读。

语义上，汉语光杆名词的基本指称意义是类指。与类指形成对立的是个体指。汉语类指的范畴化并不成熟（刘丹青，2002）。陈玉洁（2014）指出，汉语光杆名词无标记地用于类指。但汉语光杆名

[①] 如"狗在叫"实际上有两种结构。结构①：[TopP [IP 狗在叫]]，此时"狗"处在主语位置，可以是定指的，也可以是不定指的；结构②：[TopP 狗$_i$ [IP pro$_i$ 在叫]]，此时"狗"实际上基础生成于话题位置，由主语位置的代词同指。

词并不是真正的类指名词,它表达的是"消极"类指。陈振宇(2017:76)也认为汉语的普通名词既可以表达类指,也可以指称个体,说明其自身并无指称取值。总的来看,汉语光杆名词的指称是歧义的:可以消极地出现在带量词的结构无法出现的场合表达类指,如例(22);也可以结合语境信息指称具体的个体,此时言者必须明确特定范围内存在某个对象,如例(23)看似不能说,而当言者通过其他渠道获知集体中有一个日本人时,就可以说了。

(22) 蟾蜍是两栖动物,靠肺和皮肤呼吸。(CCL \ 当代 \ 应用文 \ 自然科学 \ 中国儿童百科全书)

(23) ?日本人是谁?(例自陈振宇,2017:268)

普通光杆名词也同时具有指称用法和属性用法,如例(24)a的"苹果"和"梨"是属性用法,例(24)b是指称用法(例自陈平,1987)。

(24) a. 路旁种了许多苹果树和梨树。
b. 我们下车买了许多苹果和梨。

为便于讨论,我们将名词性成分的指称特征总结如表10。

表10　　　　　　各类名词性成分的指称特征

名词性成分类型	语义属性
普通光杆名词	类别(特定语境下指个体)
	属性用法/指称用法
人称代词	个体
	指称用法(直指指称语)
指示词短语	个体
	指称用法(本章不涉及属性用法)

续表

名词性成分类型	语义属性
专有名词	个体
	属性用法/指称用法
领属结构及其他领属结构类名词性成分	个体
	属性用法/指称用法

4.3　指人疑问词的具体指称解读

本小节主要从两个角度考察"谁""什么人""哪（一）个人"三个指人疑问词的指称特征：观察它们究竟指个体还是指类，或二者兼有；观察它们究竟是属性用法还是指称用法，或二者兼有。

4.3.1　"谁"的指称解读

"谁"可表示个体，如例（25）；也可表示类别，如例（26）。

（25）谁是张三？
（26）—谁是我们的朋友？　—对我们心怀善意的人都是我们的朋友。

"谁"有指称用法，如例（27）；也有属性用法，如例（28）。

（27）谁是张三？/张三是谁？　—就那个。（配合手势动作）
（28）谁是张三？/张三是谁？　—张三是一个好心人。

总的来看，"谁"的句法语义属性是：在主语和表语位置既可以是指称用法,也可以是属性用法;既可以指个体,也可以指类。需要注意,虽然"谁"可以指类,但更倾向于指个体,尤其是与指称个体的名词性成分同现时,不能用于指类,如:

(29) a. 张三是<u>谁</u>?　——*张三是学生。——张三是一个学生。
　　　b. <u>谁</u>是张三?　——*张三是学生。——张三是一个学生。

另外,"谁"和"什么人"存在句法差异,这与二者的指称特征密切相关,详见下文。

4.3.2 "什么人"的指称解读
4.3.2.1 "什么人"的属性用法
"什么人"作"是"字句的主语,提问的对象是具有某种特征的一类人,不能用于问个体,注重的是明确内涵而非外延,特定条件下需要借助语境明确外延,相当于类指用法,从例(30)的答句a-e可以看出。

(30) ——<u>什么人</u>是社会的中坚力量?
　　a. ——*张三(是社会的中坚力量)。
　　b. ——张三这样的人(是社会的中坚力量)。
　　c. 工人阶级。(CCL:\当代\报刊\作家文摘\1997\1997B.TXT)
　　d. 知识分子。(CCL:\当代\报刊\读书\Vol-122.txt)
　　e. 目前十余岁的青少年届时将成为社会的中坚力量。(新华社2004年3月份报道)

询问类别时，可以对应于客观存在的一类对象（个体类），也可以对应于一个类别概念，主要强调类成员的某些共同特征（特征类），如：

(31) 什么人是我们的敌人？
——男人。（改自李银河《女性主义》）

与"什么人"用于类指不同，专有名词指称的是个体。因此当"什么人"作主语，专有名词作表语时，"是"前后的成分在数上会出现"多"对"一"的不匹配，如例（32）b，因此不能说。

(32) a. ——东条英机是什么人？
——他是一个彻头彻尾的战争罪犯。（《人民日报》1998年）
b. *什么人是东条英机？

"什么人"作表语时问属性。无论主语指个体还是类都有属性，都可被"什么人"提问，因此不会产生这种错配，如例（32）a 的主语指个体，例（33）的主语指类。

(33) 天天套着锁链度日的是什么人？是犯人。（CCL：\ 当代 \ 报刊 \ 作家文摘 \ 1995 \ 1995B. TXT）

"什么人"与普通光杆名词同现的情况较为复杂。普通光杆名词和"什么人"都对应一个类别，询问一类对象的内涵或外延。在用于定义或表示等同的"是"字句中，如果普通光杆名词的外延和内涵都非常明确，就不能被"什么人"提问，如：

(34) a. ?什么人是女人？　　b. ?女人是什么人？

(35) a. ?什么人是孩子？　　b. ?孩子是什么人？

我们发现，至少在以下三种情况中普通光杆名词可以用"什么人"提问。

第一，"什么人"和普通光杆名词不存在等同或定义关系，如用于归类时。

(36) ……什么人是表演者，什么人是观看者，什么人是偷看者，都清清楚楚。(CCL：\ 当代 \ 电视电影 \ 非文艺 \ 百家讲坛 \ 050118-050903 \ 2月25日《金庸小说中的武功》（下）孔庆东.txt)

第二，光杆名词的外延或内涵不明确。

不同的光杆名词外延和内涵的清晰度有别。外延和内涵都很清晰的，如"女人、孩子"等；外延和内涵不太清晰的，如"聪明人、天才"等；外延和内涵不清晰，主观性很强的，如例（38）"残杀野生动物的罪魁祸首"等。外延和内涵完全不清晰的光杆名词无条件地允许"什么人"提问。"什么人"和这些指称特点相同的普通光杆名词处于同一个等级，因此在"是"字句中语序自由，如例（37）—例（39）。

(37) a. ——什么人是天才？——有创新能力的人。
　　　b. ——天才是什么人？——有创新能力的人。
(38) a. 什么人是残杀野生动物的罪魁祸首？（《人民日报》2000年）
　　　b. 残杀野生动物的罪魁祸首是什么人？
(39) 什么人是王中王？什么人是圣中圣？什么人是愚人？什么人是智人？(CCL：\ 当代 \ 应用文 \ 社会科学 \ 佛法概要.txt)

第三，普通名词在使用时不激活"规约化意义"，或者说激活了"非规约化意义"。我们从语义（词义）角度而非语用角度对"规约化意义"和"非规约化意义"进行定义，不同于格莱斯（H. Paul Grice）等所说的"规约含义"（conventional implicature）。在所见所查的文献中，并未找到可供使用或讨论的已有定义。因此，我们根据刘叔新（1980）对词典编纂的讨论自行定义"规约化意义"。词语的规约化意义，指"公认的或至少在社会上使用开的意义"，是词典必须收录的解释。与之相对，词语的非规约化意义可以定义为"个别人主观理解的、临时赋予的意义"，词典释义时不收录这种解释。

下面几例中的问答涉及的都是词语的非规约化意义。这些意义不收录于词典，也少见于大型语料库。不同的人对这些例句的接受度也不同。我们通过问卷在全国范围内进行了调查。下图对回收的389份有效问卷进行简单的结果呈现（问卷内容请见附录D）。

（40）——什么人是女人？——温柔善良的女人才是女人。

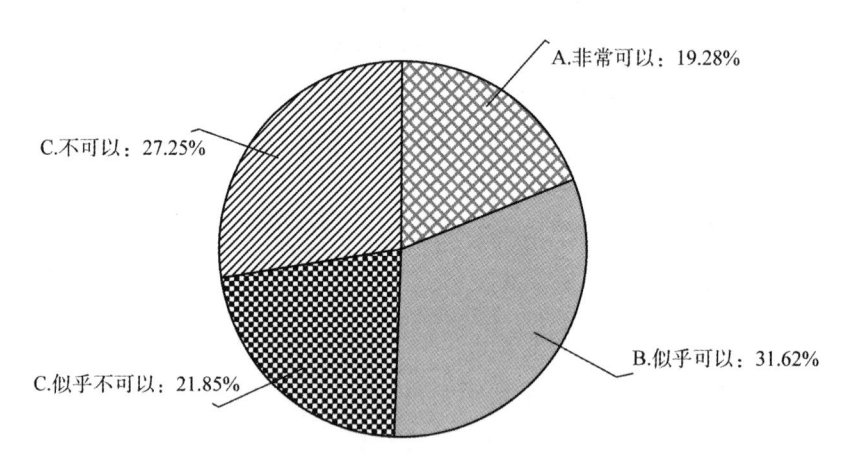

A.非常可以：19.28%
B.似乎可以：31.62%
C.似乎不可以：21.85%
C.不可以：27.25%

图1 非规约化意义激活程度调查结果一：什么人是女人

(41)—什么人是孩子？—有童心的人就是孩子。

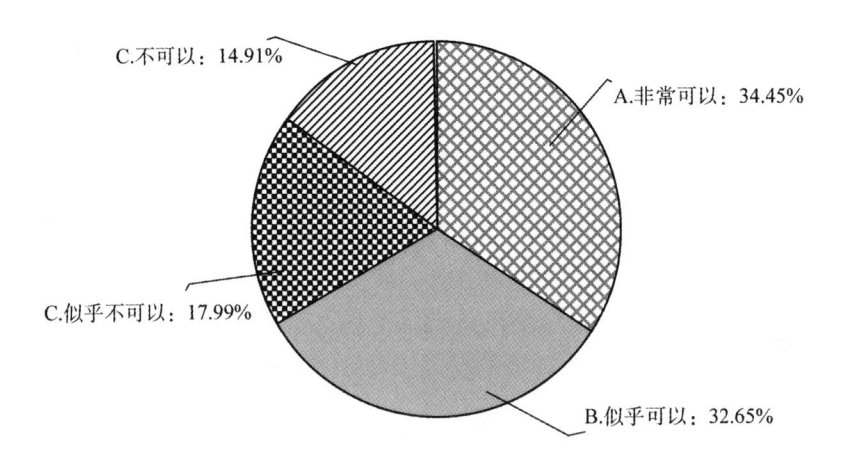

图2 非规约化意义激活程度调查结果二：什么人是孩子

C.不可以：14.91%
A.非常可以：34.45%
C.似乎不可以：17.99%
B.似乎可以：32.65%

(42) 孩子是什么人？—孩子是让大人一筹莫展的人。（非规约化意义）

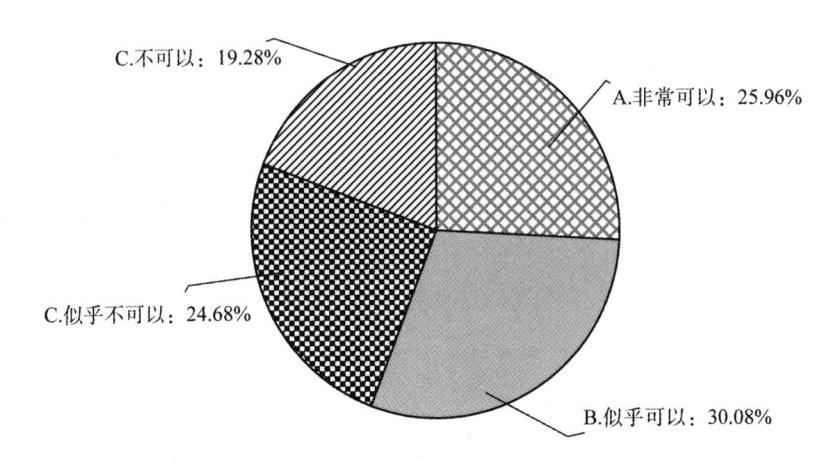

图3 非规约化意义激活程度调查结果三：孩子是什么人

C.不可以：19.28%
A.非常可以：25.96%
C.似乎不可以：24.68%
B.似乎可以：30.08%

(43)—什么人是大爷？

—有钱人是大爷（，那么我们这些千千万万的无钱者难道成了孙子？）。(《人民日报》2000 年)

例（43）是真实语料原句，我们截取括号外的部分进行调查，如例（44）所示：

(44) —什么人是大爷？—有钱人是大爷。

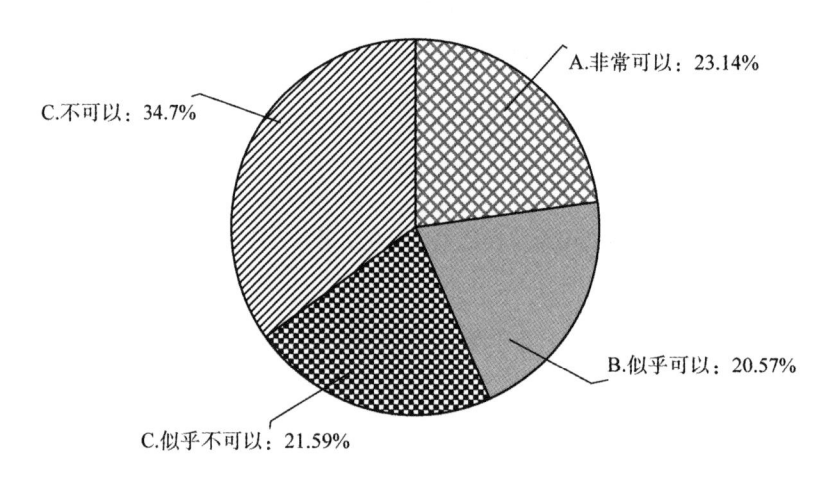

A.非常可以：23.14%
B.似乎可以：20.57%
C.似乎不可以：21.59%
C.不可以：34.7%

图 4 非规约化意义激活程度调查结果四：什么人是大爷①

再以选项为线索设置逻辑跳转，凡是认为例（44）的接受度未达到"非常可以"的被试，都需要再判断例（45）的接受度，例（45）在例（44）的基础上增加了"就"。

(45) —什么人是大爷？—有钱人就是大爷。

上述不认可例（44）达到"非常可以"的被试中，8.03%的人认为例（45）非常可以接受，说明"就"可以有效提高句子的可接受度。当然，认为"不可以"的比例也相当高，这也显示非规约化意义接受度的不稳定性和主观差异性。

可见，同样都是"什么人"与光杆名词配合表达非规约化意义，各种搭配的接受度仍有差异。这至少有两个影响因素：第一，句中是否含有强调主观判断或断言的成分"才、就"。如例（41）、（42）及例（43）中的两个最小对比对所示。第二，句子本身表达的内容。例（40）、（41）都有强调主观判断或断言的成分"才、就"，但例（41）的接受度更高，反映"有童心的人就是孩子"这一非规约化意义所表达的内涵与哲理在人们的心目中有更高的接受度。

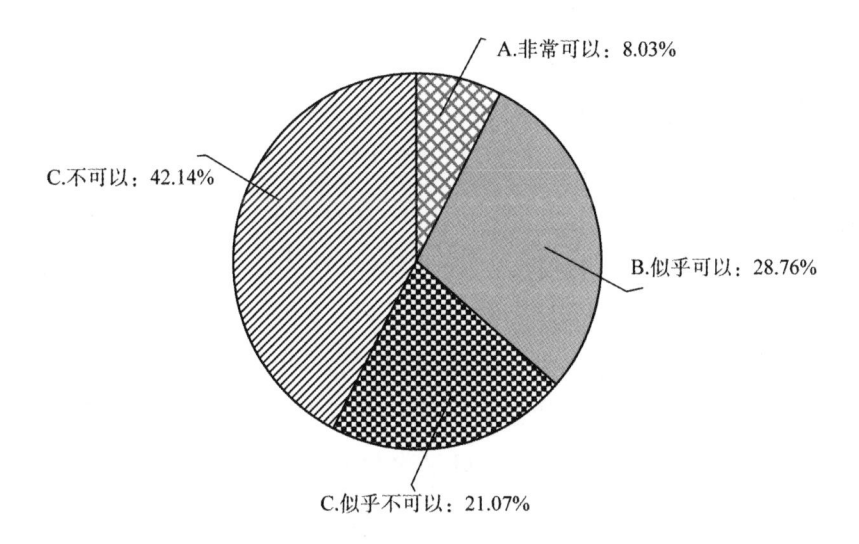

A.非常可以：8.03%
B.似乎可以：28.76%
C.似乎不可以：21.07%
C.不可以：42.14%

图5　非规约化意义激活程度调查结果五：什么人是大爷②

综上，通过问卷调查，并基本排除语义或主观、断言标记对接受度的影响后，我们发现，半数或半数以上的人接受"什么人"在与光杆名词搭配时会激活非规约化意义。

当然，其中还有很多其他影响因素，光杆名词和"什么人"的搭配是个复杂的问题，有待今后进行更细致的考察与分析。

4.3.2.2　"什么人"的指称用法

上一节讨论了"什么人"的属性用法。除此之外，"什么人"也有指称用法，对应于具有特定特征的一类人。证明"什么人"确有指称用法的一个证据是："什么人"（及名词为"人"之外的"什么N")可搭配只容纳类指解读的谓语，如：

(46) 什么人最<u>常见</u>?　　什么动物已经<u>绝种</u>了?

可见，"什么人"可以表示属性和类指。但日常使用中人们并不区分这两种功能。"什么人"和光杆名词一样，可以对应一类的所有对象，也可以对应和一类对象相关的概念。只是表示"类"的"什么人"总是处于表语位置，而表语位置倾向于解读为属性，因而"什么人"常获取属性用法。①

综上，"什么人"用于对类别提问，有指称和属性两种用法。朴素语感与一些已有研究都认为"什么人"只有属性用法。但本章认为"什么人"也能用于指称，一般出现在与普通光杆名词同现时，只是这种指称用法往往较难与属性用法区分开，具有相当的隐蔽性。

4.3.2.3　非系词句中的"什么人"

除了出现在"是"字句等系词句中，"什么人"也可出现在非系词句中。特指句中，"什么人"可指称个体。但我们认为指称个体不是"什么人"本身的功能，只是事件句中，谓语类型、时体成分等为"什么人"匹配了具体对象。我们找到了以具体对象回答"什么人"提问的实际语料，见例（47）—例（49）。例（47）、（48）以专有名词回答"什么人"的提问，"田一飞、商震、莉扎薇塔"虽是具体的个体，但强调的是其与现实世界的"关系"。允许使用专有名词回答是因为言者默认与听者具有共同的知识背景。例（49）以核心名词为亲属名词的领属结构答问。亲属称谓是关系名词，本身不自足，强调的同样是现实关系（另可参刘丹青，1983）。

---

① 涉及两条总的原则："是"字句中，主语和表语成分的指称属性一般按照如下组配规则：①"个体先于类"；②"指称性强的成分先于指称性弱的成分"，下文详述。

（47）青青问："那一带你还请了<u>什么人</u>？"丁鹏道："田一飞和商震。"（古龙《圆月弯刀》）

（48）"追荐<u>什么人</u>？""莉扎薇塔。她让人用斧头砍死了。"（《罪与罚》）

（49）我问她："你家里还有<u>什么人</u>？"她说："我爱人在牧场放牧，我弟弟和大儿子在外边伐木，我还有两个儿子在读书。"（《人民日报》1998年）

"什么人"本身不能用于指个体。它只是提炼出可用于筛选出一类对象的特征，或筛选出一类人。最后得以精确到具体对象，是特指句这一特殊环境造成的，不是"什么人"本身的指称解读。

4.3.2.4 "谁"和"什么人"句法分布的差异与解释

4.3.1节已经提到，"谁"和"什么人"的句法分布存在差异："什么人"前可加"个"，而"谁"前面不可以，如例（50）。这正说明"谁"只在与光杆名词搭配时才能获得类指解读，一般情况下仍解释为个体；"什么人"只有类指解读。任鹰（2013）指出，量词"个"的功能是加在非个体性成分前，使其获取"有界"特征，由一个抽象的无界事物变为具体的有界事物。类指是无界的，个体指是有界的。因此，"什么人"前可以加"个"，而"谁"前一般不加"个"。

（50）a.——"这个夏顺开<u>是个什么人</u>？""一米八几的个男的。"（王朔《刘慧芳》

b. *夏顺开<u>是个谁</u>？

4.3.3 "哪（一）个人"的指称特征

"哪（一）个人"作主语和表语，都用于指称，如例（51）。而且，由于出现量词"个"，"哪（一）个人"只能用于个体，如例（52）。

(51) 哪（一）个人是张三？　　张三是哪（一）个人？
(52) ——哪一个人是精英？　　——这个。/——*有创新能力的人。

总的来说，"哪（一）个人"只能指个体而不能指类，只能用于指称，不能表示属性。但需要说明，"哪（一）位"在表语位置上有属性和指称两种用法，如例（53），这可能是因为"哪（一）位"是礼貌性的交际性用语。当问已经确定的对象是"哪（一）位"时，是属性用法，主语一般由人称代词充当；当问尚不确定的对象是"哪（一）位"时，是指称用法，主语一般由人称代词外的成分充当。

(53) "你是哪位？"我问。"我是每年替你爸爸熬冬天补药的梅医生啊。"（蔡康永《LA 流浪记》）[属性用法]。
　　　　她……问道："请问，乐梅的母亲是哪位？"映雪一震，仍俯首不语，但她可以感觉大家的目光都往这儿集中而来。（琼瑶《鬼丈夫》）[指称用法]

4.3.4　指称特征对指人疑问词与名词性成分同现规则的影响

"是"字句中，指人疑问词和名词性成分的同现情况受各自指称特征影响，主要遵循以下两条规则：第一，对应于个体的成分处于对应于类的成分之前；第二，指称性强的成分处于指称性弱的成分之前，遵循的是可别度领先原则（陆丙甫，2005）。下面用">"表示两个成分的前后位置关系：

①个体＞类　　②指称＞属性

这种复杂的搭配是由两者复杂的指称特征造成的。歧义疑问词和歧义指称语搭配时，即使语序相同，也会有多种可能的指称组配情况。本章将上述规律展开呈现为表11。

表11　　"是"字句中充当主表语的名词性成分的指称解读搭配

	属性—属性	属性—指称	指称—指称	指称—属性
张三是谁？	+	+/−①	−	+
谁是张三？	+	−	+/−	+
张三是什么人？	+	−	−	+
他是谁？	−	−	−	+
这个人是谁？	−	−	−	+
谁是学生？	−	−	−	+
张三是哪一个人？	−	+	+	−
哪一个人是张三？	−	−	+	+
他是哪一个人？	−	−	+	−
哪一个人是他？	−	−	+	−
哪一个人是学生？	−	−	+	−
张三是什么人？	+	−	−	+
他是什么人？	−	−	−	+
什么人是真正聪明的人？	+	+	+	+
真正聪明的人是什么人？	+	+	+	+
谁是真正的受益者？	+	+	+	+
真正的受益者是谁？	+	+	+	+

表11主要显示以下三条结论。

第一，指称—属性是最常规的语义表达组合。

第二，属性—属性、属性—指称、指称—指称表达都不常规，与

---

① 该句的接受度存在差异。北方方言母语者多认为"张三是谁"是"属性—特征"搭配，且"谁是张三"的"指称—指称"搭配较难接受，而南方方言母语者认为后者较易接受。这还有待进一步的问卷调查。

指称—属性相比有更多限制条件。而在这些非常规表达中，即使成分本身的指称解读有歧义，出现在表语位置时也倾向于属性用法。因此"谁是张三"中，"谁"用于属性时，"张三"不能有指称用法。"张三是谁"中，在"张三"用于指称时，"谁"不能有指称用法。

第三，在"个体先于类"①"指称性强的成分先于指称性弱的成分"两个原则作用下，表类的"什么人"总处于表语位置，而在表语位置又倾向于解读为属性用法。这可能是既往文献把它理解为表示属性（提问内涵）的根本原因。

综上，"是"字疑问句中，不是句法位置决定疑问词的语义，起决定作用的是疑问词本身的指称解读。"谁"用于主语或表语位置都可以表示属性或指称。当然，句法位置确实也在一定程度上影响疑问词的语义解读：非直指指称语表语位置倾向于属性用法，主语位置无限制。这也影响了疑问词与名词性成分同现的部分情况。

但总的来说，我们认为，至少对疑问词来说，其本身的指称解读造成的影响是根本性的，句法位置对指称解读的限制只是第二性的。

4.3.5 小结

总的来看，指人疑问词在"是"字句中的功能如表12所示。

表12　　　　　　　三类指人疑问词的指称特点与功能

	个体	类	指称	属性
什么人	−	+	+（弱）	+
哪（一）个人	+	−	+	−
谁	+	+（弱）	+	+

---

① 陈振宇（2017：232）指出个体与类的关系有一个基本套叠规则：当是不同事物时，个体事物中可以含有类的事物，类的事物中不能含有个体事物，如"他是坚定的战士"，而不能反过来。在事件中也是如此（认识事件是一个例外，认识事件本身可能就是类的事件）。

"哪（一）个人"用于指称个体，绝不用于类与属性，功能单一纯粹。"什么人"绝不用于个体而只用于类，有指称和属性用法。"哪（一）个人"和"什么人"的功能几乎是互补的，唯一的相同之处是它们都有指称性。"什么人"和"谁"最大的区别在于"什么人"完全不具有个体性。"谁"融合了"哪（一）个人"和"什么人"的功能，是功能全面的疑问词。正是由于"哪（一）个人"和"什么人"综合起来可以覆盖"谁"的功能，因此一些方言中没有"谁"，如"what+人"广泛见于闽南方言和吴方言以及少部分赣方言（都昌、铅山等），"which+人"广泛见于闽方言区的闽东、莆仙等次方言区（王健、曹茜蕾，2013）。

需要明确的是，尽管在某些句法语义环境下"谁"和"什么人""哪（一）个人"有相同解读，但它们各自的语义特征并没有消失，因而不能互换。一旦互换，必然影响句子语义，如例（54）的"什么人"只用于问类别，而例（55）的"谁"可能问个体。

(54) a. <u>什么人</u>是完全的革命派？<u>什么人</u>站在革命人民方面，他就是革命派。（《人民日报》1966年9月19日）

　　b. <u>什么人</u>是未成年人和精神病人的监护人呢？民法通则规定的监护人有以下几种情况……（《人民日报》1986年5月9日）

(55) <u>谁</u>是世界上在节日期间花钱最大手大脚的人？……中国人。（《人民日报》（海外版）2015年2月28日）

综上，可以完全互换的指人疑问词实际上不存在。表12也充分显示汉语中的指称—属性、个体—类是从不同维度划分的两组语义概念，彼此交叉，而非上下位概念。

4.4 问事物的疑问词

问事物的疑问词一般只有"哪"系和"什么"系两组，排除"谁"的作用后，二者的指称解读及分工格局自然与问人的疑问词有所不同。

总的来看，"哪个"的功能还是比较明确的：用于个体，只有指称用法。而"什么"的情况比较复杂。杉村博文（2002）指出，"什么是 X"和"X 是什么"不同，前者问的是听者对 X 的知识，要求提供有关 X 的知识或给出 X 的定义，适用的语用场景如：向别人提出知识性的考题或批评人一无所知，以及将自己的观点和信念当作"知识"兜售等。后者要求听者阐述自己对于 X 的看法。

但如上文所述，和"什么人"一样，"什么"也用于类指，同时兼有属性和指称用法（指一类对象）。它有时看似也可以指个体，但这其实是因为先对个体进行了内涵上的概念定位，进而在语境等信息的补充下定位到具体的对象（可参陈振宇，2017：264）。正如杉村博文（2002）所说，"什么是 X"要求提供与 X 相关的知识，而这些知识信息本身可能有助于根据其内涵进行定位。检索 CCL 语料库发现"什么是奉献/思想政治工作/高科技/战场/祥和/"等例子，但这类句子的回答往往是"……，（这）就是奉献/思想政治工作/高科技/战场/祥和"，实际所指的可能是一个具体对象。如例(56)，领导人将"高科技"的内涵定位到现实世界中用航空材料研制的高尔夫球杆。

(56) 一家研究所用航空材料研制的高尔夫球杆很受欢迎，广销国内外。这位领导人用非常坚定的语气说：<u>什么是高科技？这就是高科技</u>！（《人民日报》1998 年）

"什么"和"什么人"相比，前者更容易得到上下文语境或百科知识的补充，而在现实世界中定位一个具体的对象。一个证据是，在疑问词的非疑问用法中，"什么"是最常见的表示不定指、任指、否定的疑问词。而到了专门的指人疑问词系列，"谁"而非"什么人"才是最常见的表示不定指的疑问词。①

4.5 本章小结

本章在已有研究基础上，主要以指人疑问词为例，在"是"字句这一典型环境中重新考察汉语指人疑问词的指称特征，也兼及指物疑问词。本章对指人疑问词以及与其在"是"字句中同现的名词性成分的指称同样进行属性用法与指称用法的二分，并细分它们究竟用于类指还是个体指，得到如下基本结论。

第一，三类指人疑问词的基本指称功能："什么人"用于类指，有属性和指称用法（指一类对象）；"哪（一）个人"用于个体，只有指称用法；"谁"用于类指和个体，有属性和指称用法，是功能全面的疑问词。这也约等于说"哪（一）个人"和"什么人"综合起来可以基本或完全覆盖"谁"的功能，这可能是一些方言中没有"谁"的语义条件。

第二，"是"字句中，疑问词本身的指称解读决定了它有多种可能出现的句法位置。如"谁"在主语或表语位置都可以表示属性或指称，"什么人"也同时有指称和属性用法。当然，在具体句子中，

---

① 另外，刘丹青（1994）讨论了用"什么"问指人名词的现象，认为此时指人名词的所指对象已不是人本身，而是人的职业、职务、身份、姓名中的某一方面，即指人名词的事物化。即使这种情况多出现在"当、做、成、像"充当系词的准系词句中，但由于指人名词已经事物化了，动名之间可能有一定的支配关系，跟纯粹的联系或判断不同。另外，"叫他老王""骂他叛徒"也可以视作双宾结构。这与本章讨论的情况不同。

究竟是哪一种指称解读得到实现，与句法位置以及同现的名词性成分的指称解读相关。

可以看到，我们没有否定句法位置的重要作用。句法位置对疑问词指称解读的具体实现可以产生不同程度的限制和影响：非直指指称语在表语位置倾向于属性用法，主语位置无限制。

比较特殊的是"什么人"与普通名词搭配的情况：语序自由，且同时可以有指称—属性、属性—属性、属性—指称、指称—指称四种搭配。据此我们认为，"什么人"也同时具有指称和属性两种用法，这也是本书与既往研究所不同的看法。这仍然是基于本书根据Chierchia（1998b）、陈玉洁（2017b）的处理，明确区别特征类和个体类所得出的结论。

同时，将名词性成分密集地置于"是"字句中考察并得出的指称功能格局可以扩展到其他非"是"字句环境中。

第 5 章

疑问词的非疑问用法及其指称解读

第 4 章讨论了疑问用法的疑问词,而非疑问用法的疑问词的指称解读更为复杂,因为这属于"特别用途",不再表示疑问,而等于一种特别的人称代词或指示代词(王力,1985:230—232)。本章就此一系列问题进行讨论。

朱德熙(1982:93)指出疑问词有两种非疑问用法,一种表周遍性,在所涉范围内没有例外,常与"也、都"等成分搭配;另一种是指称"不知道或说不出来的人、事物、处所、时间等",是不定指的,亦即吕先生所说的"无定指称词"(吕叔湘、江蓝生,1985:153—154)。

王力(1985:230—232)将疑问词非疑问用法的具体功能分为四种。

第一,替代说不出的事物,即上述无定指称词,在研究中也称为虚指,如:

(1) 有时到餐厅买个沙拉,但更多的时候是自己在办公室随便吃点<u>什么</u>。(《人民日报》1996 年 3 月)

第二，在某一情形下替代任何事物，表示在所及的人或事物的范围内没有例外，往往与"不管"或"也、都"之类表示任何义的成分同现，在研究中也称为任指，如：

(2) 我这个人兴趣广泛，<u>什么</u>都爱读一点。（CCL\当代\CWAC\CEB0133）

【饥不择食】人至饿极不管<u>什么</u>都想吃。（CCL\当代\应用文\词典\中国成语大辞典）

第三，代数字。相同的疑问词互相照应，类似于代数中的 X。尽管"谁"替代的人不确定，但前后两个"谁"指的必须是同一个人，如：

(3) 有的地方明确规定，<u>谁</u>的学生平均分低<u>谁</u>下岗。（CCL\当代\CWAC\AEE0003）

第四，在否定句中帮助委婉语气①，这可能也与刘丹青（2013b）指出的汉语中个性化的"甚多—甚少"二分系统有关。

(4) 有些研究者认为，女性杂志对读者有吸引力，是因为它们容易上手但也<u>没什么</u>深度。（CCL\当代\口语\对话\卓越媒体的成功之道）

上述第一和第二点是学界的普遍认识。一些学者可能采用了不同的框架，但都观察到了基本相同的事实。Bhat（2004：226）将不定代词/不定指的指代成分分为两种情况。一种指集合中的某个或某

---

① 语用效果的呈现建立在语义基础上。委婉语气与其模糊替代、不定指称的功能密切相关。

些可能实体，如汉语中的"某人"（Tsai，2001），与存在量化相关；另一种指集合中的任一可能实体，如汉语的"任何人"，与全称量化相关。疑问词的非疑问用法还有"否定"（可参邵敬敏、赵秀凤，1989等）。本章只涉及虚指和任指，因为这两种解读与指称问题的关系更为密切。

对疑问词的非疑问用法，形式学派也有很多关注，可参伍雅清（2002）的综述。下文也将有所涉及。

5.1 虚指

虚指的疑问词约等于涵义空泛的名词，如"东西、事情、话"等，这种"什么"属于无定指称词。但也有些"什么"在东西跟事情的意义之外多一点"某"的意义（吕叔湘、江蓝生，1985：153—154）。丁声树等（［1961］1999：166）指出，虚指有各种情形，或是不知道，或是想不起、说不上，或是不必明说。"谁"表示不知道或说不出姓名的人。"什么"表示不知道或者说不出来的事物。朱德熙（1982：93—94）指出，虚指就是用疑问词来指称不知道或说不出来的人、事物、处所、时间等。

综上，"什么"系、"样"系、"哪"系疑问词和"谁"都有虚指用法。由于其中仅"什么"系和"谁"有替代人和事物的功能，便于讨论指称问题，我们仅以这两类为例。

（5）王治郅还是不跟我说话，但是我觉得应该说点<u>什么</u>。（姚明《我的世界我的梦》）

（6）我的老爸好像还要等一个<u>什么人</u>。（CCL \ 当代 \ 报刊 \ 作家文摘 \ 1995 \ 1995B）

（7）这件事我不记得昨天<u>谁</u>跟我提过。（例自袁毓林、刘彬，2017）

袁毓林、刘彬（2017）认为"谁"的虚指用法通过不确定的陈述语气（典型表现是"谁"读轻声）来消除疑问意义，同时保留了预设意义："存在着某个/些人"，使虚指用法的"谁"表示不确定必然存在的某些/个人。

除典型的虚指用法外，王力（1985：230—232）指出，"什么"还有三种不要求答复的"活用法"：第一，言者对某事物知道得不清楚，加上"什么"表示自己不能确信；第二，要数说几样东西；第三，用于否定语或反诘语，表坚决的否认或强烈的辩驳。①邵敬敏、赵秀凤（1989）将上述三种活用法分别概括为借指、例指和否定。其实，"谁"和"怎么"等也有第一和第三种活用法，"怎么"没有第二种活用法，而"谁"可以用于数说几个对象，只是用法稍微特殊一些。"什么"可用于"A呀，B呀，什么的"表示总括，或用于"什么A呀，什么B呀……"表示列举，"谁"没有这种用法。但"谁谁谁"可以指称若干个人，如例（8）；或指称某一个对象，如例（9）。总的来说，"谁"和"什么"用于数说若干个对象时的具体用法不同。

（8）随便问起某楼某号，他都能倒背如流告诉你这家有几人，是<u>谁谁谁</u>，在哪里工作。（《人民日报》1998年）

（9）你比如说狱政科的冯于奎呀？比如你们侦查科的单昆呀？比如大队的<u>谁谁谁</u>呀？中队的<u>谁谁谁</u>呀？是吧？（张平《十面埋伏》）

借指用法的"什么"是临时借来替代某个对象的，可以借指一

---

① 倪兰（2003）认为采用特指问形式的反问句是对某一是非问句进行否定回答，此时，疑问词构成的疑问项的信息域为空域。从言者的角度来说，疑问词不表未知而表否定。在特指形式的反问句中，疑问词的功能相当于古汉语中的否定代词"莫"。

个音节、词、词组或一个句子、一段话，所替代的对象可能是言者也不清楚的未知信息、言者不愿说的特殊信息以及言者认为不必说的次要信息。用于借指的"什么"基本上都是不定指的。

例指用法的"什么"有几种基本用法。其中一种的基本格式为"x（、y、z……）什么的"，表示在列举项之外还有一些尚未列举的同类项，如例（10）。这类例指的"什么"也是不定指的。

（10）小偷儿什么的，差不离快断了根。（老舍《龙须沟》）

邵敬敏、赵秀凤（1989）认为，虚指、例指、借指都源于疑问词指代作用的强化、疑问作用的弱化。Bhat（2004：252）认为这一用法与存在量化相关。① Xiang（2016）也认为普通话的 wh-词是表示存在性的不定指成分。张定（2013a）认为虚指用法的疑问词可用于非现实—非特指、特指—不知晓、疑问句、条件句、直接否定、间接否定这六种功能，可参看。但总的来说，上述功能都可以概括为"需被激活的存在不定指解读"，根据不同的情况予以激活。而否定句中，这种存在不定指解读并未被激活，而是作为一种无法实现的可能性被否定了。

5.2 任指

任指也称为"任意指称"（赵元任著，吕叔湘译，1979：287—289；吕叔湘等［1980］2013：428），可参看戴耀晶（2015）。② 如上所引王力（1985：230—232）的第三点指出，任指有两个方面：

---

① 全称量化和逻辑上的合取，存在量化与逻辑上的析取分别有着紧密的联系（Haspelmath,［1997］2001：165）。
② 戴耀晶教授于 2014 年病逝。《语言研究集刊》于 2015 年（第十四辑）刊登该文。

一方面，它可以在某一情形下替代任何人或事物。另一方面，两个成分同现时，前后必须相互照应，要求同指。此时，尽管所替代的具体对象不确定，但同一疑问词前后两次出现时必须替代同一对象。我们根据任指成分所指对象是通过句外成分（语境等）还是通过句间成分（同指约束等）明确，将任指分为无界的任指和有界的任指。类比对已知信息—未知信息等的讨论来看（1.2.2.1节），有界的任指和无界的任指也可用［±意识］和［±指认］等特征参数来区别。

5.2.1 "无界"的任指

无界的任指是典型的任指，是通过配合"无论"义的成分或"都"等副词性成分表达的任指义。Lin（1996）认为普通话的"无论"结构实际上是"如果"条件句，并将其称为"无论—条件句"。Cheng 和 Huang（1996）称为"都—条件句"。

用于无界任指的疑问词常见于受事前置性否定句。语音上，必须重读。这既是为了凸显与普通疑问词、否定谓语后的疑问词的区别，也是为了体现这类疑问词作为强调成分的属性；语义上，表达全量否定，不允许任何个体的例外，不能像疑问词后置的否定句那样表示"甚少"义（可参刘丹青，2013b）；句法上，疑问词需前置且必须配合副词"都"或"也"，详见5.4节。

5.2.2 "有界"的任指

有界的任指是指任指疑问词连用时所指对象受限的情形，此时任指成分的所指对象一定程度上可通过句间成分确定。还可细分两种情况。

第一，两个任指疑问词所指的是彼此对待的两个对象。

吕叔湘、江蓝生（1985：113—114）指出，普通话中，有时两个"谁"指的不是同一个人，而是互相对待、互为宾主的两个人。这种"谁"也是任指，但不是无边无际的任指，而是两个人之间

（少数情况是几个人之间）的任指，且一般不是泛指两个人，而是实有所指。往往一个指言者，一个指对方。所以这类句子里的"谁"都可用"我、你、他"替代而不失原来的意思，问句的情况如：

(11) 一个人鼻子底下长着嘴，谁还管着谁不准说话吗？（儿 7.12）

交朋友讲究彼此相顾，谁还能够瞧着谁？（聊 2.9）

别说这个年头儿，就是丰收年景，谁也顾赡不了谁呀。（聊 11.2）

咱们同桌儿吃饭，各自会钱，谁也不必扰谁。（侠 51.4）

第二，连续出现的两个任指疑问词，前一个是无界的，后一个由前一个约束。

刘丹青（2013b）指出肯定陈述句的疑问词在宾语位置有存在量和全量两种解读。表示存在量的属于无界任指，如例（12）中前一组"什么、哪儿"，此不赘述；表示全量的属于有界任指，如例（12）中后一组"什么、哪儿"，它们都受到前一组变量的约束。[①]

(12) 有什么吃什么。 你要我去哪儿我就去哪儿。

上下两小句叠用同一个指称词，第一个是任指的，第二个看似任指，却随第一个转移，实际上在逻辑上定指（吕叔湘，[1954] 2002）。邵敬敏、赵秀凤（1989）将前一个疑问词的用法称为任指，将后一个相应疑问词的用法称为"承指"。邢福义（2002：113）主张将其称为"游移指"。

---

① 肯定句宾语位置"什么"和"哪儿"的量化义两重性可能是疑问词在否定句宾语位置出现全量和存在量模糊的成因之一（刘丹青，2013b）。

需要说明的是，一些已有研究对上述两种情况并不作区分（如邢福义，2002等）。但我们认为，疑问词的指称与谓语动词有微妙的联系。第一种情况的动词一般有两个对象互相对待义，如"管、瞧、顾瞻、扰"等，必然涉及两个对象的互动。但第二种情况中的"吃、去"等动词没有对待义。这一区别会造成疑问词有不完全相同的指称解读。

当疑问词为"谁"时，还有两个以上疑问词连用的情形，见例（13）。

（13）这得凭契约说话，不是<u>谁</u>说是<u>谁</u>的就是<u>谁</u>的！（陈忠实《白鹿原》）

"什么人"的此类现象较少，CCL语料库的有效记录（排除翻译作品）仅有7条。且"什么人"通常需与表条件的标记"就"同现，构成全称条件句，见例（14）。

（14）缺乏长远眼光，在招聘过程中基本上是缺<u>什么人</u>就招<u>什么人</u>，只有在缺乏员工的情况下才想到去招聘。

当地经济建设需要<u>什么人</u>就培训<u>什么人</u>。（《人民日报》1994年第一季度）

涉及<u>什么人</u>就查<u>什么人</u>。（《人民日报》1994年第三季度）

我们缺<u>什么人</u>就在社会招聘<u>什么人</u>。（《人民日报》1998年）

他愿会晤<u>什么人</u>就会晤<u>什么人</u>。（CCL \ 当代 \ 报刊 \ 作家文摘 \ 1995 \ 1995A）

西藏需要<u>什么人</u>，学院就培养<u>什么人</u>。（新华社2001年5月）

<u>什么人</u>没有问题？抓<u>什么人</u><u>什么人</u>就有问题。（刘震

云《官场》)

Crain 和 Luo（2011）指出，由于 wh-条件句的先行语有定指解读，因此 wh-条件句也能用于一般性的说明，允许通指解读。此时，通指解读可能产生几种蕴涵义，包括："未知"（ignorance）蕴涵，"无差别"（indifference）蕴涵和"任选"（free choice）蕴涵。

第一，未知蕴涵。即言者对 wh-短语所指对象的身份和性质不明确。如例（15）蕴涵了言者并不确定到底谁会最先来。

（15）<u>谁</u>先来，<u>谁</u>先吃。

第二，无差别蕴涵。言者出于各种原因对 wh-短语的所指对象不加区别，也可以认为言者不关心事实上究竟哪个具体个体具有相关性质，如例（16）表示只要是最后来晚会的人就可以是洗碗的人。

（16）<u>谁</u>最后来晚会，<u>谁</u>洗碗。

第三，任选蕴涵，如例（17）。任选蕴涵需要一定的语境和背景信息支持。

（17）你选<u>哪门</u>课程，<u>哪门</u>课程就可以让你毕业。

未知蕴涵和无差别蕴涵是有界任指造成的蕴涵，任选蕴涵则是无界任指造成的蕴涵。

语义上，汉语 wh-条件句能同时承担英语两类任选从句的功能。英语的任选从句有两种小类：①一般任选从句，有定指/唯一解读；② -ever 任选从句，表全称量化（Dayal，1997）。汉语 wh-条件句之所以有上述两种功能，一方面因为汉语没有类似英语中的 -ever 等可专用于通指解读的词汇项，另一方面汉语是一种语用优先型语言①，如果先行语规定了特定的场景或语境，未知蕴涵和无差别蕴涵也随之消失，所指对象明确化，失去任指义。

5.3 "都"：影响无界任指解读的重要量化成分

"都"深刻地影响了疑问词非疑问用法的指称解读，本节对"都"再作一些讨论。

传统语法研究早已注意到，非疑问用法的疑问词前置时常配合副词"都"或"也"。如丁声树等（[1961]1999：164—166）指出疑问词表示任指的句法有两类。第一类句法（即本书中"无界的任指"）常常带有"也、都、全"，表示所说的范围之内没有例外。有时还用"无论、不论"等和"也、都、全"照应（即本书中"有界的任指"，与"都"无涉，此不展开）。张志公等（[1959]1979：102）指出，表示概括的疑问词有"任何"或"一切"的意思，作动词的宾语而用在动词前时，常同副词"都、也"配合着用，表示概括的意思尤其明显。朱德熙（1982：93）指出，表示周遍性的疑问词在所涉及的范围之内没有例外，常有"也、都"类副词，有时还用"无论、不管"等连词跟"也、都"呼应。董秀芳（2002）指出，当可能成为"都"的指向目标的不同类型的名词性成分共现时，有时可以都实现为"都"的指向目标，有时则只有其中一个实现。而且，不同指向目标的相对语序也影响句子的合法性，不同名词性成分吸引"都"的能力不同：表任指的代词、否定极性成分、"连NP"等特殊全称量化成分最能吸引"都"的注意力；"所有/每NP"等有明确标志的全称量化成分，吸引"都"的能力相对弱一些；没

---

① Crain 和 Luo（2011）的原文为"语境/语用因素对分化歧义产生决定作用"，这里按照本书的所引文献及表述习惯进行概括。

有任何外部标志的复数意义的名词性成分吸引"都"的能力最差。等级序列如下：

  特殊全称量化成分 > 所有/每 NP > 普通复数意义的名词性成分

  形式学派对此也有所关注，如黄正德（Huang，1982）指出，当疑问词出现在辖域标记"都"前的位置时，可以作为量化词。此时的"都"正是标记了疑问词的无界任指。Cheng（1994）指出，汉语疑问词在不同环境中有不同解读：在普通疑问句环境中是疑问解读，在是非问句环境中是极性/存在解读，而在否定辖域中有疑问、极性和存在解读；配合副词"都"时是全称量化解读。疑问词没有内在量化力（inherent quantificational force），其具体解读取决于句中其他成分。疑问词本身是不定指的成分，但疑问用法之外的不定指解读都需要激活条件，如必须处在是非问句或否定环境中。如果没有激活条件，疑问词就只有疑问用法。Cheng（1994）认为；类似例（18）的疑问词只有疑问用法。她据此认为疑问词不仅是不定指成分，还是表示极性语义的极性项。[①]

  （18）博通看完了<u>什么</u>。

  不同方言区的人对例（18）接受度其实存在差异。本书暂不细究其中的"什么"是否只有疑问用法，关键问题是汉语疑问词的非疑问用法及其指称解读需要配合特定的激活条件才能实现。汉语中，这些激活条件常由某些量化性成分充当。

---

  ① 极性项即通常出现在具有特定语法极性（grammatical polarity）环境中的词汇项中。

5.3.1 "都"的已有研究

对"都"的热烈研究始自20世纪80年代。相关问题主要涉及五个方面：第一，"都"的语义；第二，"都"的左向关联和右向关联①；第三，"都"的语用性质；第四，"都"的句法分析；第五，"都"和相关成分"每、全、各"的关系（详参周韧，2019）。第一和第五点密切相关，我们将重点梳理。在此基础上，对"都"的语用性质再作一点讨论。

传统研究中，"都"被称为范围副词或总括副词（总括副词是范围副词的一个小类）（如黎锦熙，[1924] 1992：141—142②；王力，1985：133；朱德熙，1982：195—196）。吕叔湘（[1980] 2013：177—178）等根据句法环境、语义解读差异进一步区分"都"的小类："都1"（总括）、"都2"（甚至）和"都3"（已经），例（19）的"都"可以有上述三种不同的理解，可通过不同的重音加以区分。

(19) 他们都来了。

当重音落在"都"时，"都"是总括副词（"都1"）；当重音落在"他们"时，实际上是"（甚至）（连）NP 都……"结构（"都2"）。"（连）NP 都……"结构是通过肯定或否定听说双方共知集合中的一个极性成员来肯定或否定整个集体（董秀芳，2002 等）。"甚至/连 NP

---

① "都"以左向关联为常，如"这些房间他们都打扫干净了"，此时"都"指向左侧的对象。但已有研究也关注到了"都"的右向关联，如"他没吃别的，都吃的馒头"。但对这类句子中的"都"是否真正关联右侧的对象，研究者们还有不同的意见。例如，蒋严（2011）逐个分析了"都"看似右向关联的三个场景：指类名词组、指代词和疑问用法的特殊疑问词，延续蒋严（1998）的观点，认为"都"始终都是左向关联的，与"都"的语义功能有关。

② 将"都"处理为数量副词的一部分，表示统括的范围。

VP"结构中,NP 常作为整体被赋予极性意义①(陈振宇,2016:422);当重音落在动词"来"时,可理解为"已经"("都3")。

形式学派对"都"的性质有几种不同看法:全称量词、加合算子(sum operator)、分配性算子(distributive operator)以及最大化算子等(Lee,1986;蒋严,1998;胡建华,2009;蒋静忠、潘海华,2013;徐烈炯,2014 等)。其中,潘海华(2006),蒋静忠、潘海华(2013),冯予力、潘海华(2017、2018)等提出了基于三分结构的"都"全称量化观。② Keenan(2012)指出,量化表达中,个体量和事量是两个相关但不同的概念。前者是对谓语论元成分的量化,编码该概念的成分为限定性量化词(D-quantifier);后者是谓语事件的量化,编码该概念的成分为副词性量化词(A-quantifier),主要包括副词、助动词、词缀和论元结构调整算子等。另外还有一些语言采用词汇内部手段对量化进行编码,如使用黏着性词缀、(部分或全部)重叠以及词根和词缀的扩展形式等。跨语言地看,基本量化词可分为三类:①全称量化词,通常又可分 every 类和 all 类,基本对应汉语的"每"和"所有"类。前者着眼于多个个体的共性,后者着眼于整体,强调集合具有内在的异质性。②存在量化词,如"一些"等。③比例性量化词,如"少数"等(Keenan,2012:1—4)。

陈平(1982)考察总结发现,英语的全称量化成分都是限定词,汉语的全称量化成分则分散在各个词类,功能也不尽相同。例如,"每、任何、各、所有"一般只作限定词,"一切"既可作限定词,也可单独作主宾语;"一、满、全、整"等是量度区别词(赵元任著、吕叔湘译,1979:260),其中"全"既可作定语又可作状语

---

① 当然,陈振宇(2016:422)的讨论主题与本书并不相同。他是为了说明此处的 NP 作为整体,被否定时不会考虑其中的任一个体。

② Heim(1982)提出量化具有三分结构:算子、限定部分、核心部分。Partee(1991、1995)、Keenan(2012)进一步细分限定词量化(D-quantification)和修饰语量化(A-quantification)(另可参潘海华、张蕾,2013 等)。

(可参曹秀玲，2006）。

5.3.2 对"都"核心功能的再归纳

结合已有研究和实际观察，本书重新归纳"都"的核心功能。"都"的限定域的确定不是一个纯语义问题，而是一个和语用密切相关的问题。

冯予力、潘海华（2018）指出应区分"都"的核心意义和伴随意义，并认为"都"的核心意义（真值条件义）是全称量化。同时，全称量化结构的多种映射放射①以及限定域的不同构成导致"都"呈现不同的伴随意义（包括穷尽、排他、分配等）。我们不专门讨论"都"的功能，但无论是形式学派所说的全称量词，还是传统学派说的统括副词，都与"多数"有关。Mok Sui-Sang 和 Rose（1997，转引自王广成，2007）指出，受"都"限制的名词短语均为复数，包括某些"暗含的复数"，如"（连）李四都来了"，其实隐含了与之形成对比的其他人。如果表示全称、分配的名词组出现在动词前，就必须出现"都"，否则不合格。

"都"和多数相容，在语义上与全称量化、加合、分配、最大化等都不矛盾。这是因为"都"在语用上具有实指性，在某个明确的集合中，"都"会总括所有的对象。

如例（20）a 句表示存在一个男人的子集，该子集中的男人的数目占所有相关男人的 80%，且该子集中的个体具有"听过这首歌"的属性；b 句强调这 80% 的男人的内部一致性：每一个都具有同样的属性——听过这首歌。

(20) a. 百分之八十的男人听过这首歌。
　　　b. 百分之八十的男人都听过这首歌。

---

① 即句子的哪部分映射至量化结构的限定域，哪部分映射到核心域。

"都"不能与少数相容也是一个证据，如例（21）所示。

(21) a. 百分之二十的男人听过这首歌。
　　　b. *百分之二十的男人都听过这首歌。

同样的，例（22）看似例外，但其中的"都"仍然涵盖了限定域中的所有孩子。"孩子们"这个集合不一定涵盖世界上所有的孩子，甚至不一定包括语境中所有的孩子。"都"的语义组合过程并不考虑"豆豆"这个个体，"豆豆"是在"都"的语义组合完成之后才再次参与语义组合的。而且，这一表达带有明显的语用效果，可以说，是强调"豆豆"这一个体的表达需要固化和加强了语义组合的顺序。

(22) 孩子们都去了公园，豆豆却在家看电视。

冯予力、潘海华（2018）认为"都"的核心语义是全称量化，但也允许多数非全量的解读。这是由于它允许的量化结构映射方式不是单一的，包括"话题—述题结构"和"背景—焦点结构"，又由于看待限定域的视角不同而造成不同的伴随意义。其实这也是肯定了"都"的语义解读受到语用因素的影响。

同时，"都"要求其限定域中的名词性成分具有实指解读。Li（李艳惠，1998）已经指出"有"[①]和"都"作用于实指性个体。[②]

[①] Tsai（2003）认为，汉语"有"通常被认为是情态动词或助动词，但若进一步分析"有"的句法分布和语义解读，这种定性就有问题。表示存在的"有"实际上有三种变体：a. 有人来了。[呈现型（presentational）]；b. 有的人来了。[部分型（partitive）]；c. 有（一）些人来了。[实指复数型（specific plural）]。历时地看，它们是古汉语中有代词性解读的"有"语法化而来的，b型的"有"尚处在语法化过程中，c型的"有"语法化已较为成熟："有"是"有些"的一部分。他从历时角度探讨了"有些 NP"的实指性和复数性的来源。

[②] "有"通过对不定指成分进行存在封闭，保证了其实指性。

王广成（2007）指出，例（23）a 的"五个人"是存在性的、虚指的；而例（23）b 的"五个人"是先设性的、实指的，这种实指性正是由"都"带来的。

(23) a. 昨天的婚筵上，有五个人喝醉了。
b. 昨天的婚筵上，五个人都喝醉了。

Giannakidou 和 Cheng（2006）认为例（24）的 a 句不用于真的有人打电话来的情况。

(24) a. （如果有）哪个人打电话来，就说我不在。
b. （无论）哪个人打电话来，我都不在。

Cheng（2009）指出，例（25）a 不强制要求存在一个实指性的地点：可能确实有某个地方是他不想去的，也可能没有；例（25）b 则是排除了给定名单中所有的地点。"都"可以在否定句中排除空集，反向推理可知它所指的对象具有确定性或实指性（Giannakidou 和 Cheng，2006；Cheng，2009）。

(25) a. 他不想去哪儿。　b. 他哪儿都不想去。

而且，实指标记"都"的实指性程度与共现成分也密切相关。如与任指疑问词配合时，"都"的实指性相对较弱。可用"都"与"也"的同现与换用测试。汉语的"也"有类同义以及补充、追加义等，可用于"连"字句表全称量化，搭配表示最小量的"一"或任指疑问词表全量否定义。此时"也"可换用"都"，二者都通过对集合中的极性成员的作用实现对整个集体的作用。"也"还能用于会话语境，表达特定的言语行为，传递言者的态度或情感，如带有委婉意味，伴有纠正、提醒、建议等话语功能，表达的是基于语用量级（pragmatic scale）的语义关系①（可参邓川林，2017）。但"wh- + 也 + VP"和"wh- + 都 + VP"的区别在于，前者是逐个性的任指，后者是选择性的任指（杉村博文，1992、2017）。

（26）a. 一个人也没有来。　b. 一个人都没有来。

"一"是来的人数的最高可能值，例（26）的 a、b 两句虽然都可说，但深层的语义作用机制是不同的。例（26）a 的深层机制是：别说 n（n≥2）个人没来，就连一个人都没来；例（26）b 的深层机制是：无论是 n（n≥2）个人还是一个人都没来。②

言谈双方可以借助语境和上下文明确任指疑问词的所指对象。由任指成分提取的集体，其成员组成有几种不同情况。在此之前，我们需要明确"集体"和"类指"的异同。类指是一类个体对象的总和，而集体是同类多个个体对象的集合（Chierchia，1998b）。陈玉洁（2017a）指出，集体和类指是两个相关的指称概念：二者都由个体对象组成，指称客观世界中存在的实体对象。逻辑上，同类多个个体对象所能组成的最大集体就是一类个体对象的总和，集体和类指的指称对象有完全重合的可能。任指成分所能提取到的最大集体往往就是一个类的所有成员。但即使指称对象重合，集体和类指对名词的观察视角仍是不同的，这也使得任指成分还可提取小于全体成员的集合。袁毓林（2004）认为，普通话的"任指"指称由语境限定的集合中的任一元素。这个集合可以是世界上的所有事物，也可以是听说双方共知的某个集合或话语中临时构建的某个集合。Crain 和 Luo（2011）转引 Brasoveanu（2007）的已有讨论指出，语

---

① 同一语义范畴内的语义焦点和其他可替换成员或对立成分组成的集合。集合成员根据命题实现的可能性或语力强度构成一个有序的等级（可参邓川林，2017 及其所引文献）。

② 杉村博文（2017）也据此论证了"wh- + 也 + VP"这一格式适用于否定而不适用于肯定的现象。

义上，汉语 wh-条件句在定指解读和全称量化解读上的歧义可认为是由"量化精细度"（granularity level）的不同造成的。当量化颗粒较粗时，量化是针对若干个体进行的，结果小句对这些特定个体进行述谓，因此产生定指/唯一解读；当量化颗粒较细时，量化针对由先行语引入的话题场景进行，结果小句对这些场景进行述谓，因此产生全称量化解读。但即使如此，全量成分的理解也必须参照语境中"显著的范围"（Zamparelli，2000，转引自刘丹青，2013b）。这种集合的实指性是语用衍推①的结果。语用衍推是建立在情理基础上的衍推关系，反映语用因素对语义衍推产生的调整，是可消除的。我们认为，"都"的实指义正是语用因素调整的结果，具有临时性，可衍推、可取消。沈家煊（1990）指出，划分语用学和语义学的界限有两个标准：真值条件和约定俗成。约定俗成（规约性②）又有三个具体标志：不可取消性、可分离性、不可推导性。相对地，非规约就具有可取消性、不可分离性、可推导性。"都"的实指义更多的是一个语用问题而非语义问题。徐以中、杨亦鸣（2005）也认为"都"的基本意义和核心用法是明确主体所要讨论的范围。一般认为不能说的句子在增加相应语用前提后也能成立，如一般认为例（27）a不可说，因为此处"都"表示的是范围。而在一定的语境中，"都1"可以转变为表示语气的"都2"（轻读），但与此同时，

---

① 郭锐（2006）指出，"衍推"这一概念之所以被提出，是因为实质蕴涵（material implication）会产生日常语言的怪论：只考虑前件和后件的真值关系，对支命题的具体内容和是否有联系则不予考虑。为解决实质蕴涵的局限，现代逻辑学发展出严格蕴涵、相干蕴涵和衍推的概念。但是，严格蕴涵和相干蕴涵还是没有完全解决实质蕴涵的问题。因为严格蕴涵虽然要求前件和后件有必然性，却不要求相关性；相干蕴涵加上相关性要求，要求前件和后件有内在联系，可以避免实质蕴涵和严格蕴涵的一些怪论，但又不要求必然性。衍推是在此基础上进一步提出的。衍推对实质蕴涵进行了更严格的限制，意在解决实质蕴涵带来的问题。衍推要求命题的前件和后件既有必然性，又有相关性。两个有衍推关系的命题一定有相同的组成部分，又有相异的组成部分，相异的部分之间有内在联系。衍推可分为语义衍推和语用衍推。语义衍推（也叫逻辑衍推）是指由语句的语义内容或逻辑上的内在联系决定的衍推关系。

② 这里所说的规约性不同于第4章中名词性成分内涵理解的"规约性"。

仍然将范围限定为"这"和"那"两本书。尽管例（27）b 的"那本书"很可能在言谈现场或上文语境中不出现，但实实在在地存在于言者的认知之中，是实指的对象。

(27) a. ?这本书我都买了。
　　　b. 这本书我都买了，（那本书还能不买？）

另外，由"都"全称量化的名词性成分不再表达抽象的、事理性的泛称类指概念，而注重单个类别的单一性和聚合性（张谊生，2003a），如例（28），这也从另外一个角度显示"都"是一个实指标记。

(28) 科学家(*都)是国家的宝贵财富。
　　　儿童(*都)是祖国的花朵。

综上，我们认为，"都"的核心语义是数目准确性，"准确"是指"有且仅有"。

Hawkins（[1978] 2015：163）指出，英语不仅有表示数目准确为"一"的手段——"the + 单数可数名词"，也有表示数目准确为"二"的手段——"both + 复数名词"。"the + 数词 + 名词"可以准确地表示任何数目，是一种能产的手段。汉语没有定冠词，因而没有与英语类似的表示准确数目的手段。但当名词前的数量成分与名词后的"都"配合使用时，就可以表示数目的"有且仅有"，所指的对象数目一定是已知集体的全部成员数目，如：

(29) 三个学生都来了。

例（29）的上文或语境必定只提及了三个学生，"都"表明这三个学生全数来了。如果上文或语境不同，"都"的合法性也可能受影响，如例（30）所示。

(30) a.（我请了四个学生来帮忙，）＊三个学生都来了。
b.（我请了三个学生来帮忙，）三个学生都来了。

Lin（1998a）认为"每、所有①、大部分"等量化词都强制与"都"同现，如（例自原文，但我们不完全认同原文对 b 句的分析，详下文）：

(31) a. <u>每个</u>学生 ＊（都）买了书。
b. <u>大部分</u>的学生 ＊（都）买了书。
c. <u>所有</u>的学生 ＊（都）买了书。

事实上，"每个"和"所有（的）"确实强制与"都"同现，但"大部分"并不强制与"都"同现，只是同现与否会对语义解读产生影响。例（31）b 实际上是合法的。另外，"很多"以及普通的数量结构都允许"都"与之同现，但并不是强制的，如：

(32) a. <u>很多</u>学生（都）买了书。
b. <u>大部分</u>的学生（都）买了书。
c. <u>三个</u>学生（都）买了书。

"都"表示准确的数目，这个数目是符合上文已提及的、或言谈双方达成共识的确定数目。如例（33）a 的言谈双方都明确所讨论的是哪三个学生，实际上是实指的。"都"明确了它的实指解读，并

---

① "每"和"所有"有相似之处。刘丹青编著（［2008］2017：355）指出，二者都表示全量，都指整个种类而不仅是其中的部分成员。和"所有"一样，"每"也要求语义上"多于一个"。因为当只有一个学生时，人们不会使用"每"。

通过上文对辖域进行限制。与之相对，例（33）b 的"有"进行存在量化，表示此时"三个学生"是不定指解读，因此不与"都"同现。例（33）c 的"三个学生"作数量解读，既没有"有"表示存在性不定指解读，也没有"都"表示实指解读。这样的成分处在强烈倾向于定指解读的主语位置，造成句子不合法。

(33) a. 三个学生都来了。
　　　b. *有三个学生都来了。
　　　c. *三个学生来了。

陈振宇、刘承峰（2008、2009）也论证了"都"要求其语义指向的成分必须是语用复数，而不必是句法语义上的复数。对"有"和"都"的不同现，Tsai（2003）指出，汉语中表存在的"有"有三种变体，分别是呈现型的（presentational）"有"、部分型的（partitive）"有的"及实指复数型的"有（一）些"，分别见例（34）的 a–c。

(34) a. 有人来了。
　　　b. 有的人来了。
　　　c. 有（一）些人来了。

根据 Tsai（2003），例（34）中的"有 a"与"都"不同现是因为没有共同的量化域；"有 b"与"都"不同现是因为数量不对称；"有 c"与"都"不同现是因为"（一）些"和"们"对集体的操作产生冲突，"（一）些"提取的只是已知集体中的一部分成员（对"一些"的讨论可参第 6 章）。

可见，要求数目准确性的量化成分、数量成分强制与"都"同现，不强制要求数目准确性的量化成分、数量成分允许但不强制与

"都"同现①，排斥数目准确性的量化成分（如"有"等存在算子）则强制不与"都"同现。

另外，"都"的语用实指性也影响与之高频共现的"每"。关于"都"和"每"的关系，已有很多研究，可参周韧（2019：187—199）。Huang（1996、2005）将"每"视作带有分配意义的全称算子，"都"是加合算子，Lin（1998b）则将"每"视作加合算子，将"都"视作基于集盖说的广义全称分配算子。潘海华、胡建华、黄瓒辉（2009）综合了前两种观点，认为句子主要动词前的"每"既可以视作全称算子（此时"都"相应地实现匹配功能），也可以被理解为加合算子（此时"都"实现全称量化功能）。但二者不能同时用于全称量化，这是因为量化要求核心域和量化域，二者只能作用在不同的域中。蒋严（2011）认为"都"只表示总括，但不表示全称，所以需要"每"来标识全称语义。袁毓林（2008）认为"每"既没有加合功能，也没有全称性的分配功能，只是一种划分算子，有显性的语用分组功能，可以把个体域中的所有个体均分成一个个单元，即具有一定规模的个体集合；每个单元既可以是由单个个体构成的独元集，也可以是多个个体构成的复数集合。在有"都"的句子中，如果没有"每"的配合，复数性名词根据谓词性质确定集盖中单元的规模；但有了"每"，相关名词论域的解读就可以确定。Cheng（2009）也认为，"每"引入个体的集合，"都"作用于这些集合，划定"每"的辖域。②但周韧（2019：198）认为"每"的出现也无法排除混合性解读和集体性解读。但总的来看，"都"和

---

① 在含有"所有的、每"等限定词的句子里，必须出现"都"（王广成，2007：105）。

② 从而避免了双重量化的困境。徐烈炯（2014）指出，全称量化分析可能面临双重量化的问题。双重量化指一个变量被一个以上的量化算子重复约束，或是一个量化算子同时约束一个以上的变量。为解决这一问题，可以不将"每"等名词短语前的限定词分析为全称量化成分，而是处理成一元的加合操作。此时这些成分的语义贡献仅仅是将所有符合名词短语语义的个体集合起来，为量化算子提供限定域，而不会造成双重量化（可详参冯予力、潘海华，2018）。

"每"的语义是匹配、和谐的。无论采用上述哪种处理和解读,都不影响二者的高频共现。这与"都"对数目准确性的要求有关。

5.3.3 "都"对无界任指解读的影响

综上,"都"的核心语义是全称量化义。同时,"都"要求所指对象具有客观存在性,具有实指解读。进一步抽象后,可以认为"都"最核心的语义是数目准确性。数目准确性的判断和实现是通过语域内的各种信息实现的,包括现场语境、上下文信息、百科知识等,作用对象是客观存在的集体。"都"具有语用实指性。陈振宇(2018)提出了"间接量化"概念,它不像直接赋予量性或量化的算子那样需要遵循唯一性规则,而需要依赖一系列语用原则,包括:数的一致性、预存集合的封闭性、主题的语用凸显性等。虽然考察角度不完全相同,但和本书的基本观点是一致的。

另外,Heim(1982,转引自 Krifka,1995:53①)对通指句和条件句异同点的讨论启发性地关注到了现实性对语义解读的影响:尽管通指句和条件句有相似之处,但本质上仍是不同的:条件句的成立建立在现实性的基础上,通指句则没有这一要求,也允许例外,如例(35),只有现实世界中每个人都因为养狗而缴税时,a 句才为真;而当存在例外,即有人不因养狗而缴税时,b 句仍然为真。

(35) a. If someone owns a dog, he pays tax on it.
b. If someone owns a dog, he must pay tax on it.

受 Heim(1982)启发,我们认为普通话"都"的作用类似于构造特征类。特征类与全称量化类似,不允许例外(Krifka,1995:55—56)。特征类的形成以类成员的共同属性特征为唯一依据,"不

---

① Krifka(1995)不认同上述分析,认为通指句和条件句中确实有完全相同的隐性算子。

是通过集合或其他外部实体定义的，而是通过论元的内涵表达定义的"（Krifka，1995）。而通指句的"类"并不一定以句子所述的特征为依据。Krifka（1995：46）指出，通指算子通过外延进行定义，是与概念中的原型成分相关的普遍量化。原型成分和非原型成分可能存在其他不同特征。更早地，Arnauld（1662，转引自 Krifka，1995：44）提出"真实（morally）全称量化句"和"抽象（metaphysically）全称量化句"之分，其差异性也部分地平行于上述通指句和特征类的区别。

总的来说，"都"的基本功能是辅助构造抽象的全称量化句，而汉语的特点使得它实际上常构造真实的全称量化句。周韧（2019：106）指出，"都"的语用分析源于对"都"总括范围的讨论："都"对其关联对象进行总括时是否能够做到对全量全数的总括。

5.4　方言中的任指疑问词

方言中的疑问词也有虚指和任指用法。各方言的任指疑问词（任指疑问形式）在构造、句法表现、指称解读上存在差异。

5.4.1　任指疑问词的构造

普通话及多数官话方言的光杆疑问词可以直接用于任指，如固始（刘娅琼，2017）、树掌（李晰，2011）、长治（王利，2007）等方言。其他一些方言，如吴语中，虚指和任指的疑问词则有明显的形式差异。如瑞安话中，光杆疑问词的非疑问用法基本上只有虚指而没有任指（可参附录B）。若要表达任指义，需要通过附加成分与疑问词构造任指成分（表达虚指义则没有这一要求）。以问人的"乜侬"（"什么人"）为例，任指用法见例（36），虚指用法见例（37）。

(36) 随乜侬走来我门也/下不开。（任谁来了我都不开门。)

(37)乜侬打电话丐我,就讲我冇是□ɦiau⁰。(有什么人打电话给我,就说我不在。)

其实,构造任指疑问词的附加成分主要有两类。一是例(36)所示的无条件连词"随"。二是"任何+NP"。"任何"是个偏文的说法,方言中的"任何"显然受到普通话的影响。张定(2013a)考察发现,"任何"是清末时期汉语与西方语言接触(尤其是翻译)过程中产生的"仿词",这是其进入"流通"的外因。内因则是语言接触过程中汉语自身存在的"空缺":简单句的宾语位置缺少合适的不定指限定词。"任何+NP"与"随+疑问词"的句法表现、语言解读还有不同,相关讨论可参张定(2013a),此处不展开。

疑问词不能独用表达任指义可能是吴语的共性特征,如苏南吴语有任指疑问词的标记"随便、弗管"(王健,2016),富阳话有"随便"和"是格"(李旭平,2017及相关课堂讲义),绍兴话有"随便"(盛益民,2017b)等。

其实,元代汉语的疑问词就多通过前加"不拣/拣""不管/管""不选/选""不拘/拘""不问/问""不论/论""任""凭""但凡""遮莫"等无条件连词表示任指义,因为汉语疑问词[1]的任指用法与含有让步连词的全称让步条件句密切相关(张定,2013b)。直到唐宋时期,"疑问词+都/也"这一用法方才出现,晚近时才逐渐普及开来(李崇兴等,2009:174—175)。鹿钦佞(2008)认为汉语史上疑问词的任指用法经历过一个前项关联词出现的结构逐渐减少、前项关联词隐现的结构逐渐增加的转变历程。官话方言中也常见带任指标记和不带任指标记的两套系统并存,如开封话中,一套是"谁、谁家、哪(儿)、啥、哪(一)样儿、啥样儿、咋、咋着、咋

---

[1] 张定(2013a)根据疑问词两种非疑问用法的语音差异,将虚指用法的疑问词称为轻读疑问词,将任指用法的疑问词称为重读疑问词。

样儿、啥早晚儿、啥时候、多打大会儿、多少、多"等，另一套是"任"系和"脆"[ts^{h}uei^{31}]系两种强化形式（李双剑，2017）。栖霞方言中带无条件连词"管"的疑问词与不带"管"的疑问词形成一定的分工。同属胶辽官话的青岛、荣成、牟平以及东北官话中的"管"都有相近表现（刘翠香，2014）。

5.4.2　任指疑问词的句法表现

王健等（2016）指出，不同方言的话语句法化程度以及句法整合度存在差异。"句法整合度"是指从联系松散的并联组合发展为复杂的句法结构的程度。他们认为普通话"全称让步条件句"的整合度、句法化程度最高，疑问词可以成为单句的论元成分，如：

(38) 他吃<u>什么</u>都津津有味。

王健（2016）所说的整合度、句法化程度高在表层形式上可以表现为形式标记成分的消失。整合度、句法化程度越高，越缺乏整齐对应的形式表现与强制性。普通话全称让步条件句整合度较高，相对地，吴语的整合度和话语句法化程度较低。这实际上仍是因为较之于普通话，吴语是受到更严格的句法条件制约的方言。而且吴语内部各次方言受制约的程度也存在差异（当然，吴语整体上都比普通话更严格地受到制约）。以苏南吴语、瑞安话和绍兴柯桥话为例，我们观察发现，三者受整体句法条件制约的程度递增。

苏南吴语的任指疑问词不出现在主语论元位置时，"随便、弗管"等无条件连词也允许省略，如（王健，2016）：

(39) (<u>随便</u>) 啥<u>人</u>个闲话耐侪勿听。（谁的话你都不要听。）
　　(<u>随便</u>) 啥<u>人</u>来侪要好好叫招待个。（谁来都要好好招待。）

瑞安话的任指疑问标记"随"基本上是强制出现的，苏南吴语的例（39）在瑞安话中的对译例（40）必须用"随乜侬（随便什么人）"，而不能用"乜侬（什么人）"，如：

(40) 随乜侬个说话你下/也不夠。（谁的话你都不要听。）
    随乜侬走来下/也着好好能待渠。（谁来都要好好招待。）

但有时情况可能比较复杂。例（41）严格地要求连词"随"保留，但不必须与疑问词构成任指形式，"随"也可以位于比较标记"代"前。而例（42）的"随"有时似乎是可以省去的，这可能与"也"所表达的委婉语气有关。例（43）a、b 两句的情况与例（41）相同，但 c 句的"随乜"反而不能说。当将其移到话题位置时又能说了，如 d 句所示，这与话题显赫性是密切相关的。同时，例（43）接受光杆疑问词，如 e 句所示，此时作不定指解读而不是任指解读。

(41) a. 渠随代乜侬也心痛你。（他比谁都心疼你。）
    b. 渠代随乜侬也心痛你。（他比谁都心疼你。）
    c. 渠代＊乜侬也心痛你。
(42) (随)訾那讲渠也有帮你罢，勁睍渠不好。（不管怎么说他也帮过你了，别怪他。）
(43) a. 随你爱乜，我下会丐你个。（你不管要什么，我都会给你的。）
    b. 你随爱乜，我下会丐你个。（你不管要什么，我都会给你的。）
    c. ＊你爱随乜，我下会丐你个。
    d. 随乜你爱，我下会丐你个。（你不管要什么，我都会给你的。）
    e. 你爱乜，我下会丐你个。（你要什么，我都会给你的。）

可见，瑞安话的任指疑问词标记成分"随"的使用规则较为复杂，还需要深入讨论。就目前来看，它可能处在由句法成分向真正的任指疑问词构造成分发展的过程中。盛益民（2017b）指出，绍兴柯桥话任指疑问词标记成分"随便"的强制性更高，理由如下：①"随便 – wh"处于连读变调域中，构成一个音系词；②"随便"只能与疑问词搭配而不能与其他成分搭配，同时只能见于全称让步条件句①；③"随便"与疑问词不能分离；④具有强制性，绍兴柯桥话不用光杆疑问词形式表任指；② ⑤"随便 – wh"可用作动词宾语、介词宾语，也可作修饰语或受其他成分的修饰。据此他认为绍兴柯桥话中的"随便"已经是不定指解读的标记。

与绍兴柯桥话相比，瑞安话任指疑问词标记成分"随"的形式化程度和强制性相对较低，但高于普通话和一些苏南吴语（苏南吴语又高于普通话）。研究显示，绍兴话有一系列特殊的前沿发展，在吴语内部也显得非常特别。绍兴话可能是吴语中受整体句法条件制约最严格的方言（之一），反映吴语内部句法条件制约的不平衡性，有待专门讨论。

5.4.3 任指疑问词指称语义的分化

方言中，任指疑问词的指称也常需通过同现的词汇性量化成分才得以更好地挖掘，尤其是由无条件连词与疑问词构成的，或要求与无条件连词搭配出现的任指疑问词。普通话"都"的功能在一些方言中是由两个或多个形式分工配合实现的。

王芳（2018）对中原官话光山话的两个全量表达形式"下、就"进行

---

① 而不见于量级让步条件句和选择让步条件句，如"＊随便好疫"（不管好坏），"诺随便去弗去，我都要去啊"（不管你去不去，我都要去的），这显示"随便"是不定代词的专用成分。
② 在盛益民（2010）的描写中，柯桥话中存在不与无条件连词共现的任指疑问代词。盛益民（2017b）进一步明确，柯桥话确实不能用光杆疑问代词表示任指。但部分新派开始接受这种用法，是普通话影响所致。

考察，指出"下"用于个体量化，是典型的全量副词，不需与其他全称量化义的名词短语共现就能够获得全量义；"就"可以用于个体量化和事件量化。当用于个体量化时，"就"需与具有全称义（如量词重叠）、自由选择义（如疑问词、正反并列）等的形式一起出现，方可实现全量表达。

瑞安话中，上述表达全量的功能大体上由"下"和"也"两个成分配合实现。

先看"下"[o³²³]，温州方言研究文献一般记作"沃"，表示与普通话"都"基本对应的全称量化成分，如游汝杰（2003）等。我们认为"沃"的本字是"下"，与表示短时或瞬间的成分密切相关。王芳（2018）以光山话中的"下"为例，论证了由短时/瞬时义发展出全量义的过程。语义上，时间义"一下"到全量义"一下"的引申具有较强的理据性，直接完成演化也是可能的：时间义的"一下"充当状语时，动作的短时瞬间完成通常蕴涵动作的参与者在短时间内或瞬间经历该动作。当事件参与者是复数意义时，瞬时义和复数义可以互动出同时义，主体多样性和行为同时性的对比强化了复数主体的同质性和集合性。而全称量化就是凸显复数主体的同质集合性，自然生发出全称量化义。这一语义发展也广泛地见于湘、赣、江淮官话、西南官话等。瑞安话的"单下、一下"用于表短时/瞬时，"下"用于全称量化，在形式上形成分工，见例（44）。

(44) 三斤杨梅<u>一下/单下</u>吃拉底爻。（三斤杨梅一下子就吃掉了。）

三斤杨梅<u>下</u>吃拉底爻。（三斤杨梅都吃掉了。）

瑞安话中，只由"下"全称量化的情况包括：①复数解读的数/指量结构；②人称代词的复数；③代词或名词的并列；④量词的重叠形式；⑤复数解读的光杆名词，分别见例（45）各句。

(45) （许）三个学生<u>下</u>走来罢。[（那）三个学生都来了。]

渠俫<u>下</u>走来罢。（他们都来了。）

老师、学生、家长下到齐罢。（老师、学生、家长都到齐了。）

个个下能生好。（每个都那么漂亮。）

学生下讲听不懂。（学生们都说听不懂。）

只由"也"全称量化的情况仅有否定极性的数量结构，如：

（46）渠个说话我一句也听不懂。（他的话我一句都听不懂。）

用于正反形式的并列（又可从形式上细分"紧密并列"和"分散并列"）时，二者的分工更为细致，如：

（47）a. 肚不饿，吃不吃下可以。（肚子不饿，吃不吃都可以。）[紧密并列]
　　　b. *肚不饿，吃不吃也可以。

（48）a. *肚不饿，吃下可以，不吃下可以。[分散并列]
　　　b. 肚不饿，吃也可以，不吃也可以。

搭配任指疑问词时，二者可以互换使用，如例（49）。

（49）随乜侬也/下可以走底。（谁都可以进来。）

"下"和"也"的分工小结见表13。

需要注意，瑞安话的量词重叠形式只允许"下"而不允许"也"量化，如例（50）。而光山话的"下、就"均可对量词重叠式进行量化（王芳，2018）。

表 13　　　　　　瑞安话全称量化成分"下"和"也"的分工

搭配成分	使用形式
复数解读的数/指量结构	下
人称代词的复数形式	下
代词或名词的并列	下
量词的重叠形式（分配性全量）	下
复数解读的光杆名词	下
任指疑问词	下/也
正反形式的并列	下（紧密并列）
	也（分散并列）
否定极性的数量结构	也

(50) 个各个下/*也走爻罢，你眚那还不走？（一个个都走了，你怎么还不走？）

我们认为这与"也"的性质有关。瑞安话中，"也"的基本义是"类同"，只能用于一个或几个具体个体（真子集），无法用于全量（至少需要排除掉集合中用于类比的参照物）。量词重叠式属于（分配性）全量解读与"也"的语义冲突，无法搭配。同样地，"所有侬（所有人）、任何侬（任何人）"等指全体而非极性个体的成分也只能与"下"搭配，不能与"也"搭配，如例(51)、(52)。

(51) a. 所有侬下可以走底。（所有人都可以进来。）
　　　b. *所有侬也可以走底。
(52) a. 任何侬下可以走底。（任何人都可以进来。）
　　　b. *任何侬也可以走底。

在个体量和事量的分工中，"也"只能针对单一个体的个体量，"下"则既可用于事量也可用于个体量。

(53) 倨日皇帝走来我也/*下不开门。(今天皇帝来了我也不开门。)

综上,"下"是独立的全称量化词,一般不需配合其他具有全称义的形式(如量词重叠)或自由选择义的形式(如疑问词、正反并列),它针对全体对象,因此在事件句中,仍可作用于全体对象。"也"是"极性敏感算子"(可参董秀芳,2002;陈振宇,2016等)。瑞安话中,普通话的"都"与任指、极性等语义相关的功能只能由"也"承担。但"也"又受制于其类同义及隐含的语用量级(可参邓川林,2017),只能作用于集合中的极性个体,是对特定个体进行的粗颗粒量化。该极性个体本身的定指/唯一解读基本可以得到保证,但"也"的量化对该极性个体所在集体的实指性并没有强制要求。例(54)a 的"渠俫(他们)"指的必定是预定名单上的所有人,是这一集体的全体成员,且这个集体是实指的。而例(54)b 的"渠俫(他们)"至多只是预定名单上的一部分成员。他们所在集体的实指性没有保证,预定名单可以是明确的,也可以是不明确的。

(54) a. 渠俫下走来罢。(他们都来了。)
    b. 渠俫也走来罢。(他们也来了。/连他们都来了。)

普通话的"都"与全称、分配、加合等相关的功能则由"下"承担。"下"对由先行语引入的话题场景进行全称量化,作用于集合的全体成员,这些成员是真实存在的客观对象。这类全称量化就是 Crain 和 Luo(2011)所说的细颗粒量化。

综上,"下"进行的是语用型全称量化,其量化对象真实存在;"也"进行的是语义型全称量化,其量化对象不一定真实存在。"随 X"的不同指称解读可通过与"下、也"同现的情况进行测试。以指人代词"随乜侬"为例,如例(55)。与"下"搭配,意为"但凡是个人,都能进去",指符合条件的全体;与"也"搭配,意为"最不符合条件的那个人，都能进去"，指相对而言最不符合条件的极性个体。

（55）随乜侬下/也可以走底。（谁都可以进来。）

总的来看，瑞安话任指疑问形式"随X"可指称类，也可指称个体，由同现的量化成分激活不同的解读。与"也"同现时关涉个体，与"下"同现时虽然关涉个体，但该个体其实是属于某个集合的极性成员，关涉梯级选项（可参潘海华，2006；冯予力、潘海华，2018等），逻辑上仍然是关涉全体的。即，瑞安话任指疑问形式"随X"通过与不同的量化性成分搭配分别表达语用型实指（可衍推、可取消）和语义型实指。

类似现象也存在于其他吴语方言中。例如，富阳话的"随便"和"是格"均能后接疑问词，但不能随意替换。问人时，表示未然事件的句子（包括通指句及含有情态词和心理动词的句子）可使用"随便"和"是格"；事件句中只能用"是格"而不用"随便"。问地点时，用于泛指的任何地方时，可使用"随便"和"是格"；而当所指处所有范围限制时，只能使用"是格"。"随便"一般表示泛指，所指物体不属于任何预设集合；"是格"除泛指外，还可表某个特定集合内相关成员的任指，所涉集合实际上是特定的（李旭平，2017及相关课堂讲义），即我们所说的"实指"。绍兴柯桥话的任指疑问词"随便–wh"对集合有不同要求：表达比较基准和直接否定时，集合必须是自然全集（袁毓林，2004使用的术语），而不能是听说双方共知或人为设定的集合（盛益民，2017b）。我们认为，人为设定的集合不能用"随便–wh"，实际上就是要求集合具有语义实指性而非语用实指性。

5.5 本章小结

本章考察非疑问用法的疑问词的指称解读，重点讨论任指用法的疑问词。首先区分有界和无界的任指疑问词，重点讨论无界任指疑问词的指称解读：通过配合"都"等副词（有时还需要进一步配合无论义成分）表达的任指义。

普通话任指疑问词的指称解读很大程度上由强制同现的词汇性量化成分体现出来。因此本章在已有研究基础上重新讨论"都"的核心功能，将其核心功能总结为数目准确性。"准确"是指在语域内有且仅有，受到语用因素的影响。这反映汉语任指疑问词的指称也受到语用因素的制约。

与普通话相比，吴语任指疑问词一般有固定的标记成分。疑问词独现时的非疑问用法通常只有虚指而没有任指。不同任指疑问标记可以区别任指疑问词的有界性和无界性。这也一定程度上体现了实指—非实指的对立。吴语瑞安话中没有像普通话的"都"这样集复杂功能于一身的词汇性量化成分，相关功能是通过"下"和"也"配合实现的，其中，"下"倾向于表达实指性。这是实指范畴编码程度跨方言差异的例证之一。其他吴方言中也有类似的例子。

第 6 章

实现于人称代词的指称范畴

一般认为汉语没有数范畴,但也有学者认为人称代词后的"们"是汉语中为数不多的复数标记之一［Chao,1968；Li(李艳惠),1999 等］。人称代词在数问题上似乎成了一个例外。除人称代词外,"们"还可以与指人的专有名词、普通名词搭配。已有研究基本都关注到"们"在人称代词和普通名词后的不同表现,在这种情况下,"们"的处理就较为复杂,学者们各有不同的主张(详见下文)。我们倾向于将人称代词后的"们"视作指称标记。本章将在已有研究基础上,进一步考察"们"作为指称标记的具体功能及这一功能的语义来源,同时考察方言中类似"们"的成分在指称功能上的差异表现。"们"可以出现在指人名词、专有名词和人称代词后,但表现不同。本章主要讨论"人称代词+们"的指称问题,但为全面考察,也涉及"普通指人名词/专有名词+们"的情况。

6.1 普通话的"们"及其句法语义表现

对"们"的讨论不限于集体标记或复数标记的定性这一个角度,还包括它的产生及历史演变、语法性质(属于词缀、助词还是形态词等)、句法表现(搭配对象、选择限制等)和语义表现等。本章主要涉及历史演变、句法表现和语义解读，关于它的语法性质，可参见齐沪扬等（2002：272—274）的综述。当然，这几个角度都是密切相关的。对"们"的句法表现进行深入研究，有利于梳理语义功能，如张谊生（2001）；对"们"的语义解读进行深入挖掘，有利于解释其句法分布，如童盛强（2002）；对"们"的历史来源和演变进行考察，有利于解释其句法表现和语义功能，如朱庆之（2014）等。本章也希望进一步梳理"们"的语义功能，明确其性质，并在此基础上对"们"的句法表现进行解释。

吕叔湘先生（［1949］1984c）较早地讨论了现代汉语中"们"的句法语义表现。第一，"们"只能出现在指人的名词性成分后，而不能用于指物的名词，除非追求拟人化的效果。第二，名词前如果有数量成分，就不与"们"同现。第三，用于"类数"（即类指的名词）时不加"们"，如"女儿是水做的骨肉，男人们是泥做的骨肉（红2.10）"中的"女儿、男人"都不应加"们"。第四，即使在完全符合上述条件，允许加"们"的场景中，"们"也不一定是强制出现的。因此，吕先生认为"附有'们'字的固然是复数，不附'们'字的不一定是单数"。这里所说的"复数"不是语法范畴上的数，而是数目大于一的情况。第五，"们"在专有名词后表示的是连类复数，而非真性复数。

上述第四点显示了"们"在人称代词和普通指人名词后的强制性差异，第五点则显示了在专有名词后的特殊语义功能。另外，其他三点句法表现也给"们"的定性造成了困难，使得在处理中出现较为明显的分歧。有的学者主张处理为复数标记，Wiger（1912：40，转引自Iljic，2001）指出"们"表达的是任意的复数（plural ad libitum），但受到了一些批评。Li（李艳惠，1999）等也持这一观点。唐正大（2019）认为"们"的语义核心与多数性有关，"们"归属于语义层面的数范畴。

但是，如上所述，"们"只能在指人的名词性成分后出现，而在人称代词和普通指人名词后的强制性等句法表现又存在差异。吕叔湘先生（[1949] 1984c）明确指出名词后的"们"虽然有点"像西文的复数变化"，但不完全相同。从 Oshanin（1952，转引自 Iljic，2001）开始，Kaden①（1964，转引自 Iljic，2001）以及 Chao（赵元任，1968）、Norman（1988）等都认为不同句法位置上的"们"是不同的：代词后的"们"是复数标记，名词后的"们"是集体标记。而 Iljic（1994、2001）等则认为"们"应处理为集体标记而非复数标记。Culioli（转引自 Iljic，2001）认为人称代词主要是对各对象与主体的相对位置进行的标记：第一人称标记的是认同（identification），第二人称标记的是区分（differentiation），第三人称标记的是对言者的脱离（disconnection）。Iljic（2001）据此认为，人称代词的复数标记正是基于主体视角的组群（subjective grouping）。张谊生（2001）认为"们"强调群体特征，不是严格意义上的复数标记（另可参杨炎华，2015 的综述）。最新的相关讨论是李旭平（2021），认为"们"的作用是在名词表示的集合中挑选出最大复数个体，是最大化算子。"们"不构造复数个体，而只标示复数个体，不是真正意义上的复数标记。

我们认为应将"们"统一处理为集体标记，同时尝试在此基本观点基础上，解释"们"的一系列句法语义表现，并对"们"的指称功能作进一步的挖掘。

6.1.1 "们"：伴有不显赫复数意义的实指集体标记

先看人称代词、指人名词和专有名词后加"们"的解读。

"人称代词+们"。人称代词复数形式表达关联意义这一观点最早可以追溯到叶斯柏森（Otto Jespersen，1924，转引自 Corbett 和

---

① 但 Kaden 的观察一直限于数范畴的角度，因而最终也无法解释"们"在特定句法位置上的强制性与另一些句法位置上的可选性。

Mithun，1996；Corbett，2000）。Benveniste（［1946］1966：235）已经针对印欧语的情况指出，人称代词的复数形式不是元素的加法或乘法，而是对人的"放大"（amplification），最终结果是表示集体。以 we 为例，we 所包含的对象彼此可能各不相同。Iljic（2001）将其概括为基于主体视角的组群。Benveniste（1971）指出，人称代词复数的主要功能是根据不同人称代词与其核心源头的关系，将若干实体编码为一个整体。这种复数形式根本上不是数标记而是集体标记。

"普通指人名词+们"。吕叔湘（［1954］2002：142—143）认为名词后的"们"不是复数标记而表集体意义，属于连类之词，与"们"类似的"曹、属、侪、辈、等"等也是标记集体的成分。Kaden（1964，转引自 Iljic，2001）指出，名词后是否出现"们"只和叙述者的选择有关。Iljic（1994）也持集体标记说。Rijkhoff（2002）认为普通话的"们"可将光杆名词（种类名词）转化为集合名词（转引自刘丹青编著，2017：336）。张谊生（2001）指出，普通指人名词和"们"搭配可以表示三种语义关系：群体义、连类义和交互义。其中，群体义是最普遍、最常用的语用义，指具有内在联系的不计确数的同类聚合关系。[①] 而普通指人名词和"们"搭配表示连类义的情况比较少见，且对语言环境有很强的依赖性。

张帆等（2017）将世界语言数范畴的演化动力分为数和立场两种。汉语的复数标记是在立场表达的驱动下产生的。他们通过考察上古汉语的"侪、曹、属、等"，元代的"每"和现代汉语的"们"，证实汉语复数标记在产生之初就显示较强的立场倾向性。相

[①] 张谊生（2001）也认为群体义并非复数，并给出了两个理由。第一，非强调群体的名词，即使是复数，也经常可以不加"们"。第二，名词逻辑上的单数或复数和使用"们"与否没有必然联系。

比数范畴标记，"们"更像（正）同盟立场范畴标记。[①] 陈振宇（2017：172）也指出，"名词+们"在语境中往往指示某一方，或相关个体的全部或大部。"们"不仅表示数量，更是人以群分、物以类同的立场划分。另外，一些普通指人名词加上"们"就获得面称语的功能，用于对一个集体的成员进行面称[②]，如例（1）。被面称的对象集体就在言谈现场，此时"们"自然是用于指称眼前的集体。而且这种情况下的"们"是强制的，因为光杆名词不可以用于面称一个集体（"先生、女士"等一般只可以面称个体）。

（1）乘客—乘客们　　来宾—来宾们

"专有名词+们"。张谊生（2001）认为其可以表示连类义和比况义。比况义指与专有名词具有类比或类推的同类聚合关系，连类义上文已有涉及，不再赘述。

我们认为，"们"的主要功能是指称实指的集体。与此同时，还寄生着不显赫的复数义，这是指称集体的副产品。吕叔湘（[1949]1984c）已经指出了这一复数义：指称集体时，对象数目必定多于"一"，造成"复数的感觉"。Wieger（1912：40，转引自 Iljic，2001）较早时已指出，"们"是不强制的复数，且它出现与否并不

[①] 汉语中的立场（stance）显赫性引起了一系列句法后果。立场研究兴起于21世纪初，所有研究基本都是言语功能指向的，其目的是理解真实世界中言者使用的语言的社会属性、语用属性。同时，立场不仅仅是语用属性，在长期的使用中还会发生词汇化、语法化，从而成为一种特定的语法项。与语法研究关系最大的是评价（evaluation）、位置（position）和同盟（alianment）的立场三角关系。其中，"位置"可将立场分为情感立场和认识立场，其中，情感立场是基于情感量度选择的位置（陈振宇，2017：391—393；孙佳莹、陈振宇，2021）。在考察世界语言的复数时，这是一个重要的作用因素。

[②] 汉语中，这种功能还可通过在名词前加"各位"实现。但"各位N"和"N们"对集体进行编码的视角是不同的。我们认为前者更强调分配性，后者更强调聚合性。

只与实体的数相关。跨语言地看,一些语言的集合用于指一种复数的构成,若干个体被视作一个凝聚的集合。例如复数后缀 A 附于"房屋"可能表达"村庄"的概念(集合),而后缀 B 则可能指任何一群房屋(非集合)[克里斯特尔(David Cristal)、沈家煊,2000:65]。Corbett(2000:104)提到,连类复数可能像现代希伯来语的双数一样,属于"少数的数"(minor number)。朱庆之(2014)则认为,汉语存在数范畴,但数范畴的表达选用类标记而非数标记,这与汉语作为典型孤立语的特点一致。

汉语中具有寄生性的不显赫的数并不独体现于"们"。Zhang(2013:136、144)认为普通话的量词也是一个数标记。量词重叠时可以表示不完善(defective)的复数,不重叠时可以表示单数义/个体性。① 单数和个体虽然分别属于数范畴和指称范畴,在语义上却密切相关。

Corbett(2000:114—116)已指出,尽管数范畴和关联范畴(associativity,也可视作一种集体范畴,其成员间的联系建立在彼此关联性的基础上。关联范畴和集体范畴都属于指称范畴,且与数范畴密切相关。②)的形式表现有明显的跨语言差异,但二者关系密切在集合和复数的理论概念引进前,一些研究并不区分汉语的集体和复数(可参朱庆之,2014 年的综述)。钱乃荣(1999)、刘丹青(2003:209)较早地尝试将吴语人称代词的"复数后缀"分为连类复数标记和真性复数标记,并指出连类复数不真正表示复数,而表示集体或者集合。盛益民(2013)则使用"关联标记"这一术语。③

---

① 但她同时指出,这并不是说汉语量词在任何情况下都是单数标记。只有在数词不出现的情况下,"量名"结构中的量词才是单数标记。
② 另外,与"关联"和"复数"的紧密联系相似,Corbett(2000:114—116)也指出,语言中的分配和复数是两个独立的范畴,但二者也并非毫无关联,而是密切相关的。一些语言中名词没有强制的复数屈折形态,此时分配标记可以通过蕴涵关系体现复数语义。
③ 认为吴语"拉"作准领属定语标记表达亲属关系的用法也是关联标记功能和复数标记功能的扩展。

综上，我们将"们"定性为集体范畴标记，属于指称标记。如上所述，关联范畴可视为集体范畴的一种，而且普通话表达关联义和集体义都用"们"。"们"兼表不显赫的复数意义，这是由指称范畴和数范畴、集体意义和复数意义的密切关系决定的。

我们还找到了几个辅证。

第一，普通话的二、三人称代词有虚指用法。如"你"跟前面动词的结合是高度熟语性的，且一般只跟"任、凭、随、饶"等相连（吕叔湘、江蓝生，1985：22）。"他"也有类似用法，如"今天一定要喝他个痛快"中的"他"并不指任何人。这种情况也见于汉语方言。上海话中有一个专用的复指代词"伊"，形式上和第三人称单数形式相同，却不是一般的人称代词。当话题是复数意义的非指人名词短语时，后面的复指成分仍是"伊"，不能改用复数的"伊拉"，如例（2）（徐烈炯、刘丹青，[1998] 2007：112）。

(2) a. 迭几只坏牙齿我一定要拔脱伊。
　　 b. *迭几只坏牙齿我一定要拔脱伊拉。

第二，"们"不与部分"非量名词"、集体名词和关系名词搭配，因为这些名词都与"们"的群体义有冲突。非量名词指不受数量概念修饰、限定的名词，如"个人、旁人、世人、官方、双方、浪子"等，与"们"的群体义不兼容；集体名词本身已经固化和凸显群体义，如"人类、人群、家人、门人、大众、公众"等，与"们"的群体义重复；关系名词显示相互的对等关系，如"亲家、本家、冤家、知音、伴侣、情侣"等，与"们"的群体义不兼容（可详参张谊生，2001）。其实关系名词与"们"同现的情况有些复杂。普通话有"夫妻们、情侣们、父母们"这样的形式，表示若干对夫妻、情侣、父母的集合，被计数的最小单位是二人小组。这也从另一个角度证实"们"表达的并非真正的数意义，因为英语的 spouses、couples、parents 都可以指"一对"而不必须指"多对"。

6.1.2 "们"：另类的个体指标记

我们认为，从另一个角度来说，"们"似乎也是对普通指人名词性成分进行离散化的手段，也可以视作汉语个体指范畴的标记。这种判断与"们"作为集体范畴标记的身份看似矛盾，但实质上是兼容的，可通过与个体指范畴最典型的标记——量词进行类比得以明确。

"们"标记人称代词、专有名词的个体性时与标记普通指人名词时的情况不同。人称代词[①]和专有名词所指的对象本身就是离散的。即便专有名词作属性用法表示特征，它的所指对象在语义层面仍具有离散性。因此"们"只是对其进行标记，而不进行其他句法操作。[②] 相反，普通指人名词需要接受离散化操作。"们"和量词一样，可以进行这种操作。

2.2.1 节已述，量词可以对普通名词进行离散化。"们"和量词的相同之处是都能对普通名词进行离散化操作，差异之处是对名词进行离散化的颗粒度和结果不同。

量词对名词进行离散化的颗粒度是清晰的，而"们"则是模糊的。在离散化前，无法推测"N们"离散的结果——一个集体的容量，只能根据语境加以明确，因为该集体包括的是语域内的全体成员，具体数目未知。总的来说，量词离散化操作的结果是一个个独立的计数单元，"们"离散化操作的结果是由个体（但无法明确每个个体）组成的集体。

Jackendoff（1991）以 [±有界] 和 [±内部结构] 两个特征，指出人类对名词内部结构的不同认知模式，见表14。

---

① 这里不包括人称代词虚指用法的情况。
② 李旭平（2021）认为"们"的作用是在名词表示的集合中挑选出最大复数个体，是最大化算子。它不构造复数个体，只标示复数个体。

表14　　　　　　　名词性短语的语义范畴（Jackendoff，1991）

特征值（feature value）	范畴（category）	例子（example）
［＋有界］，［－内部结构］	个体（individual）	a book, a pig
［＋有界］，［＋内部结构］	群组/集合（group）	a committee
［－有界］，［－内部结构］	物质（substance）	water
［－有界］，［＋内部结构］	聚合体（aggregate）	books, pigs（可数名词）

"们"对名词内部结构的认识是［＋有界］［＋内部结构］，量词对名词内部结构的认识是［＋有界］［－内部结构］。内部结构的明晰与否反映量化颗粒度的差异。量词对名词分解到了最小计数单元。"们"对名词的分解并不以最小计数单元为单位。有学者甚至认为，汉语名词最主要的区别不是可数—不可数，而是集体—不可数，如普通话的"书"和"马"都是集体名词而不是可数名词（Sackmann，2000）。

上述结论可以解释以下几种情况。

第一，量词对名词进行离散化的结果不要求实指性，因为它采用的尺度是匀质的，与语用因素关系较小；"们"进行离散化的结果要求实指性，因为它所采用的尺度明显受到语用因素的制约。

第二，"N们"不与数量结构同现。名词前有确定的数目后就不再加"们"[①]（吕叔湘、江蓝生，1985：68）。Iljic（1994）认为"们"是用于组合集体的集体标记，数量结构用于计数。组合和计数是机制冲突的操作，因此"们"不与数量结构同现。而我们认为，这正与"们"对名词的离散化操作有关。如上所述，这种离散化并不精确到个体，而以小容量集体为计数单位。[②] 与之类比，"们"对

[①] 吕先生也指出了一些例外，如"将一十七个先生每剃了头（元碑10）""原曾来不儿罕山围绕了三遭的那三百人每尽数殄灭了（元秘3.22）"，但例外似只现于对译蒙古语的文献，而不见于别的文献。

[②] Chierchia（转引自Krifka，1995）认为集体名词（collective NP）不允许其谓语指称其成员数量，这不同于"个体的总和"（sum individuals）。

名词的离散结果是以重新聚合的集体的形式出现的,集体成员的数量常无法或无须明确,大致可类比集体名词。王珏(2008)也指出,约数和名词的组合一般允许后加"们",并细致地列出了八种情形①,这也反映了"们"量化颗粒较粗的特点;由量词离散出的个体即便再次聚合成集体,集体成员的数量也可以明确。正因"N们"这一集体的成员数量无法得以明确,因此不与数量结构同现。

第三,"N们"虽不与数量结构同现,却可与"(一)些"同现,如例(3)。

(3) <u>一些同仁们</u>在考虑电视文化发展战略时,往往只考虑到它是否将对电影、戏剧、文学的发展有所妨碍。(《人民日报》1987年8月24日)

李亚非(2015)认为数量结构中与"们"冲突的不是量词而是表达精确数量的数词。而当量词是"些、群、组"时,"们"就可与之同现,表达含混数量(vague quantity)的复数。这也证明了我们的观点,因为"些、群、组"和"们"对名词进行离散化时有相似的颗粒度,且都粗于量词对名词进行个体离散化时的颗粒度。

储泽祥(2000)认为汉语的数量结构和"们"不能同现主要有三个原因:第一,数量词对其后的指人名词有个体化的要求,而"们"表示集体意义,二者冲突;第二,数量词表示确定的数量,而"指人名词+们"表示的数量是不定的,二者冲突;第三,数量词表

---

① "约数名"大致有八种情况:①∅+名,如"孩子们";②"的"字短语+名,如"大大小小的孩子们";③这/那+约数义量词+名,如"这/那些/群/帮/伙/部分孩子们";④全量词+名,如"全体/全部/所有/一切/每个/各位/诸位孩子们";⑤"多"类词语+名,如"很多/许多/众多孩子们";⑥约数词+名,如"大部分/少部分/大多数/少数孩子们";⑦一+约数义量词+名,如"一些/群/帮/伙孩子们";⑧约数词+名,如"几/五六个孩子们"。这八种情况后加"们"的可能性是逐渐降低的。

示新信息，"们"是表示已知信息的语用标记，二者冲突。这三个原因都有一定的解释力，却不能涵盖"N 们"可以与"（一）些"同现这一情况。具体来看，"些"对指人名词的个体化要求与"们"并不冲突；"些"表示的数量也是含糊不定的，与"们"并不冲突；"（一）些"不一定表示新信息，与"们"在已知性上不冲突。而使用我们提出的个体化操作的颗粒度概念，则能统一解决上述三个问题。

另外，"N 们"与量化成分的搭配情况也证明了我们的观点。

首先，"N 们"可以接受"所有（的）"的量化，尤其是在时空因素明确的情况中，如例（4）。

(4) 走进教室时，<u>所有的学生们</u>都只带着一份乐谱。（《人民日报》1995 年 5 月）

……也感谢现场的<u>所有的观众朋友们</u>。（CCL \ 当代 \ 口语 \ 对话 \ 李敖对话录）

第二，"大多数（的）"也常可以对"N 们"进行量化。

其中，例（5）a 的名词是"人"，此时"人们"其实更像一个复合词。b—e 则是"大多数（的）"用于"普通指人名词+们"的情形。

(5) a. 在中国，<u>大多数的人们</u>，都以农家生活为最高的理想。（《冰心全集》第三卷）

　　b. 奥纳西斯也借此成功地打入了欧洲上流社会，被<u>绝大多数的贵族们</u>所接受。（张剑《世界 100 位富豪发迹史》）

　　c. 关于高夫人的不幸消息，……，<u>大多数的将士们</u>都信以为真了。（姚雪垠《李自成》）

　　d. 只可惜<u>大多数的奴隶们</u>已经起来反抗，清皇朝终被推翻。（宋云彬《奴隶篇》）

e. 男青年们虽然也有上身夹克衫、下身牛仔裤的，但<u>大多数男人们</u>都是头缠头巾，身穿长袍。(《人民日报》1996 年 11 月)

李思旭（2010）指出，部分指（partitive）表达的是既定（确定）范围（集合）中的某一不定成员，虽然其本身不定指，但其所属集合确定，所以指别性程度介于定指和不定指之间。也因此，"大多数（的）"和"们"的使用环境兼容。

综上，"N 们"普遍接受"所有（的）"量化，基本允许"大多数（的）"量化，无法与数量结构同现，接受度序列如下：

所有（的）＞大多数（的）＞*数量结构

综上，"N 们"这一集体有如下特征：从内部看，组成集体的是离散、分明的个体；从外部看，在"N 们"完成集体组合后，不允许二次辨认其中的具体个体或提取真子集。

据此我们认为，"们"一定程度上也是汉语的个体指标记。其实，个体和集体本就不是对立的概念——集体由个体聚合而成，集体可以分解为个体。只是，与其说"们"标记的是个体，不如说它标记的是无法被明晰但又实际存在的个体聚合而成的集体。但这只是程度问题而非界限问题。无论如何，"们"毫无疑问地是一个指称标记而非数标记。

6.1.3 扩展讨论："们"与"（一）些"的表现与异同

普通话中常与"们"共同讨论的成分还有"（一）些、（一）点儿"等。本小节从"们"和"些"的对比入手，作一些扩展讨论。汪化云（2013）认为"些"与量词、数词都有相似之处，却又不能简单地归入量词和数词；又与"们"有不少相似之处，因此可以归入"表数助词"。但"（一）些"与"们"其实又有很明显的差异，如句法上,"些"绝不与人称代词同现,如:"*一些他们"。因此二者的对比讨论是有意义的。下面在梳理已有研究的基础上再作讨论。

吕叔湘等([1980]2013:580—582)认为"些"是量词,表示的是中性的复数①,不强调量的多少。李亚非(2015)称"些"为含混数量的复数。Iljic(1994)认为"些"不是量词而是提取标记(extraction marker/extractor),相当于量词前的数词,只不过普通数词的数目是确定的,而"些"的数目是不确定的。我们将 Iljic(1994)的讨论整理为表15。

表15　　　　　　　　Iljic(1994)对"些"的分析

这	三	本	书
reidentification 重新识别	extraction marker 提取标记	quantifiabilization 使可计量	notion 概念
这	几	本	书
reidentification 重新识别	extraction marker 提取标记	quantifiabilization 使可计量	notion 概念
这	些	(个)	书
reidentification 重新识别	extraction marker 提取标记	quantifiabilization 使可计量	notion 概念

不过,Iljic(1994)的分析可能存在问题。"*这三、*这几"和"这些"性质不同:"*这三、*这几"不是独立的句法成分,"这些"是独立的句法成分,因此不能认为"这三"和"这些"相同:"*这三"和"*这几"后必须加量词,"这些"后不允许加通

---

① 吕叔湘、江蓝生(1985:375—376)指出,"些"经历了语义中性化。最早表示不定的少量。实际使用时,有时特言其少,偏重"少";有时约言其少,偏重"不定",甚至约举其量,只及"不定"。现在只有在否定句(包括意在否定的疑问句)中或特殊的上下文中还保存着原来的"些少"的意思。

用量词"个"以外的量词。这与"些"的特殊性质有关：一方面，它可以像普通的量词一样提取计量单元；另一方面，它表达不确定的量，整体功能相当于一个数量结构，只是它所提供的"数词"和"量词"都仅有句法功能："量词"使名词具有可被计数的能力，但没有具体的语义信息；"数词"对个体化后的名词进行计数计量。在提取个体之后，又将这些个体组合为集体，这两个过程紧密编码在"些"这一形式之内，无法分离。

Tsai（2003）认为"一些 NP"的本质功能是表集体，可指集体中各个成员，如例（6）a 表示集体中的各个个体互相批评；也可指整个集体，如例（6）b 指两个集体（而不是两个集体内部）的学生彼此批评。

(6) 这（一）些学生彼此批评。
这（一）些学生和那（一）些学生彼此批评。

可见，普通话的"（一）些"是集体标记。但是，虽然"（一）些"与"们"都是集体标记，但也存在两点差异。

第一，"（一）些"和"们"所组成的集体的确定性不同。"（一）些"组成的集体包括的是假定的一系列成员，而"们"组成的集体成员确定，是从已知的一系列成员中提取出一些，并重新建构成一个集体。"（一）些"组成的集体是非现实的、潜在的，由"们"组成的集体是现实的、存在的，即"（一）些"不表达实指性，"们"表达实指性。Iljic（1994）指出，"们"预设了至少存在两个对象，构成的集合是明确的、实指的。这也相当有力地解释了为什么"（一）些"不与人称代词搭配。

第二，"（一）些"和"们"的具体操作方式不同。"（一）些"是单纯的数量操作，从确定数目的实体中抽出一部分，用于提取的范围可以是一类抽象对象，也可以是一个定指集合，如例（7）；"们"的操作则需要确定一个中心位置，也就是集体中的核心成员。

由"们"操作形成的集体成员地位有主次之别。这尤其集中地反映在"专有名词+们"的情况,表示的是"……等人"(张谊生,2001等)。

(7) 王启正看到学校里<u>一些学生</u>不学好,热衷于玩电子游戏。(《人民日报》2000年)

总的来说,"(一)些"是偏数范畴的操作,"们"是较典型的指称范畴的操作。因此"们"可用于确定语境中的主体对象,或表达感情效果,如同情(sympathy)等(Kaden,1964),或体现言者的主观视角和判断(Iljic,1994),如例(8)。

(8) 太阳再热,也热不过<u>战士们</u>的心去。(CCL\当代\应用文\词典\倒序现汉词典.txt)

这也解释了为什么"们"无法与非拟人化的非生命名词同现[①],拟人化后就可以。因为拟人化名词也可加入"同情"因素。

同时,由于"们"有特殊的表达效果,因此名词后的"们"虽然总体上是不强制的,却也不是任意的(Iljic,1994)。这种非任意性与其语用效果密切相关。张谊生(2001)也指出,"们"的使用既自由又必然。从句法结构和语义关系的角度看,"们"的使用往往具有相当的任意性;从特定的语境和语用需要看,又常常具有一定的必然性。"们"的表达功用主要取决于其附着的对象和所处的语境,其表达方式不但要受到其所附名词的性质和义类的制约,还要受到特定的语用因素的限制。

综上,"<u>一些</u>N"和"N<u>们</u>"的基本区别是:"(一)些"组成的集体是非现实的、潜在的,"们"组成的集体是现实的、已知的。

[①] 真正的复数标记是可以加在非生命名词后的,如英语的 law-laws。

6.2 "人称代词+们"的搭配及其对"们"的影响

"们"在现代汉语中的许多句法表现和语义解读，如不能与表示确定数目的数量词搭配、不能与非拟人化的非生命名词搭配、通常要求在语域中获得明确的实指解读（对所组成的集体成员有实指性要求）等，与其最早出现的句法位置有关。一些学者也注意到了这一历时因素的重要影响，我们将在已有研究基础上，从汉语史角度对6.1节论述的"们"的句法语义特征作出解释。

6.2.1 汉语复数标记的语法化历程及"们"最早出现的句法位置

陈振宇（2017：417—424）讨论了汉语复数标记的历史演变过程。世界语言的复数标记有两种不同的类型，一种是同质复数，一种是连类而及。复数标记对不同类型的名词性成分的作用大致沿生命度等级分布。但汉语只有后一种机制，因为汉语的"复数"天生与"立场"有关，而且是从连类而及的复数类型语法化而来的。商周时期，第一人称代词"我"和"吾"基本上是单复数混用的，此后作为单数使用的比例才逐渐升高。同时，一般仅指单数的"余（予）"衰落。春秋时期代词复数标记开始出现在"吾"后。而且，早期的复数只用于对话体而不用于叙述体，只用于第一人称，基本上是包括听者在内的（只有特殊情况下是排除听者的）。陈著明确地表示这些标记的实质不是表示复数，而是反映言者、听者和他者之间的"同盟关系"。

徐丹（2009、2010）指出，汉语的复数表达发生了从"前加形式"到"后加形式"的转变。上古时期，复数形式以前加形式（如"众、群、诸"等）为主。汉代以来，受佛经翻译的影响，后加形式逐渐增多，从"余、属、辈、曹、等、侪"到"每、满、们"等。前加形式反映上古汉语的特征，语序的调整则具有类型学意义：VO语序的语言需要量词在名词前，如有类似复数标记的成分，则应位于名词后。

吕叔湘（[1949]1984c）①认为"们"从魏晋时期的"辈"发展为唐代的"弭（弥）"和"伟"，再发展为宋代的"懑（瞒、门）"，最后定型为"们"。且"弭（弥）"和"伟"与"们"的早期形式"懑"有语源上的关系："疑当'懑''每'诸字未立之时，有沿用'辈'字表此m-之习惯"。早期的"辈"字可以用在人称代词之后，也可以用在指人名词之后，句法分布和"们"几乎完全一致。梅祖麟（1986）基本支持"们"源于"辈"②的说法，持相同观点的还有冯春田（2000）等（相关综述可另见梁银峰，2012；朱庆之，2014）。朱庆之（2014）主要以语音演变规律支持了"辈"字说。相比之下，"侪、曹、属"的搭配范围要窄一些，句法分布上受限更多；"等"字又更宽一些，还可附加在指物的名词之后。

梁银峰（2012）认为"们"的前身是表示类属意义的实义词（组），因此现代汉语的"们"只能在指人名词或人称代词之后（实际上，除了"余"，后起的复数形式都是由事物的类别词发展而来的，可参徐丹，2010等）；"们"表示类别，因此不能与表示个体和确定数目的数量词搭配。朱庆之（2014）使用香港中文大学《汉达文库》考察先秦两汉文献里"们"（及其同类成分"侪、等、曹、属"等）在人称代词、专有名词和普通名词后的情况，发现早期"们"及同类成分基本都出现在人称代词后，少数情况下出现在专有名词后，基本不出现在普通名词后。出现在普通名词后是相当后来的情况。另可参张帆等（2017）。

---

① 原文于1949年完成，后收录在1955年结集出版的论文集中，这里参考的是1984年的增订版。
② 梅祖麟先生认为"弭（弥）、伟"发展为"们"是受到阿尔泰语的影响（朱庆之，2014）。

"们"的原始句法位置决定了"人称代词+们"的指称解读和"们"的功能。

6.2.2 人称代词对"们"指称功能的具体影响

6.2.2.1 人类对名词内部结构的认知：离散—非离散

Chierchia（2015）认为，"复数"是根据认知离散性（即可数和不可数）对名词进行的分类。只有具有认知离散性的指称对象能在词层面区分单复数。汉语普通名词在语法范畴层面没有离散和非离散的区别，都是非离散的，需要由量词进行离散化操作。而人称代词、专有名词的指称对象天然地具有认知离散性（人称代词是直指指称语，只用于指称对象；专有名词有属性、指称用法之别，见4.2节），与普通指人名词存在明显差异。[①]

上节已述，汉语史研究证明"们"最早出现在人称代词这一天然具有认知离散性的成分之后。这种指称特点逐渐转移到"们"上，这也可解释"们"在人称代词和普通名词后的不同表现：尽管"们"能够表达不显赫的数意义，主要表达的仍是名词指称对象的属性。

6.2.2.2 "人称代词+们"的搭配及其影响

"们"最早出现在人称代词后，这一初始句法环境影响了"们"的性质。

第一，"们"对所附名词性成分的离散性有要求。人称代词这一指人名词性成分具有最典型的离散性（Corbett，2000：116）。

第二，第一、二人称代词有现场直指性，这种直指性保留下来，发展为"N们"的实指性。

[①] Longobardi（1994）从句法角度说明人称代词、专名与普通名词的差异。跨语言观察显示，普通名词可用于类指，人称代词不可用于类指。专名在大多数有标记的情况下，用法可同于普通名词而不同于人称代词。如，I met a (certain) Mary，或 I visited the (two) Marys yesterday，Mary 不能替换为 she，否则句子不合法。

第三，在第三人称代词和指示代词基本完全分化后，"们"就只能用于指人名词，而不用于其他生命名词和非生命名词（除非用于拟人语境）。一个证据是：在第三人称代词尚未与指示词分化时，语料中也见"这们"和"那们"，分别表示"这些人"和"那些人"，实际上等于"他们"，如吕叔湘、江蓝生（1985：66）所举的例子：

（9）曾想他劣缺名目，向这懑眉尖眼角上存住。（刘知远10）

第四，"们"表达同盟或立场关系。除上文所引述的 Iljic（2001）等的相关观点外，李旭平（2021）也指出，人称代词复数形式中的"们"作用于一个隐性论元，即"会话参与者"，并从中选取出与语境相关的复数个体，三身代词的区别就在于这些会话参与者是否包含言者或听者作为相应的复数个体的一部分。这一结论是从语义角度出发的，而在语用层面上，这与立场或同盟关系密切相关。

另外还有一个间接的跨语言证据支持我们将"们"的表现与其来源挂钩。Iljic（2001）指出，汉语"们"出现在人称代词后的形式较为规则，在名词后的情况较不规则。但印欧语的情况恰恰相反：名词的复数形式一般都得到了充分语法化，因此会成系统地出现；人称代词缺少规则的单复数差异，尤其是第一、二人称。这说明"们"的情况不是人类的语言普遍表现，而是一定程度上反映了汉语的个性。

汉语史研究证明"们"最早出现在人称代词后，而人称代词具有天然的离散性和高生命度。我们认为，人称代词的这些特征逐渐转移到"们"上，成为"们"的语义解读和功能的一部分。同时，人称代词尤其是第一、二人称代词的复数实际上属于集体范畴（指称范畴）而不是数范畴。汉语史的证据支持了6.1节的结论："们"是指称标记而非数标记。它作为指称标记这一身份的确立与最早出现于人称代词之后密切相关。

6.3 方言中类似"们"的成分

复数标记的表现有明显的跨方言差异。本节主要关注方言中与"们"功能相似但又有差异的成分，围绕其与人称代词搭配时的指称解读，与普通话"人称代词+们"的情况对比并分析差异的成因。

6.3.1 加在人称代词后的标记

对"人称代词+复数标记"的讨论是相对最丰富的，主要包括以下几个方面。

第一，"人称代词+复数标记"不同的形态表现。

"人称代词+复数标记"可能有多种不同的形态表现。例如，山西方言人称代词单复数的转化有附加、合音、变调、异根四种方法。这四种方法可以独立使用或并行、叠加使用（史秀菊，2010）。复数标记与人称代词的合音、叠加等形态广泛见于汉语各方言。盛益民（2013）指出吴语的复数标记"拉"[la]在第一、二人称（自成音节的鼻音形式）后发生鼻音化，被同化为[na]或[ŋa]。莆仙方言中，三身代词的复数形式为："我厝（阮）[①]、汝厝（恁）、伊厝（伲）"，另外在城关话中也有以"辈"作为复数标记的。"阮、恁、伲"则可能是"我侬、汝侬、伊侬"的合音（蔡国妹，2016：150—151）。山西左权方言人称代词的复数标记有"都"和"都们"两种，"都们"是复数标记的叠加（白云、石琦，2014）。

第二，复数标记搭配不同人称代词时的形态化程度不同。

仍以吴语复数标记"拉"为例，这种合音（内部屈折）现象存在不同人称代词之间的不平衡：有的人称代词已经合音，有的人称代词尚未合音，如上海话的第二、三人称代词"复数"分别为

---

① 这是第一人称排除式的情况，第一人称包括式是"伯"，此略去。

[na]和[ɦi la]，前者已经合音，后者尚未合音（盛益民，2013）；瑞安话的三身人称都已合音，分别是：我[ŋ]→我拉[ŋa]，你[n̠i]→你拉[n̠ia]；他[gi]→渠拉[gia]。山西平遥方言第一人称代词复数形式最为复杂，常允许附加、合音、变调、异根等手段叠加使用，而第三人称最为简单，以单纯附加形式为多（史秀菊，2010）。左权方言则是第三人称复数形式更常用"人家都/人家都们"，与第一、二人称的"都/都们"有差异（白云、石琦，2014）。

第三，存在单复数同形的情况和"叠床架屋"的复数形式。

豫北的一些方言中，三身代词"俺、恁、昂"均可以表示单数或复数。但事实上，专门表示复数意义时，人称代词后一般还需要加上"俩、几个、这些、一群"等标记，其中的"俩、几个"等可能已经形态化了，属于发展中的复数标记。安徽岳西方言的复数标记"几个"，能构成"数+量+N+几个"的特殊形式（吴剑锋，2016）。

(10) 俺（我）哥叫俺回家哩。
俺（我们）俩都不想去啦。
俺（我们）几个都不朝你啦。
(11) 恁（你）哥是干啥哩？
恁（你们）几个都去吧。
恁（你们）这些同志真好。
(12) 昂（他）家可有啦。
昂（他们）一群人可中。

另外，"俺、恁、昂"还可后加"都"①，构成人称代词复数形

---

① 吴语中也有"都"这一复数标记。作复数词尾时，"都"的语音弱化。有些方言声母的发音强度还会发生弱化，变作 d-、l-（潘悟云，2010）。只是与官话中的"都"不同，一般不用于叠床架屋的构造方式。

式(袁蕾,2007:184—185)。

第四,不同人称代词搭配"复数标记"时的语义类型不同。

"第一人称代词+复数标记"基本很少用于真性复数(我1+我2+我3+……+我n),而只能用于连类复数。第二、三人称代词则既能用于真性复数也能用于连类复数。Moravcsik(1994,转引自Corbett,2000,Iljic,2001)甚至认为第一、二人称代词的复数也都是连类复数。各语言对两种复数语义的编码形式也存在差异。Corbett(2000)发现,匈牙利语第一、二人称复数使用异根式,第三人称复数则使用常规的复数标记。一些北方方言有"我们俩"和"我俩"(也有"你俩、他俩"等)的区别。"我们俩"可以还原为"我们两个",但"我俩"中的"俩"不能还原为"两个","我俩"等是融合中的双数代词,已经不是自由组合(刘丹青编著,[2008]2017:372)。

不同人称代词搭配复数标记时的语义类型差异一定程度上体现语用因素的制约,主要是三身代词的语用地位有差异。由第一、二人称作为"坐标中心"加上集体/复数标记所聚合成的集体更能体现言者的主观态度。科姆里(Bernard Comrie,1989)指出,第一、二人称位于生命度等级序列之首,第三人称在显著性上不如第一、二人称。"显著性"是指引起人们把一个情景中出现的某些行为作为注意中心而加以关注的特性,与生命度等级密切相关。第一、二人称代词成为连类复数的语义坐标中心的能力强于第三人称。J. Lyons(1977)、张敏(1998)、林素娥(2006)等都指出三身代词在交际中的重要程度是不平衡的:第一、二人称代词比第三人称重要。因为第一、二人称是交谈的直接参与者,而第三人称不具有交际的直接性或当场性,可以"缺席"或由其他成分充当。例如,由远指代词代指第三人称具有跨语言的普遍性。使用"他"时需要有"先词",否则所指不明确,而"我"和"你"不需要先词(王力,1985:198)。另外,第三人称的数或性范畴区分也不如非第三人称细致。

第五，搭配除人称代词外的指人名词的能力不同。

有些方言的复数标记只用于人称代词，如汪化云（2011）讨论的多音节复数标记省略构成单音节复数标记的情况，主要见于东南方言的人称代词后。又，涟源方言中的人称代词复数词尾"阿"不能加在普通的指人名词后（陈晖，1999：257）。而有些方言允许复数标记加在动物甚至非生命物体后，如西南官话的"些"（张一舟等，2001：43）。武邑方言的"们"几乎可以用于所有类型的体词性成分：名词（包括指人名词和指物名词，甚至一些抽象事物名词）、人称代词、指示代词、不定代词甚至数量结构。还可以由复数意义转化为表程度高，如用在确切的时间点后，强调时间已晚的意思（张晓静、陈泽平，2015）。

6.3.2 瑞安话的"□"

本节讨论瑞安话的实例："佾"。首先根据"佾"出现的其他句法位置和语义解读为"佾"定性。再将"佾"与"们"进行对比，分析差异的成因及其反映的方言类型特点。

事实上，受限于人称代词的直指指称语身份，瑞安话"人称代词+佾"可能与普通话"人称代词+们"区别不大。但在普通指人名词、指人专有名词之后，"N佾"的指称特征就有较显著的差异。这可能源于"们"和"佾"的语源差异以及最初出现的句法位置的不同。6.2节讨论了"们"的语源及其初始句法位置对功能的影响。"佾"一般认为是不定量词，是南部吴语中典型的数量型复数标记（盛益民，2013）。"佾"的初始句法位置固已难考证，但从共时分布来看，"佾"与"们"也有较大差异。

"佾"主要出现在以下几种句法环境。

第一，在指示词"居/许"后，语义与"（一）些"接近，记为"佾1"，如：

（13）居佾1学生（这些学生）　许佾1学生（那些学生）

第二，在指人名词后，记为"俫2"。"人称代词 + 俫2"的搭配见表 16。

表 16　　　　　　　　　　人称代词 + "俫 2"

	第一人称		第二人称	第三人称
单人	我［ů¹³］		你［n̠i¹³］	渠［gi³¹］
多人	排除式	包括式	你俫 2［n̠i¹³ lei⁰］	渠俫 2［gi³¹ lei⁰］
	我俫 2［ů¹³ lei⁰］	自俫 2［ẓŋ²² lei⁰］		

"俫 2"在指人名词和专有名词后只表示某人及与之具有连类性和关联性的一群人，如：

（14）老师俫 2（老师们或老师他们一帮人）
　　　老张俫 2（老张他们一群人）

普通话的"专有名词 + 们"和"专有名词 + 他们"有些区别，如"张三们"和"张三他们"虽然都指与张三有连类性和关联性的一群人，前者更注重性质关联，更富有语用色彩，如表嘲讽或制造幽默效果，如例（15）所示。

（15）唉，要是我早出生两年就好了！定律什么的，都叫<u>牛顿瓦特们</u>给发明完了。

瑞安话的"张三俫 2"和"张三渠俫 2"则没有上述区别，基本可以无条件替换，只指"张三他们一群人"，相当于普通话的"张三们"而非"张三他们"，表示对象的集合，而不是性质关联。

综上，瑞安话"俫 1"和"俫 2"可以大致与普通话"些"和"们"类比，但又不完全相同。

普通话"些"和"们"有时可同现,这是因为"们"虽然和表示个体性的数量成分不兼容,但和表示群体性的数量成分兼容。我们找到了"些"和"N们"同现的实际语料。

(16)<u>这些</u>赳赳<u>武夫们</u>生性就爱逞强斗胜。(刘斯奋《白门柳》)

<u>这些孩子们</u>在一起时经常攀比谁穿的……(《从普通女孩到银行家》)

女儿从<u>这些家长们</u>的哭声中就能够体会到,孩子们的死给他们的父母和亲朋好友带来了多么难以平复的伤痛。(同上)

全世界建筑学界都知道了<u>这些中国同行们</u>艰苦卓绝的努力……(张清平《林徽因》)

使它在众多股票中显得非常独特,也成为<u>那些资本玩家们</u>最乐意染指的企业。(吴晓波《激荡三十年——中国企业史1978—2008》)

但瑞安话的"倈1"和"倈2"不兼容,不允许同现,如:

(17) a. 居倈碎细儿(这些孩子) b. 碎细儿倈(孩子们)

c. *居倈1碎细儿倈2(这些孩子们)

d. *一倈1碎细儿倈2(一些孩子们)

这可能是因为"倈1"和"倈2"都是实指性的集体标记。而且"倈1"无法前加数词"一",显示"倈1"不能对非实指性的集体进行提取,如例(17)d。

再看"倈2"与人称代词外的名词性成分搭配的情况。上文已述,普通话的"N们"必定是实指的,而不必须是定指的,如例

(18) 的"孩子们"和"家长们"就不一定是定指的。

(18) 乔纳森·斯威夫特的《格列佛游记》是孩子们很爱看的一本书。(CCL \ 当代 \ CWAC \ ALT0049.txt)
孩子的教育是家长们最为关注的一个问题。

瑞安话中,"N 侎2"不用于例(18)的情况。

普通话表类指的光杆名词 N 和"N 们"的所指对象有重合的可能。因为"N 们"的外延其实是一个最大的集体,囊括了特定类别中的所有成员。陈玉洁(2017a)强调了"指称类型"与"所指对象范围"的区别,普通话"N 们"的所指对象可以是该类别的全体成员;瑞安话"N 侎2"所指的只能是该类别所有成员的真子集,不允许与该类别的全体成员重合。这进一步说明"侎2"是比"们"更严格的集体标记,如(普通话例自陈玉洁,2017a,瑞安话例为对应自拟):

(19) a. <普>小学生应该受到特别保护。(类指——全体成员)
　　b. <瑞>小学生应该受到特别保护。(类指——全体成员)
(20) a. <普>小学生们应该受到特别保护。(集体——全体成员)
　　b. <瑞>小学生侎应该受到特别保护。[集体——部分成员]

例(20)b 中的"小学生侎"明显是语域中全体成员的真子集,而不是世上的所有小学生。

另外,瑞安话的"N 侎2"不接受全称量化,如:

(21) *所有学生俫下走来罢。(所有学生们都来了。)

综上所述,瑞安话"俫1、俫2"是功能相似但有分工的两个标记。"俫1"是作用于指示词的指称标记,有时用于类指,有时用于集体/聚合体,但总的来说,多用于特征类而少用于个体类、集体。语义上,"俫1"对所依附成分(除指示词外,有时也后附于概数词"几")及所指对象的生命度、离散性没有强制要求。句法上,由于瑞安话指示词不独用,也不直接与名词组合,"俫1"是指示词与名词搭配时的中介。Iljic(1994)认为普通话"些"是提取标记,相当于数量结构。"提取"隐含从大范围对象"提取"小范围子集的意思,是"从大到小"的过程。我们认为"俫1"也有一定的提取功能,因此它所标记的集体有类的子集("次类")的意味。对离散个体来说,提取构成的是一个集体;对非离散个体来说,提取构成的是一个有界的、非无限延伸的聚合体。因此,针对离散个体的"俫1"更有意模糊个体,对名词进行更粗颗粒度的离散化,提取出成员个体数量不明确的集体或总量不明确的聚合体。"俫"还有其他三种与数量密切相关的功能。

第一,用于修饰性成分表程度,也常用于差比语义,如:

(22) 好俫1 [好(一)些]   多俫1 [多(一)些]

第二,与概数词"几"组合成新的概数词"几俫1",可对离散对象提问,如例(23);也可对非离散对象(包括对认知上非离散的对象进行句法离散后的情况)提问,如例(24)。

(23) a. 你有几俫1书?(你有多少书?)
    b. 你有几俫1本书?(你有多少本书?)
(24) a. 一日喝几俫1水?(一天喝多少水?)
    b. 一日喝几俫1杯水?(一天喝多少杯水?)

第三，有表主观小量的形式"俫1ᵣ [leŋ⁻⁴²]"，源于与"儿" [ŋ³¹] 的合音。

"俫2"是比"俫1"更典型的集体标记，主要作用于指人名词性成分，构成关联性集体，隐含离散个体聚合成一个较大集合的过程，是真正的个体集合。

类似地，安福方言中，人称代词或指人名词可以加复数标记"物"（雷东平、胡丽珍，2007）。温美姬（2012）认为吉安横江话中同一成分的本字应是"和"，同时也认为"和"在普通名词后可以表示类别。而从文中例句来看，其所指其实并非类别，而是实指集合，如：

(25) 细伢哩和到个边来。（小孩子们到这边来。）
    大人和去外边打工去哩。（大人们去外面打工了。）

同时，陈振宇（2017：435）认为，汉语中包括西南官话的"些"在内的多个复数标记其实都是立场标记。以"些"为例。首先，它不与数量成分同现。其次，它有强主观义，如用于言者对事物的评价，或表明自己的言说方式以与听者构建正同盟关系，或用于极强的自负性称呼。因此他认为，"些"以及北方方言中受其他民族语言影响的"指物名词+们"①，还有其他方言中一些不应是受到外族语影响的复数标记（如桃源话的"岸"②）等都不是真正意义上的复数标记，而应该与立场的表达有关。我们认为，这正显示语用因素及立场/同盟因素对汉语整体句法面貌的塑造。

---

① 他认为这种"指物名词+们"仍然有整体性的特征，不能用于判断句，如"*这是猪们"。

② "岸"甚至可以加在动宾词组后表示事件的复数（陈蒲清，1983）。

6.4 本章小结

本章认为，普通话"们"是集体标记而不是复数标记。"们"的功能形成受其语源和最初句法位置（人称代词后）影响。一定程度上，"们"也是汉语个体范畴的标记。因为个体和集体不是对立概念，集体由个体聚合而成，有共同的语义基础。

量词是汉语个体指范畴的典型标记，"们"是不典型标记。更准确地说，与其说它标记的是个体，倒不如说它标记的是无法被明晰但实际存在的个体聚合而成的集体。因此，"们"的作用更是语用性的。Iljic（2001）指出，Kaden对"们"研究的最大贡献是指出名词后的"们"具有"群组效应"。语境中是否真实存在具体的群组并不重要，因为群组效应并不强制以群组的客观存在为基础。Kaden的一个重要结论是[①]，名词后出现"们"的理由都不是客观的，而是和叙述者的选择有关。这明显体现了"们"的语用性。

跨汉语方言来看，方言中的复数标记虽有不同表现，但总的来说都体现了群组效应，实质上是不成熟的实指范畴标记。

---

① 尽管他后来认为自己的这一结论是不准确的。

第 7 章

人称代词作领有者的定语领属结构及寄生其中的指称功能

本章讨论人称代词作领有者的领属结构以及领属结构上寄生的指称功能（主要表现在领属标记对整个领属结构指称属性的影响）。"寄生"概念来自刘丹青（2018b）等提出的寄生范畴，指某范畴的语法手段因使用中有某种语义条件限制，使该范畴同时带上该条件代表的另一种语义范畴，可详参 1.3.1 节。

普通话仅有单一的领属标记，由泛用定语标记"的"充当。"的"的隐现能在一定程度上体现不同的指称解读。张敏（1998：338）指出，普通话"领有者+的+被领有者"既可有指也可无指。作有指解读时既可表单数也可表"复数"（多于一个个体），如"我的妹妹"既可指唯一的妹妹或特定的某个妹妹，也可指几个妹妹。"领有者+被领有者"则只表单数，"我妹妹"一定是确定的某个妹妹。

有些方言有不止一个领属标记。除泛用定语标记、指量结构兼任领属标记等具有跨方言普遍性的情况外，还有一些具有方言特色的、专门或较专门的领属标记，如吴语中由"家"义处所词和泛义处所词发展来的领属标记、中原官话商水方言（可参陈玉洁，2017b）的"家"等，专用于标记特定的领属语义小类，同时可能寄生某些指称语义。这可能构成了一种隐性范畴，是"语法库藏和语义范畴的非直接对应"（刘丹青，2018b）。这种非直接对应也见于其他语言。就以指称范畴为例，俄语定指范畴没有在语法上直接实现的条件，但有些名词可以通过宾格和部分格（以领格形式出现）之对立，体现无指和有指的对立（Nesset，1999，转引自刘丹青，2018b）。这与本章讨论的现象有相似之处。

为讨论方便，我们将领有者（Possessor）记为 Pr，被领有者（Possessed）记为 Pd。人称代词和其他名词性成分作领有者的情况存在差异，由于本书以代词为对象，因此本章主要讨论人称代词作领有者的情况。

7.1 节根据汉语的普遍情况区分领属语义的几种小类。需要说明，作为语义概念的领属在形式上可分为定语领属和谓语领属（刘丹青，2013a），陈振宇（2017：456）另将"张三，房子很大"这样的形式称为外部领属。我们关心的是定语领属。7.2 节讨论具体方言中的领属结构各自无标匹配的领属语义，以及可能存在的有标匹配的情况，讨论其中寄生的指称范畴。

7.1 领属关系的不同类型

世界语言中，领属语义至少有三种具有普遍性的类型：亲属关系、整体-部分关系（以身体部位关系为原型）和财产领有关系（Koptjevskaja-Tamm，2002，转引自陈振宇，2017：459）。汉语的情况更为复杂。陈玉洁（2008）给出的核心名词私有化程度成为本章讨论这一问题的重要索引：器官、身体部位＞一般名词＞亲属称谓＞一般称谓＞家庭、单位等集体名词。根据核心名词私有化程度等级及表达相关语义时 Pr 与 Pd 的具体语义关系，可以将汉语的领属语义分成如下四类（陈玉洁，课堂讲义和私人交流）。

第一，控制/占有。领有者控制、占有被领有者是最典型的领属关系。Pd 可以是不可让渡的器官、身体部位，如：头、手等，也可以是可让渡的一般名词，如"桌子、电脑"等。

第二，社会关系。Pd 是表达社会关系的名词。社会关系包括亲属关系与一般社会关系。

第三，所属关系。Pd 是集体名词，Pr 是隶属 Pd 的成员，如"学校、单位"等。

第四，立场。领属结构表达立场、态度而非领属关系。[①] Pd 通常是专有名词。

需要注意的是，亲属关系和一般社会关系亲疏有别，具体语言/方言中很可能使用不同的形式表示，因此在讨论中对二者加以区分。这些语义都有各自的原型 Pd，与陈玉洁（2008）的等级序列基本匹配。我们以图 6 表示领属语义和核心名词私有化程度的匹配关系。[②]

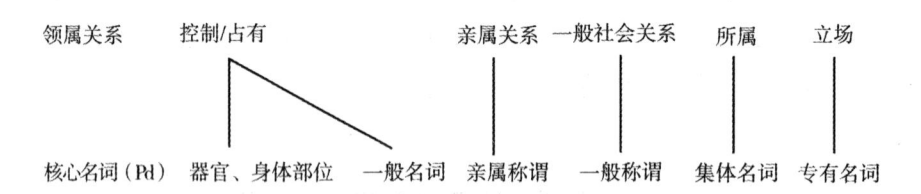

图 6　领属语义与核心名词私有化程度的匹配关系

[①] 陈振宇、叶婧婷（2014）指出，最典型的领属结构从强调领属关系发展到强调属者和领者之间的社会紧密（位置）关系是逐渐演化的过程。先经由空间领属关系这一中间阶段发展到人际空间紧密关系，再发展到更为纯粹地表示同盟关系的话题空间。

[②] 图 6 中，"专有名词"并非独立条目，而意在强调一般社会关系的称谓词和集体名词中的专有名词部分。因为"立场"对应的核心名词必须是专有名词。例如，"我们张校长"表达言者的立场，"我们校长"说明一种社会关系。二者的语义功能也不同，前者可以只表达关系，不一定是指称用法，但后者必须用于指称，甚至必须是定指的。如"不是谁都能当我们校长"和"*不是谁都能当我们张校长"。

7.2 方言中的领属结构：实指范畴的寄生宿主

如上所述，具体语言/方言中，不同的领属语义可能有不同的表达形式，主要表现为领属标记的差异。其中，三种最常见的领属标记是泛用领属标记（常常也是该语言/方言的泛用定语标记或关系从句标记）、量词、指示词。此外，也有 Pr 和 Pd 直接并置的形式（零形式），但这是相对有标记的（陈振宇，2017：457）。除此之外，一些方言中还有特殊的领属标记，如"家"义成分，可能与上述三种形式的功能产生交叉，呈现出更为细致的分工。我们发现，不同领属标记的功能区别往往与其他范畴的寄生密切相关，如实指范畴，本节将讨论这一情况。

瑞安话主要有四种领属结构：以"个"为标记的结构、以"拉"为标记的结构、Pr 与 Pd 直接并置的结构、指量结构/定指量词兼作领属标记的结构（可详参吴越，2019b）。

"个"[gi^0] 作领属标记，最常用于表达控制/占有语义。Pd 一般是器官、身体部位或私人物品。领属结构表达式为"Pr + 个 + Pd"，Pr 可以指单个个体，也可以是多个个体。

（1）我个眼睛（我的眼睛）、你个手（你的手）、渠个嘴（他的嘴巴）

我俫个眼睛（我们的眼睛）、你俫个手（你们的手）、渠俫个嘴（他们的嘴巴）

我个书（我的书）、你个书包（你的书包）、渠个车（他的车）

我俫个书（我们的书）、你俫个书包（你们的书包）、渠俫个车（他们的车）

总的来看，"Pr + 个 + Pd"结构没有固定指称解读：可以是定指的，也可以是不定指的；可以是特指的，也可以是非特指的，甚至可以是无指的。

"拉"作领属标记（源自瑞安话的"家"义处所词①）时，表达的原型语义是亲属关系。最无标记的 Pd 是亲属称谓，也可以是社会/集体名词，整个领属结构表达一般社会关系、所属关系或立场意义。②

Pr 和 Pd 直接并置，表达一般社会关系、所属关系与立场语义。Pd 一般只能是关系名词或集体/社会名词（表立场时须是专有名词），如：

（2）一般社会关系：你俫老师（你们老师）、渠俫同学（他们同学）
（3）所属关系：你俫单位（你们单位）
（4）立场：你俫小王（你们小王，无亲属关系）、我俫杭师大（我们杭师大）

若 Pd 为私有物品，就需在人称代词和 Pd 之间强制使用领属标记"个"，如例（5）。

---

① 盛益民（2013）指出，吴语的"拉"有"家"义处所词和"家"义连类标记用法。北部吴语的"拉"还可进一步表示与某人关联的一群人，即作泛用关联标记。瑞安话"拉"不用于泛用连类而只用于"家"义连类。泛用连类是由"俫"表示的（详见第 6 章）。即，瑞安话"拉"的功能相对北部吴语较为有限："家"义几乎完整地保留，既没有发展为泛用处所词，也没有发展为泛用连类标记。

② 这种无标匹配亲属关系的领属结构也用于表达一般社会关系是容易理解的。唐正大（2014）指出，社会关系领属往往是亲属领属的隐喻与投射。所属关系和立场意义等距离"拉"标记的原型语义——亲属关系相对较远，属于有标记的情况，有语用效果。

（5）a. *你俫书包（你们书包）
　　　b. 你俫个书包（你们的书包）

之所以认为这种结构是 Pr 和 Pd 直接并置而不是"俫"兼作领属标记，理由有二。首先，"俫"可自由出现在一般指人名词后作关联（集体）标记（详见 6.3.2 节"俫2"）。但"一般指人名词 + 俫"无法充当"Pr + Pd"并置结构的 Pr，须另加领属标记"个"，如例（6）。这说明"俫"与 Pr 的关系密切，并不是独立的领属语标记。

（6）a. *老师俫同学（老师们同学）
　　　b. 老师俫个同学（老师们的同学）

其次，在"Pr + Pd"并置结构中，Pr 必须是多个个体，如例（7）a，Pr 指"他"和与之相关的一群人，但这群人并不一定真实存在。用 Copeland 和 Davis（1983）、Lambrecht（1988）提出的［±意识］和［±指认］等参数来看，这群人可能只作为背景反映在听说双方的概念中，不一定能够被确实地辨认出来；例（7）b 的 Pr 一般解读为单个个体，显示"拉"和"渠"之间界限分明，"拉"具备独立领属语标记的性质。

（7）a. 渠俫同学（他们同学）　　b. 渠拉同学（他的同学）

综上，"Pr + Pd"并置结构对领有者实指性的要求低于"Pr + 拉 + Pd"对领有者实指性的要求。此外，"Pr + Pd"并置结构与"Pr + 拉 + Pd"在指称同一对象时，也会产生语用效果的不同。如上所述，这种差异的存在仍然是由"拉"对"家"义的高度保留造成的。

各类领属结构都有各自无标匹配的领属语义（见图 6，此不赘）。但相应地，当某种领属语义由非无标匹配的领属结构表达（主要表现在领属标记的不同）时，至少有以下两个驱动因素：第一，特定的语用效果；第二，特定的指称属性。本节详细讨论第二点。

瑞安话中，"个"标记最原型的控制/占有关系，Pd 一般是器官、身体部位及可让渡的一般名词。"拉"标记的原型领属关系是亲属关系。但"个"作领属标记可强调 Pr 和 Pd 的关系，Pd 可以是亲属名词或一般指人名词，如：

（8）渠算是<u>我个孃孃</u>。（她算是我的姑妈。）
　　张老师是<u>我个老师</u>，不是<u>渠个老师</u>。（张老师是我的老师，不是他的老师。）

冀州话中，无指①的"Pr + 底 + Pd"结构的功能之一也是揭示并凸显被陈述对象与领有者之间的关系。此时，整个结构作"是"的表语，是无指的，Pd 也是无指的（白鸽，2013）。

瑞安话中，以"拉"为标记的领属结构也可用于突出强调 Pr 和 Pd 的关系，这类"Pr + 拉 + Pd"也是无指的，因此 Pd 也只能是光杆名词，不可加连类/复数标记"俫"，如例（9）。

（9）张三搭李四是<u>我拉阿哥</u>。（张三和李四是我哥哥。）
　　*张三搭李四是<u>我拉阿哥俫</u>。（*张三和李四是我的哥哥们。）

另外，这类强调关系的情况中，血缘亲疏也是影响因素之一：随着血缘的疏远，以"个"为领属标记的接受度逐渐提高。当 Pd 为

---

① 白鸽（2013）的原文称为非指称性，本书统一称为"无指"。

核心血亲时，即使强调关系也较少以"个"作标记，如例（10）；当 Pd 为非核心血亲时［如"阿大儿（叔叔）"］，"拉、个"均可，如例（11）。

(10) 你讲个老张就是<u>我拉阿伯</u>。（你说的老张就是我爸。）
　　 ?你讲个老张就是<u>我个阿伯</u>。
(11) 你讲个老张就是<u>我拉/个阿大儿</u>。（你说的老张就是我叔叔。）

另外，如上所引张敏（1998：338）的例子，普通话"Pr + 的 + Pd"可有指也可无指：无指例如"谁也不敢做他的老师"；有指时可表示单个或多个个体，如"我的妹妹"既可指唯一的妹妹或特定的某个妹妹，也可指几个妹妹。而"Pr + Pd"只能表确定的单数，如"我妹妹"一定明确指某一个妹妹。瑞安话中，这种指称差异是由不同的领属结构实现的，如例（12），a、b 两句中，"我拉阿妹"是真实存在的对象，因此可加集体标记"侅"；c、d 两句强调关系，"我个阿妹"不一定是实指的。同理，例（13）a 句中"我的女朋友"不是确定的对象，b 句中"我拉女朋友"是确定的对象。

(12) a. <u>我拉阿妹</u>险灵。（我的妹妹很聪明。）
　　 b. <u>我拉阿妹</u>侅下险灵。（我的妹妹都很聪明。）
　　 c. <u>我个阿妹</u>险灵。（我的妹妹很聪明。）
　　 d. *<u>我个阿妹</u>侅（下）险灵。
(13) a. <u>我个女朋友</u>不一定着几能生好。（我的女朋友不一定要长得多漂亮。）
　　 b. *<u>我拉女朋友</u>不一定着几能生好。

以不同领属标记区分领属结构实指性的现象还见于其他方言。如商水方言中（陈玉洁，2017b），以"家"为标记的领属结构指称特定的一个或多个个体对象，不兼容类指意义。以"里"为标记的领属结构可以容纳类指性谓语（"多、少"等），反映由"家"标记的领属结构具有实指性。这显示"家"已与"里"形成明显分工，构成了个体—类指、实指—非实指的对立。

7.3 本章小结

Aikhenvald（2000：32）考察世界语言的名词编码方式，指出某些语言的领属结构中有一种分类词（classifiers in possessive constructions），可标记领有者和被领有者之间的关系特征，或被领有者自身的某些特征。①

一些研究认为普通话领属标记"的"使用与否可能反映可让渡领属与不可让渡领属的区别。Haiman（1985）指出，不可让渡领属关系中领有者和被领有者的概念距离小于可让渡领属关系，且很多语言中都有类似表现。这标记的是领属关系本身的特征，大致可认为是 Aikhenvald（2000）说的第一种情况。

而在本章讨论的瑞安话、商水话中，不同领属标记可能反映整个领属结构以及被领有者的指称解读差异，标记的是被领有名词的特征，类似 Aikhenvald（2000）说的第二种情况。

刘丹青（2018b）指出，很多语义范畴在语法库藏中有专用的形态或虚词等表达手段，成为特定语种的入库语法范畴。这些库藏手段在使用时可能受到一些条件制约（这些条件可能涉及音系、韵律、形态句法等不同层面）。当语法范畴受语义条件制约时，该语义便入库成为寄生范畴。寄生范畴并不是作为其宿主的入库范畴的内在要素。只是当宿主范畴比较显赫时，寄生范畴可能在某些条件下被激

---

① 很少有标记领有者特征的情况。因为原型的领有者一般是有生命体或者人类，没有太复杂的特征。

活,成为入库手段兼表的语义内容,与宿主范畴并存。

瑞安、商水等方言中,寄生于领属结构的指称范畴反映了母语者对实指范畴更高度的感知,反映了实指概念范畴化的跨方言差异。这种实指性编码也可推及其他关系化结构。关中永寿话中,只用"的"作关系化标记的关系从句结构不能指称具体对象,没有实指解读,而只有类指解读。如果需要实指解读,就要在关系从句和核心名词之间加"这、兀、那个"等指示成分充当关系化标记。另外,永寿话中带有体意义的趋向补语"下"也是关系化标记之一。"下"与专职的关系化标记"的"在标记时的解读不同。如例(14)所示,a、b两例尽管都是不定指形式,用"下"的一般多指具体对象,为实指;用"的"的一般指不存在或不明确必然存在的对象(唐正大,2008)。

(14) a. 张木匠做下桌子　b. 张木匠做的桌子

刘丹青(2018b)特别指出,寄生范畴常常是冗余信息,尤其在形态型语言中常常表现为锦上添花。但当没有其他手段表示该范畴时,寄生范畴就可能变隐性为显性,实际起到范畴表征的功能,成为雪中送炭的手段。这种现象在汉语这样没有严格意义上的形态的语言中尤其值得关注。

实指范畴是汉语中的一个重要范畴。上述例子都与关系化标记有关,除了关系化标记,汉语的量词可能也与实指范畴编码有关。例如,刘丹青编著([2008]2017:291)认为广州话量词标记的不是定指范畴而是实指范畴。例如,"我今日下昼要去买书"和"我今日下昼要去买本/啲书"分别对应于"我今天下午要去买书"和"我今天下午去买了书了"。加了量词的"书"是实指的,不加量词的"书"只能是非实指的。这可能与量词显赫型方言中量词功能的不同扩展类型有关。

此外,刘丹青(2015)指出,话题特别显赫的汉语方言中,话题可以突破对高指称性（定指和类指）的限制，可以由不定指的实指成分充当。这一现象首先反映了话题优先性对低指称性的容忍度，同时也反映了话题优先型方言可能对实指范畴有更多关注。

第 8 章

其他指人的代词及其指称解读

"人家"和"某"分别是汉语史上重要的别称代词和不定代词，均可用于指人。王力（1985：205）认为"人、人家、别人、大家"及"某、等"等古汉语的遗留成分都是现代汉语中的不定代词，因为"它们所替代的人物是颇模糊的"。后来的研究显示"人家"所替代的人物并不都是模糊的。但正如王力先生所观察，二者都是三身代词之外可用于指人的代词。

尽管句法表现和语义解读已有不同，二者仍然活跃在现代汉语中。在普通话及各汉语方言中，"人家"类成分的基本功能都是指代他人，在多数方言中也有指代自己的功能，具体的功能格局则各有差异，同时各自有了进一步发展。本章尝试探讨其反映的方言类型差异。"某"虽已不是不定代词，但保留了实指的不定指义，这一语义特征在其发展过程中也起到了重要作用，本章也将具体讨论。

8.1 "人家"及其功能发展

吕叔湘等（[1980] 2013：463—464）指出，"人家"有两种含义：一是以"家"为核心的偏正短语；二是以"人"为核心的"词根 + 词缀"的附加式词，"人家"等于"人"或"别人"。太田辰夫

（［1987］2003：111）也取这一观点。上古汉语中原本只有"人"用于他称。宋元时期"人家"的使用逐渐增加，为"人"分担了这一功能。薛国红、马贝加（2007）也认为"人家"在唐代时由偏正短语凝固为名词，意为"他人家的人"或"他人"，在元代发展为旁指代词。

吕叔湘、江蓝生（1985：90—92）指出，人称代词"人家"有三种含义：①泛指"别人"；②转指别人里头的一个，可以等同于"他"；③用"人家"代"我"，要婉转俏皮些。太田辰夫（［1987］2003：111）也取这一分类。俞理明（1999）根据指称对象的不同，将专门指称人的代词分为三身代词和话题人物代词。后者又分为指称话题中心人物的（以己称的"自己"为代表）、指称非话题中心人物的（以旁称的"别人"为代表）以及遍指的话题人物代词（以统称的"大家"为代表）。而"人家"却是一个具有上述三个功能的"话题人物代词"。

对"人家"，已有研究如王冬梅（1997）、方梅（1998）、邵敬敏（2003）等已经从句法和语义角度进行过较为全面的讨论。本章在已有研究基础上，在本书框架中分析其指称功能。

8.1.1 "人家"的不同用法及其指称解读

"人家"可以独用，也可以作名词性成分的同位语，下面依次考察这两种情况中"人家"的指称解读。王冬梅（1997）和方梅（1998）等根据吕叔湘（1990）指出的指代词的三种作用：指示、区别、替代，将"人家"的作用与这三种情况对应起来。邵敬敏（2003）则提出"人家"的指代功能是混合的，根据"人家"在上下文中是否出现具体的所指对象，以及所指对象是否与"人家"结合紧密、语义同指，将"人家"的指代功能分为：①区别和替代；②指示和替代；③指示和区别。我们将后一标准单独拎出来，在"人家"独用和非独用两种句法环境中分别考察其指称解读。

"人家"独用时，既可以指自己，也可以指他人（太田辰夫，

1987［2003］:111）。指称自己的"人家"自然是定指的，指"我本人"这个个体。

(1) 你若表示拒绝或反感，他还会感到奇怪、委曲、甚至忿忿然："<u>人家</u>是关心你嘛!"（1994年报刊精选）

指称他人的"人家"则可分两种情况。

一种具有区别性。用作区别的"人家"所在话语中往往有一个对举的"我（我们）、你（你们）、咱们（我和你）、他"等。这类"人家"可能是定指的，需要语用环境赋予明确的条件限制；可能是不定指的，指除了话题中心之外的其他任何人。这与谓语的属性、所在句子的整体语义有关。这类"人家"可能用于个体的集合，也可能用于类指。邵敬敏（2003）认为这与"人家"排除话语参照人的功能有关：确定参照人再予以排除，剩下的就是"人家"指代的对象。

另一种不具有区别性，而只有替代作用。此时"人家"是定指的，方梅（1998）列出以下四种情况。

第一，"人家"回指前面的先行词。这是上文赋予的定指解读，如例（2）。在与客观世界的对应上，"人家"是非实指的，但在上下文中，这一语言形式却是定指解读。

(2) 就你还想找个北京姑娘，你看得上<u>人家</u>，<u>人家</u>不一定看得上你。

第二，"人家"前面没有先行词，所指对象在"人家"之后，即"人家"后指。如今这种情况似乎相对较为少见（可详参邵敬敏，2003）。韩蕾（2003）指出，"人家"在语篇中可以前指也可以后指，但在短语中只能后指。

第三，"人家"前后都不出现所指对象，但这一对象存在于言谈现场，也就是当前指。

第四，"人家"的所指对象在言谈中、谈话现场中都没有出现，但能够通过背景知识或逻辑关系推断。方梅（1998）认为此时言者认为这个人在言谈中不重要。但我们认为这可能更多的是因为"不便说"，而不一定是"不必说"。因为"人家"所指的对象往往具有较高的威权性。① 如例（3）、（4）（例自方梅，1998）中的"人家"都具有认知上的威权，在言者的心中处于高位，或至少不处于低位，不应被批评、责怪或亏待。

(3) "您这儿的茉莉花茶怎么跟别处不一样？"
"您甭急，不一样怎么着？"
"您这儿的一级比不上<u>人家</u>的二级。"

(4) "<u>人家</u>两口子多好哇！""不恨<u>人家</u>了又？""恨<u>人家</u>干什么我。"

"人家"也可以作定指名词性成分的同位语。此时，"人家"一般是定指的个体指解读，因为它的所指对象已经由同位语明确。作为同位语的名词性成分可以是专有名词，如例（5），此时，"人家"可以去掉而不改变意思，它的功能是强调"专指"（邵敬敏，2003）；也可以是指人名词，一种情况是指定指的个体，往往需要上文语境或言谈现场提供的信息，如例（6）回指的是上文出现过的"来买苹果的两个小姑娘"；另一种情况是指类，如例（7），具体解读与搭配的谓语有关，但多少有从典型个体到一类人的转喻意味。

---

① "威权性"（entitlement）是唐正大（2019）较早引入汉语研究的概念，指言者通过不同的示证标记表达话语中的权威地位，即通过宣示"对于经验和消息的所有权"来获得话语中的权力。汉语方言中，威权性可能有不同的表现。例如，关中方言通过第三人称代词的分工表达威权性。关中方言有"兀、他、伢"三个第三人称代词。其中，"伢"的威权性最高，也常在话语中用于虚拟的高威权者指称，表示言者对其威权的承认或建立。

例(8)中，a句的"老外"显然用于类指，而b句的"老外"回指的是上文的"老外学生"。

(5) 可是今天靴子来他心里别扭，还贼着<u>人家小玥</u>呐，你再款大也瞎掰。(魏润身①《挠攘》)

(6) 卖主趁机嘲笑道："一个大男人没<u>人家小姑娘</u>爽气！不就是多吃个苹果吗？"(《市场报》1994年)

(7) 就你这样，你还让<u>人家小说评论家</u>来评论你。(叶广芩《走进深山的格格作家》)

(8) a. <u>人家老外</u>现在正过圣诞节呢，得到1月才能开始上课。(六六《蜗居》)

　　b. 她最近开始教老外学生，有外快了。到<u>人家老外</u>家里，总不能穿得太寒酸。(同上)

此时"人家"只能出现在名词性成分前面而不能是后面，用于指示和区别，不用于替代，已经是一个指示形容词(指示限定词)性的成分。而在北京话中，这类"人家"有了更进一步的发展。

8.1.2　北京话的省略式"人"及其指示形容词化

北京话中，"人家"有时可以省略为"人"(方梅，1998；陈满华，2007)，如例(9)、(10)。例(2)的第二个"人家"也可以省略为"人"。

(9) <u>人</u>都那样了，你别为难他了。
　　 你快把东西给<u>人</u>送回去吧。

(10) <u>人</u>牛大姐是怕你失足，……，怎么连好赖话都听不出来了？(《编辑部的故事》)

---

① 北京籍作家。

你别怪<u>人</u>老外了，他们没听懂。

这样一来，北京话中就有两个功能不同的"人"，方梅（1998）分别记作"人1"和"人2"。前者与"己"相对，自古就有。后者则是相对晚近才有的现象，即例（9）、（10）所示的情况。但"人2"作为一个后起的新形式，使用频率不断上升。这里讨论"人2"，以下仍记作"人"。

根据陈满华（2007）的问卷统计结果，北京话的"人家"在用于泛指、他指、自指的时候都可省略"家"。泛指是无特定地指除了言谈双方以外的其他人，约等于"别人"；他指是指称言者和听者以外的已知对象，约等于"他"或"他们"；自指是指称言者自己，约等于"我"。相较之下，自指的"人家"省略为"人"的认可度最低。泛指、他指的"人家"在充当主语和非句末位置宾语时的省略以及直接出现在名词性成分前（不带"的"）的省略最为自然。

表17　北京话中代词"人家"省略为"人"的情况（转录自陈满华，2007）

	泛指	他指	自指
主语	○	○	×
宾语（非句末）	○	○	×
宾语（句末）	×	×	×
定语（带标记"的"）	×	×	×
定语（不带标记"的"）	○	○	×

主语、非句末宾语位置上的"人"是又指又代的，相当于"他/她"，也可以回指前文的任何专有名词或普通指人名词，如例（9）。刘丹青编著（[2008]2017：382）认为，此时"人"可以替代假设情景中任何可能出现而说话时不存在的人，相当于"非实指的不定代词"。尽管"人"仅限于指人类成员，功能受限，但仍具有一定的名词性。但它又确实不能重读，与普通名词已有区别。

方梅（1998）认为，定语位置上的"人"有明确的指示功能。我们也认为这种用法的"人"可以认为是纯指示性的成分，如例（10），类似于只指不代的那类"这、那"，但又有不同。

第一，定语位置上的"人"的中心语可以是专有名词或普通指人名词，"这、那"的指示对象则不限于人。但二者的共同点是中心语不能是人称代词，这可能与指示词和人称代词的语义共同点有关。但"这、那"不能指"这儿、那儿""这里、那里""这会儿、那会儿"等本身有指示词参与的成分，而"人"可以，如（例自方梅，1998）：

(11) 下午三点，国子监，说了不见不散的。<u>人那边儿</u>，可诚心诚意。

第二，定语位置上的"人"没有"这、那"的距离指示义，可视作只有中性指示义的指示词（可参看陈玉洁，2011）。吕叔湘（1990）认为"这、那"用作指示要伴随其他的身势手段，但"人家"可以不伴随手势、眼神等非语言形式，"人"也是如此。这类中性指示的"人"还有不同的语用功能，有时可用于回指上文已经出现过的对象，有时甚至可以指不在言谈现场和上下文中出现，而仅存在于言谈双方背景知识中的对象，即用于认同指。如例（9）的"人都那样了，你别为难他了"，言者可能是在有上文场景的情况下这么说的，也可能是将其作为话题链的开端，由听者从背景知识中辨认所指对象，即用于认同指。这与"人家"的表现是相同的。

第三，"人"表示所指对象具有较高的威权性。这一点和"人家"相同。而"这、那"不标记威权性，尤其是"那"，更常表示较远的心理距离和负面、消极的情绪。

第四，白鸽等（2012）考察发现，这种简省而来的"人"已经发生了附缀化。例如，在非对比强调的情况下，"人"在各句法位置上一般都是轻读的，不独自构成一个韵律单位。

第五,"人"不能接受话题化操作和焦点化操作,如例(12)(例自白鸽等,2012)。正是因为"人"发生了附缀化,就不再允许这些句法操作。①

(12) 你可没法跟小张比。人家啊/*人啊,美国留过学。
(13) a. 人/人家/我/他冒雨给你买的饭。
    b. 是*人/人家/我/他冒雨给你买的饭。

当然,"人"作为指示词的功能较为受限,只能指人。总的来看,"人"可以视作专用于指人的指示形容词。

方梅(1998)认为,"人家"省略为"人"主要是由于"家"的信息量缩小。早期,"人家"和"人"有所指对象范围的差异:需要专指一个确定、定指的对象时,应用"人家";指与某个特定对象相对的其他所有人时,可以用"人"。后来,这一功能的"人"逐渐被"别人"取代,因此"人"和"人家"的功能对立就消失了,"人家"也就有了省略"家"的余地。

可以说,北京话的他称代词经历了如下变化("人1"和"人2"的记法请看本小节开头的说明):

"人1"→"人1"和"人家"共存→"人家"和"人2"共存

这一变化可能与北京话作为典型的指示词显赫型方言有关。在合适的条件下,更容易推动符合条件的成分发展为指示词,甚至是只指不代的指示形容词。

---

① 北京话的"这啊"或"那啊"允许话题化操作,这是因为它们是既指又代的成分,而"人"是只指不代的成分,二者性质不同。

8.1.3 方言中的"人家"类成分

方言中还有一些"人家"类成分。不同方言中,"人家"类成分在他称系统中的地位和角色可能各有不同。

现代吴语中,"侬(人)"在一些情况下可以用于自指。陈忠敏、潘悟云(1999:2—3)指出,吴语早期的第一人称代词为"侬"①。"侬"是一个底层词,最初意义为"人"。陶寰、史濛辉(2016)对"侬"也持类似观点。邵慧君(2004)则认为"侬"作第一人称代词的身份可斟酌,因为代词多从通称引申而来。"侬"实际上是通称,而在一定的语言环境里用于专称,不一定是真正的第一人称代词。陈振宇(2017:443)指出这是通指意义机制的作用,指命题不是适用于某一特定的个体,而是适用于普遍的、不定指或泛指的一类事物。不定代词正是这一普遍性的意义进一步固化而成的形式。

从现代温州方言来看,例(14)的"侬"多用于自称,可以理解为"我"或"我和我们一群人",也可以指其他相关的人。现代吴语中的"侬"仍指"人",与北京话中与"己"相对的"人"相似。

(14) <u>侬</u>丐你吓死爻罢。(人被你吓死了。)

《温州方言词典》(游汝杰、杨乾明,1998:314)中没有独立

---

① "侬"在当代吴语中常用作第二人称,如上海、宁波等方言。陈忠敏、潘悟云(1999)认为第二人称的"侬"是"汝、侬"的合音,但邵慧君(2004)提出应该是"尔侬(你侬)"的合音。

的"人"或"侬"词条①，但记录了如下两个词条，由此我们认为"人"也可用作"人的"，或可引申为"身体"。

(15)【人貌】=〖貌〗人的容貌；姿色。
　　【人坯】①人的身材；个子。②人的品格；道德。

而瑞安话的"别侬（别人）"② 有时可以指自己，其用法与普通话的"人家"类似，略带埋怨或不满的口气，且使用者亦多为女性，如：

(16) <u>别侬</u>不想走也恁讲！（都说了我不想去了。）

同时，由于瑞安话的"侬"功能相对受限，又没有类似"人家"这样的他称代词，"别侬"的功能便扩大了，可以表示泛指的人们，如例（17）表达的是人群中流行的说法，普通话中这种情况一般少用"别人"，而更常用"人家"（可参陈振宁，2017）。

---

① 值得说明的是，温州话的"人"（日母真韵字）有文白异读，文读音 [zaŋ³¹] 的记录和使用较为清晰，白读音却存在问题。《温州方言词典》将"人"的白读音记为 [naŋ³¹]。这可能是误将"侬/农"的白读记作"人"的白读。理据有三。第一，据潘悟云、陈忠敏（1995）、邵慧君（2004）等，"侬"的本字为"农"。《庄子·让王》："石户之农。"成玄英疏："今江南唤人曰农。""侬/农"是冬韵泥母字，南方各地读音不同，但一般文读为 [noŋ]，白读为 [naŋ]。第二，虽然真韵舌齿音字在今温州话中多无 i-介音，读为 [aŋ]，只有"巾、银、因、姻、寅"五个牙喉音字有 i-介音。但同时，日母的"饶"[ȵio] 和"瓤"[ȵiɛ] 都保留了实际的 i-介音。这是因为 ȵ 声母容易带出 i-介音，也解释了部分日母字与其他舌齿声母的不同发展。第三，在吴语其他方言中，"人"有明确的文白异读，多为 z-ȵ 格局，如宁波、上海等方言。综上，我们认为，温州话"人"的白读实应为 [ȵiaŋ³¹]，常见于对已婚妇女的称呼"老人客"（常作蔑称）。

② 汉语史上，"别人"大约始于唐代，在此之前，这一语义是由"他"或"他人"表达的（太田辰夫，1987 [2003]：111）。

(17) 怪不得别侬讲儿是冤，因是债。（怪不得别人说儿是冤，女儿是债。）

无论是"人家"还是"别人"，用指别人的词指称自己可能是一种语用性的表达策略，尤其有力地给听者构建了一个将自己排除在外的框架，使自己排除在听者的干涉范围之外（可参白晓光、姚灯镇，2010）。

闽语中，"侬"可以指自己，也可以指他人，甚至可以在同一个句子中出现。如例（18），且第一个"侬"既可以指别人，也可以指自己（但前后的"侬"需要同指）。福州话的"侬"也可以与第一人称代词同现，如例（19）（李如龙，2007：67）。

(18) <闽南、福州>侬唔去，硬安侬去。（人家不去，硬要我去。）

(19) <福州>侬我唔去勿会使啊？（人家我不去不行吗？）

闽语"侬"的使用范围大于吴语。这可能是因为吴语有"别"类成分分化了"侬"的功能，如"别侬（别人）"也像"侬"一样可以指自己。而闽南话中，"别侬"绝不指称自己。

丹阳（蔡国璐，1995：186）、建瓯（李如龙、潘渭水，1998：231）、徐州（苏晓青、吕永卫，1996：323）、万荣（吴建生、赵宏因，1997：187）、乌鲁木齐（周磊，1995：320）、南昌（熊正辉，1995：199）、扬州（王世华、黄继林，1996：275）等地，也都用"人"来表示这种"人家"。上海则是用"别人家"（许宝华、陶寰，1997：335）。

泰和方言中，"人家"与自称的"自家"相对，只指别人，如（戴耀晶，2017：349）：

(20) 自家个事吚要指望人家去做。（自己的事不要指望别人做。)

你禾有你禾个想法,<u>人家</u>有<u>人家</u>个打算。(你们有你们的想法,别人有别人的打算。)

南京话中,"人家"也只能指自己或别人以外的人,不能指自己(刘丹青,1995b:269)。黎川(颜森,1995:156)、长沙(鲍厚星等,1998:209)、萍乡(魏钢强,1998:383)也是如此。

涟源方言的"人家"一般指他人,同样与"自家"相对待,且能与"别个"互换,如例(21)。作名词的同位语时,也能指示一个明确的定指对象,如(22)(例自陈晖,1999:258)。

(21)听么子路莫只图自家,也要想下唧<u>人家/别个</u>。(不管什么事,别只顾自己,也要考虑考虑人家/别人。)

(22)<u>人家/别个</u>娟子每次考试下是一百分。(人家娟子每次考试都是一百分。)

有时"人家"也可以加在第三人称代词"佢"后,但一般有不满或责备义(陈晖,1999:258)。湘语中的这种"人家"可能与"别个"一样,有类似强调标记的用法(可参周敏莉、李小军,2018)。

(23)卬叫佢莫去,佢<u>人家</u>不信卬咕啊。(我叫他别去,他不信我的啊。)

隆回湘语的"别个"和"自己"相对,指自己以外的旁人;可以作主语,指言者自己;可以用在人名等专有名词前,指称他人(丁加勇,2019:23)。

(24)你自己着唔去,还要<u>别个</u>去。(你自己都不去,还要别人去。)
　　　　别个找急死哩,你还在那里笑。(人家着急死了,你还在笑。)
　　　　你看别个芳芳哪嘎很呢!(你看人家芳芳多乖呀!)

西南官话中,"人家"可以指别人,可以是定指的某个对象,也可以是除自己之外的所有人,如自贡方言(王浩,2016):

(25) 人家话还没说完你就闹,你咋个那么冲嘛!
　　　　你还不信嗦?人家硬是得了第一名。(你还不相信呀?人家确实得了第一名。)
　　　　早一点去,不要让人家等。
　　　　人家好好的地方捡不到,人家毛病你样样捡到了。

"人家"可能是较文的说法,更土俗的表达是"别个"。以成都话为例(梁德曼、黄尚军,1998:154),见例(26)。贵阳话也是如此(汪平,1994:251)①,此不展开。

(26) 别个说的你就听进去了,我说的你咋个听不进去呢?
　　　　别个好不容易才给你买倒这本书,你还不要。

广州话的"人家"义代词是"人哋",构造方式是"名词+复数标记"。"人哋"可以指自己,也可以指他人,他人可以是定指的,也可以是不定指的,如(詹伯慧主编,2002:70):

---

① 西南官话和湘语情况接近。其实二者本就关系密切。湘语几乎被西南官话包围,较为强势的西南官话在各个层面都对湘语产生了影响,而湘语也对西南官话产生了相应的反作用(罗昕如,2006:257—267)。

(27) 人哋唔中意，你奈我唔何？（我不喜欢，你拿我没办法。）

人哋走嗮喇。（别的人都走光了。）

你唔讲畀人哋听，人哋点知呢？（你不告诉别人，别人怎会知道呢？）

蒙城①方言中，"人家"可以指别人，此时可以和"旁人"互换。但"旁人"只能用于不定指的情况，而"人家"既可以是定指的也可以是不定指的。只有在用于定指时，"人家"和"旁人"才能互换（胡利华编，2011：188）。

(28) 人家说的话，你别搁心来。

"人家"也可以指"外人"，如例(29)，可能与中原官话中发达的"家"义后缀有关。②

(29) 有啥事就讲吧，这又不是人家。

有时"人家"也可省略为"人"，如"人咋说，你咋说"。这正是北京话由"人家"简省而来的"人"的区别用法，但其具体功能与北京话相比则是有限的。

西宁用"人家们"指"旁人"（张成材，1994：186），如：

(30) 月亮月亮光光，赵家湾里上香。人家们上的长香，我们上的短香。（儿歌）

---

① 蒙城县隶属安徽省亳州市。蒙城方言属于中原官话。
② 黄河南段中原官话地区第三人称代词"他"的复数标记多为变音型及带后缀"家"型，或两型兼有。另外，这一特征也见于晋语区上党片（侯精一，2012）。

山西方言"人家"义代词多出现合音或省略，而其合音式、省略式多由泛指变成了专指，汾阳、宁武、代县、交城、晋城等地的"人家"义代词已经演变为第三人称代词（武玉芳，2016）。"人家"义代词还可以与三身代词（单复数均有）连用。山西北区的方言多是三身代词在前，"人家"义代词在后；北区方言之外的其他方言多是"人家"义代词在前，三身代词在后。交界地区则两者兼有。"人家"义代词与三身代词连用时的语义基本相同，只是语用意义各有不同。

类似地，西北方言中，兰州（唐正大，2005）以及富平、三原、高陵（孙立新，2010：4）、平凉、靖远、天水、定西、会宁、张掖、宕昌等（雒鹏，2016）也有"人家"的合音现象。兰州等地的方言中，"人家"作代词时一般不能指自己，只能指别人或自己以外的某个人、某些人，与"他/他们"相近（张文轩、莫超，2009：313）。"人家"义代词也有与"谁"连用的情况，如内蒙古丰镇话（周利芳，2004）、陕西凤翔话（张永哲，2015）等。

西北方言中的第三人称代词"伢"可能还表达高威权性，所在句的言谈参与者都不能挑战"伢"的权威。汉语代词的指称义受到各种因素（如同盟、威权等）的影响，可能发生指称义的游移和精细化，形成细密的内部分工，并在事件逻辑层面、认识情态层面和道德评价层面有复杂的表现（唐正大，2019）。

总的来看，各方言中"人家"类成分的功能基本可归纳为上述三种。有的方言中，"人家"的功能齐全，而有的方言中，"人家"只有其中一部分功能。这与具体方言中他称系统的整体作用有关。

当"人家"独用时，指称自己的"人家"指称定指的个体，相当于"我"；指称除言谈双方以外其他人的，则可能是定指的，也可能是不定指的。与自己产生明确对比的个体对象是定指的，与自己产生广泛对比的对象则是类指的。

8.1.4 小结

方言中，类似"人家"的成分有四种表现，一是北京话中的他称代词"人家"及其简省形式"人"，目前正处在发展过程中，在语篇中可能用于回指或认同用，这一定程度上反映了北京话的指示词显赫性对人称代词系统的影响。除北京话及少数官话外，汉语方言中"人家"类的成分都没有出现省略为"人"的情况（吴、闽语中的"侬"不是省略而来的）；二是吴语中的"侬"，共时地看，它的功能和普通话的"人家"相似，但发展机制是从类指到个体指的转喻，"侬"并没有北京话"人"的进一步功能，单就用于他称的功能而言是较为受限的；三是西北方言的"人家"，有着各种面貌的合音，并与第三人称代词"他"产生语用分工。一些方言中，"人家"的合音形式"伢"有了向人称代词强调标记的发展，尤其是洪洞方言的"哪"几乎已经变成了人称代词的前缀（周敏莉、李小军，2018）；四是西南官话和部分湘语中的"别个"，可能部分地发展出话语强调标记的用法（周敏莉、李小军，2018）。

"别个"和"伢"都可以与指人名词、专有名词、第三人称代词并置，且语序较为自由。"伢"还可以与疑问词搭配，此时疑问词一般都不是疑问用法，而是任指解读。这类"伢"是指人成分的强调标记，复指同现的名词性成分，指称意义随同现的名词性成分变化。除任指解读的疑问词"谁"等成分之外，基本上所指的都是定指的个体。"人家"和"人"则能与指人名词、专有名词同现，只能位于名词性成分之前。吴、闽语的"侬"则不与任何名词性成分搭配。总的来看，在经济性原则的作用下，当两个同指的成分并置时，至少其中一个的功能会产生分化。无论是北京话的"人"发展为指示形容词，还是"伢"和"别个"发展为各类强调标记都是如此。可见，成分并置是上述发展的重要句法条件。而吴语中的"侬"不与其他成分并置，没有进一步的发展。因此它更有可能与系统中的其他成分，如"别"系的他称代词产生分工。

8.2 "某"及其功能发展

8.2.1 汉语史上的"某"

汉语史学界对"某"的性质和功能一直有争论，论题多集中于"某"是指示代词还是人称代词。如周法高（［1959］1990：299—302）认为"某"是不定代词而不是人称代词。吕叔湘、江蓝生（1985：45—47）认为"某"不属于三身代词，是隐名代词，但它的一部分用法跟三身称代有关，因此也在三身代词篇中讨论"某"。彼时，作为隐名代词的"某"不能直接在中心词前作领有定语，需带定语标记。

(31) <u>某</u>之敝居，去此不远。(唐《霍小玉传》)
　　据道长听说之话，是知道<u>某</u>的心事。(清《施公案》)

何乐士等（1985：377—378）认为"某"本来就有第一人称代词的用法。冯春田（2000）认为"某"是"自称词"，只是大都有某种色彩表达，与纯粹的人称代词不同。

邓军（2008：109—112）认为直到魏晋南北朝，"某"才发展出真正的第一人称代词用法，但此时它的主要用法仍然是不定代词。唐代以后，"某"才成为普遍使用的第一人称代词。无论"某"称代第一人称的功能是如何发展而来的，它能称代"我"是没有疑问的。只不过这一用法已经成为现代汉语中的一种存古用法。

在上述争论之余，前贤们都已经指出"某"具有指示用法。如杨树达（［1928］2014：29—31）认为"某"有"虚指指示代名词"和"虚指指示形容词"的功能，分别见例（32）、（33）。这里的"虚指"其实就是实指不定指。

（32）师冕见。及阶，曰："阶也。"及席，子告之曰："某在斯，某在斯。"（《论语·卫灵公》）

（33）以君命聘于某君，某君受币于某宫，某君再拜以享某君，某君再拜。（《仪礼·聘礼》）

何乐士等（1985：377—378）指出，"某"可以用于名词前，起指示作用，有时也用于指示不定指的人、事物或处所。吕叔湘、江蓝生（1985：49）指出晚近的"某"字可以用作修饰语，指人则称"某人"（作为一个复合词，大概宋代就已产生了），指物则加于物名。

8.2.2　现代汉语中的"某"

现代汉语中，"某"的句法表现和语义解读已与汉语史上不同。但总的来看，语义上的指示、不定指性等要素仍保留下来。吕叔湘、江蓝生（1985：49—50）指出，"某"作为修饰语的作用整体保留下来，另外，指人时以指假设的人为主，而不再用于失其名的人。文字上替代第一人称称名的功能在现代汉语中已基本没有了。

现代汉语中，"某"可以构成"某+类指名词"，如"某人、某事、某物"等；也可以构成"某+量词+类指名词"，如"某个人、某件事、某个东西"。这一用法即杨树达所言的不定指的指示形容词。后者则尤其与汉语量词的发展密切相关。现代汉语中，两种用法并存。

邵敬敏、赵秀凤（1989）指出非疑问用法的"什么"等疑问词有借指用法，指的是将疑问词临时借来替代某个对象，可以借指一个音节、词、词组或一个句子、一段话。所替代的对象可能是言者也不清楚的未知信息、言者不愿说的特殊信息或言者认为不必说的次要信息。这也正好概括了"某"的功能，"某"不仅可以替代客观世界的对象（需要搭配指类的名词），也可以替代语言符号或语言形式。这也因为非疑问用法的疑问词和"某"都有替代不定代词的功能，二者本质上是相似的。

先看"某"搭配指类名词替代对象的情况。这种情况又可细分"某+名词"和"某+量词+名词"。这两种情况的"某"都有定指和不定指之分。

刘丹青编著（2017：382）认为带"某"的词有特殊的语用色彩，有故意不说其名词的含义，不是普通的不定代词。但我们注意到，语体会对这一结论产生影响。例如，在说明性或议论性的书面语体中，"某人、某物、某事"并没有上述语用色彩。"某人、某物、某事"中，"某"指称的可以是不定指的实指对象。例（34）、（35）的"某人、某事、某地、某时"均用于下定义或阐述道理，很难说有上述语用色彩。一般而言，也很难区分实指—非实指。吕叔湘、江蓝生（1985：50）提到，现代口语里常用"谁"指不定的人，用"什么、哪个"指不定的事物，即疑问词的虚指用法较大程度上成为不定代词的有效替代手段。再加上还有字母可以借用，如"嫌疑人×"等，使用"某"的场景就更加减少。但如上所述，在书面语体中，"某人、某物、某事"却仍然保持着较高的使用频率。

（34）【专车】①在例行车次之外专为某人或某事特别开行的火车或汽车。②机关单位或个人专用的汽车。（《倒序现汉词典》）

（35）回顾人的一生，确实有许多事情是必须忘得快的。比如，曾经有恩于某人，有功于某事，有惠于某地，有怨于某时，都应该忘得快。（《人民日报》1998年）

"某+量词+名词"，可根据量词的不同再分两类：个体量词与不定量词"些"，分别见例（36）、（37），二者整体都有不定指解读。

（36）你是否有许多的声音不是自耳畔响起，而是自心田深

处某个被遗忘的角落。(《读者》)

有些青年朋友由于不了解实情,眼里往往只有某本书的作者,而从来不会想起印刷工人、油墨工人和造纸工人。(CCL\当代\报刊\读书\Vol –036)

(37) 我们也可以利用反义词来理解某些同义词之间的细微差别。(CCL\当代\CWAC\ALT0049)

某些教学内容,特别是自然科学知识、语言文字知识等,成为各历史时期的共同内容。 (CCL\当代\CWAC\AEB0001)

同时,"某+个体量词"和"某些"常在一个句子中同现,同现时尤其强调对象的个体和集体之别。同样用于不定指的对象,前者说明数目为"一",后者说明数目为"多"或是内部不可切分的连续聚合体。当然,由于汉语中的"一"在一定语境中也有概数解读,因而只有在二者并用时才能真正地强调个体的数目有别。二者同现时的强调意味类似于书面文本中的"他/她"并举,主要出发点是表述的严谨性,因而二者的同现多出现在议论文、说明书等相对正式的文体中。

(38) 今天的创新已经显示在社会生活的各个领域,而不只是某个领域、某个时期、某类事件、某些阶段的事情。(任剑涛博客)

(39) 只是由于经营机制或者由于资产、市场、资金、人才等某个或某些环节上出现了问题,才造成了整个企业资产的贬值。(1994年报刊精选)

"某些"的"某"常可以换成"一"而基本不改变意思。如例(40)、(41) 的"某些人"均可换成"一些人"。当整体的不同部分,对举时,居后的"一些人"常需要加上表示旁指的"另、其他"等。

（40）对<u>某些人</u>来说是健康的，但对<u>另一些人</u>却可能是有害的。（《时光向左女人向右》）

（41）为什么<u>某些人</u>有着数学的天赋而<u>其他一些人</u>则具有艺术家的才能。（《读者》）

但"一个（些）"和"某个（些）"又非完全相同。先看"个"的情况。以"一个人"—"某个人"为例，"某"系的实指性相对强于"一"系，或者说"某"系对所指对象给定范围的要求比较高，而"一"系是汉语中典型的不定指形式，如例（42）的"某个人"和"一个人"互换似乎更为合适：（a）位置的对象是不定指的，因为这个对象来自一个不定指（甚至非实指）的"一个家庭"。而（b）位置，其所关联的"那个家庭"由于回指上文而获得了语言形式上的定指性，来自此家庭的"那个人"也因此得以明确范围。类似地，例（43）的"某个人"和"一个人"不宜更换位置。例（44）的"某个人"也不宜换为"一个人"。

（42）一个家庭里的（a）<u>某个人</u>把我的叔父杀死了，那么，就轮到我们竭力去杀死那个家庭中的（b）<u>一个人</u>。（《读者》）

（43）您看见那床上有<u>一个人</u>，您认为他是您印象中的<u>某个人</u>，您还说您"认出了他"。（残雪《鱼人》）

（44）家系是针对<u>某个人</u>的，儿子的家系和父亲的家系不一定是一个家系。（CCL\当代\CWAC\AHJ0030）

甭说外来人员，就是本单位的人若要找<u>某个人</u>也得费劲打听，问得别人不耐烦了，还得遭受白眼。（《人民日报》1994年第3季度）

再看"些"的情况。"一些人"——"某些人"也有类似的分工。例（45）中，"某些人"的犯罪心理总结自上文的"这些案例"，而后文的"一些人"则用于陈述普遍道理；例（46）的"一些人"是和"一切人"形成部分和整体的相对。而"某些人"相比之下更有针对性，这可能是肯定和否定在认知上的不对称造成的。例（47）中，"某些人"其实可以理解为用于回指上文的"一些人"。但二者的语义分工似弱于"一个人"——"一些人"，如例（48）的"某些人"可以换成"一些人"，例（45）——例（47）中的"一些人"和"某些人"也非不能互换，只是可能对语义解读造成细微影响。

（45）这些案例反映了<u>某些人</u>畸形怪异的犯罪心理。在所谓后现代的氛围中，<u>一些人</u>丧失了做人的神圣感。（《人民日报》1995年12月）

（46）每个人都有<u>一些</u>他所爱的人。例如，每个人都爱他自己的孩子。所以光凭人总会爱<u>一些人</u>这个事实，不能说他爱一切人。但是在否定方面，他若害了<u>某些人</u>，哪怕是他自己的孩子，凭这一点就可以说他不爱人。（CCL \ 当代 \ CWAC \ APB0050）

（47）它居然可以成为<u>一些人</u>追逐的对象，说明<u>某些人</u>的精神追求和道德指向确乎存在某些堪忧的问题。（《人民日报》1996年3月）

（48）<u>某些人</u>的有利，刚好构成对于<u>另一些人</u>的伤害；<u>一些人</u>的所得，正是<u>另外一些人</u>的所失。（《人民日报》2000年）

总的来说，上述表现与"某"系整体的实指性有关（张定，2020：66—67）。张新华（2019）总结已有研究指出，实指是一种内在带有"忽略"义的、具有修辞性的指称类型，表明言者心中有一个特定的事物，但故意或确实不能明确指别。不明确指别的原因有四种，一是语境不便，二是一时疏忽，三是确实无法具体指出，四是明知而故意降低关注度。

"某"的不定指用法多见于书面语体，定指用法多见于口语语体，这与其来源密切相关。书面语体中，不明确指别一般是因为上述第三点，这正适配了议论或说理的情境，谈论的对象可能是非实指的虚拟人物；口语语体中，不明确指明则常因为上述第一、二、四点。陈振宇（2017：158）指出"某"的定指化是转喻（修辞）性的，当不方便称说特定对象时，可用"某"代替，如"我猜某人是不是不同意我们大家的意见"，此时"某人"其实是定指的，显示了口语较强的演绎色彩，呈现出不同的语用效果。这类"某人"也常换作"某某人"，如例（49）、（50）。

（49）我不愿意忽然变成轰动一时的新闻材料：<u>某某人</u>自行失足落水呀，或者<u>某人</u>自行撞到别人的枪弹头上去了呀。（马识途《夜谭十记》）

（50）像今天有些人在找来找去，找到苏州<u>某某人</u>，说是林黛玉的原形。（《百家讲坛》·《红楼梦》是怎样写成的）

再看"某"替代语言符号或语言形式的情况。这类情况多见于法律文书或新闻报道中，主要是为保护相关人员的隐私，将姓名等重要信息隐去，由"某"代替。同时出现的几个"某"可以替代不同的字，一个"某"字也可以替代一个或一个以上的字。我们认为，"某"替代一个字和替代多个字是两种不同的功能表现，产生机制也不相同。具体来看，一个"某"替代一个字，不仅与"某"的不定指解读相关，也与汉语的音节显赫性相关。汉语中，"字"常常是音节的代用语，汉字单位的显赫是音节显赫派生的结果（刘丹青，2018a）。单音节的"某"理论上可以替代所有单音节语素/词，在书面语中即表现为替代一个"字"，如例（51）的每个"某"各替代一个字；一个"某"替代多个字，则与"某"的不定指解读密切相关，凡是言者认为不可说、不愿说、不能说或无法说的，都可以由不定指的"某"加以模糊，如例（52）。无论是替代语言符号还是客观实体都是如此。

但在例（53）这种特殊情况中，"某"只能替代一个字，这是为了对"张某来、张某涛"这两个同姓人名进行区别。这两个"某"可以分别替代相同的字，也可以替代不同的字。

（51）犯罪嫌疑人<u>阳某某</u>，34岁，着灰黄休闲西装，白净斯文。（《人民日报》1998年）

（52）北京西站公安段治安队接到<u>孙某</u>的举报后，将化名为刘军的倒票嫌疑人张磊抓获。（《人民日报》2000年）

（53）经过侦查，河南籍男子<u>张某来</u>、<u>张某涛</u>、<u>杨某</u>进入了警方视线。（光明网 2022–7–13）

8.2.3 方言中类"某"的成分

很多方言中基本上没有"某"，除非是在有意追求文理而减少土白的唱本等情况中。

汉语中主要有七种手段可以完成其他语言中不定代词的任务：轻读疑问词（疑问词的虚指用法）、重读疑问词（疑问词的任指用法）、"任何"系列、"某"系列、存在句、全称量化词、数词"一"（张定，2020：42、70）。其中，使用轻读疑问词表示不定指对象是汉语（包括方言）中最为常见的用法，包括光杆疑问词直接用作不定代词和"疑问词加不定标记"两种情况。这一用法也具有跨语言的普遍性（Haspelmath，［1997］2001：174）。

不同语言中，数词"一"发展为非实指性不定代词的具体实现方式有所不同。例（54）是英语的例子。one 指代说话人心中也希望存在但实际上并不存在的一辆车，是非实指的。这类不定代词还能带修饰成分和冠词。

（54）A：I have a car.　　B：I wish I had <u>one</u>, too.

量词语言中，这种功能通常由数量成分实现，如广州话的量词单用时可能有不定代词的作用（刘丹青编著，2017：381），如：

(55) 你有架车，我都希望我有架。（你有辆车，我也希望我有辆。）

汉语的"有+量词+名词"也有指称不定指对象的作用。而且，量词显赫的方言中，"有个人"和"有人"可能是有区别的，如例（56）是瑞安话的例子，a句可用于实指不定指的对象，也可用于实指定指的对象，而b句一般只有实指不定指解读，也只有此句中的"有侬"可以与"别侬"互换。

(56) a. 我不晓得，有个侬讲个。（我不知道，有个人说的。）
　　　b. 我不晓得，有侬讲个。（我不知道，有人说的。）

当例（56）a取不定指解读的，这一形式还可融入轻读疑问词，如例（57）。

(57) 我不晓得，有个亿侬代我讲个。（我不知道，有个什么人跟我讲的。）

例（56）a句和例（57）的区别在于，前者是言者有意隐而不说，后者是言者确实无法指出，因为他也不清楚此人的身份。这两组例子可以视作汉语中上述几种手段的融合，"有个人"和"有人"融合了存在句、数词"一"，"有个什么人"和"有什么人"又在此基础上进一步融入了轻读疑问词。

张新华（2019）指出，汉语的"有"和"某"一样，可视作实指标记词。而上述的方言例子中，发挥最大作用的是量词，这与量词本身的功能有关。Bisang（1999）指出，量词功能从分类功能发展到个体化功能的过程中，有一个重要的中间阶段是识别（idenfication），而这一功能也与关系化、指称化功能联系在一起。我们认为，量词相对不显赫的方言中，量词的功能受到"有（个）人"这一结构实指解读的整体压制，加之"有"和"某"的整体分工，更加使得带量词与否不产生区别。而量词相对显赫的方言中，量词的功能强大，能够突破"有（个）人"这一结构的整体压制，若没有"某"系的不定代词，带量词与否就会产生指称解读上的区别。另外，瑞安话的"有倈侬（有些人）"也可以用来指个体，表示一个定指对象。这种用法则是语用性的。因为"倈（些）"是一个不定量词，不像个体量词一样在语义上有识别个体的功能，只能通过其他手段实现定指，这也是具有跨方言普遍性的情况。

相原茂（1991）已经指出，"指示词'这'＋专用量词"只能指示眼前存在的唯一的对象，"这（个）"则可用于指一类对象。这主要是就普通话的情况说的，显示汉语的量词整体上具有编码实指范畴的功能。只不过在量词更为显赫的方言中，通用量词"个"的隐现也成为实指范畴编码的一个重要影响因素。

8.3 本章小结

汉语史上，"人家"和"某"都是重要的指人代词。尽管句法表现和语义分工已有所不同，但仍分别保留了指人功能和不定指解读，继续活跃在现代汉语中。

在普通话及各汉语方言中，"人家"类成分的基本功能都是指他人，同时在多数方言中也发展出指自己的功能。具体的功能格局则各有差异。汉语方言中主要有四类情况：一是北京话中由"人家"省略而来的"人"，逐渐成为与"这、那"类似的指示形容词，在语篇中可能用于回指或认同指,这一定程度上反映了北京话的指示词显赫性对人称代词系统的影响。二是吴、闽语中的"侬",它的功能和普通话中的"人家"相似,但发展机制是从类指到个体指的转喻,"侬"并没有北京话"人"的进一步功能。三是西北方言中的"人家",往往有着各种面貌的合音,并与第三人称代词"他、兀"等产生分工,编码了威权性、同盟性等汉语中重要的影响因素。一些方言中,"人家"的合音形式"伢"等有了向人称代词强调标记的发展,尤其是洪洞方言的"哪"几乎已经变成了人称代词的前缀。四是西南官话和部分湘语中的"别个",在一些方言中可能部分地发展出话语强调标记的用法(周敏莉、李小军,2018)。

"某"在汉语史上是一个真正的不定代词。现代汉语中,"某"已不再是不定代词,但它仍保留了实指的不定指义,作为又指又代的成分活跃在现代汉语中。在普通话的书面语体和口语语体中,"某+名词"形成了一定的不定指—定指的分工,"某+名词"和"某+量词+名词"则形成了一定的实指—非实指的分工。南方方言中少见"某",主要的类"某"成分是"有"。在量词显赫的部分南方方言中,"有+个+名"和"有+名"形成了实指—非实指的分工,显示量词对具体方言句法语义表现的影响。

第 9 章

结　语

9.1　语言事实与理论

本书在类型学理论指导下,讨论汉语代词及相关形式的指称问题,主要产生了以下两个方面的结论,涉及汉语事实背后的指称理论体系以及汉语指称概念的范畴化所反映的方言类型特点。

9.1.1　汉语事实背后的指称理论体系
9.1.1.1　"个体—类"及"指称—属性"的交叉关系

J. Lyons（1977）、Chierchia（1998b）、陈玉洁（2017c）等已注意到,个体—类与指称（有指）—属性（无指）存在交叉。本书进一步根据汉语及方言事实,证明这也符合汉语实际。个体指范畴是汉语中发展较为成熟的范畴,主要标记是量词,集体标记"们"从某个角度来说也是个体指范畴的标记。个体指范畴的高度发达使得特征也得以个体化。

第 2 章在明确区分指示词整体的语用功能和指示成分所指对象语义解读的基础上,根据指示词短语中量词的不同种类,依次讨论不同指示词短语,发现它们都允许所指对象在语义上取无指解读。这显示了汉语量词具有对特征进行个体化的功能。第 4 章主要以指人疑问词为对象，在"是"字句中讨论三类疑问词的指称解读差异，进一步说明了汉语的指称—属性、类—个体是从不同角度划分、彼此交叉的两组概念，而不是上下位概念。

这一结论建立在徐烈炯（1995）对指称概念的分类体系基础上。而与徐烈炯（1995）不同的是，本书认为个体指和类指都需要区分指称用法和属性用法。二者的属性用法分别形成"个体类"和"特征类"。

9.1.1.2　定指—不定指、实指—非实指范畴的形式化编码

汉语方言对指称概念的范畴化情况各有差异，主要表现在定指—不定指、实指—非实指两对概念的范畴化程度不同。第3章比较了各汉语方言中定指"量名"结构、定指"概数量名"结构、"一量名"结构的句法自由度和受语用因素制约的情况，发现汉语定指范畴的编码在手段和程度上都有明显的方言类型差异。指示词显赫型方言中，指示词是重要的定指范畴标记；量词显赫型方言中，量词是重要的定指范畴标记。在指示词显赫方言内部、量词显赫方言内部，范畴编码的程度也有参差。相应的不定指形式"一量名"结构和"量名"结构的句法表现、语义解读也存在跨方言差异。指示词显赫和量词显赫也是汉语方言语法中的一组重要差异性指标，深刻地影响了具体方言的句法系统表现。

部分方言可能已形成较不成熟的、以寄生方式存在的实指范畴。在量词显赫型方言中，量词可能也是发展中的实指范畴标记。例如，广州话的"量名"结构编码的可能不是定指范畴而是实指范畴。第5章讨论了任指疑问词的指称解读，这很大程度上受到同现量化成分的影响。此章重新考察了普通话的"都"，认为其核心功能是明确语域内具体客观对象的数目准确性，这一功能基本上是语用性的。而吴语任指疑问词的指称解读更严格地受到句法条件的整体制约，通过同现量化成分的分工，在一定程度上编码了实指范畴。第6章讨论了"人称代词＋们"的指称解读：表示实指性的集体。一些方言中，"们"的相类形式则更严格地表达了实指范畴。第7章考察以

人称代词为领有者的定语领属结构。普通话领属结构是否带标记"的"部分地反映了领属关系的可让渡与不可让渡之别。而一些方言中，不同的领属标记（以及其他关系化标记）可能反映被领有成分的实指特征。

9.1.2 汉语指称概念范畴化反映的方言类型差异

整体上，汉语属于语用优先型的语言，但语用因素的作用程度与范围也有明显的跨方言差异。一些方言中，语义范畴的形式化编码程度较高，句法系统对语用因素的压制程度高；另一些方言中则呈现相反的情况。本书讨论汉语指称概念范畴化的跨方言差异，并据此揭示汉语方言的部分类型差异。

例如，吴语瑞安话的"一量名"结构在主语位置没有类指解读和存在解读。若要获得类指解读，必须作表语；若要获得存在解读，必须作宾语或在主语位置由存在算子"有"封闭，这是一条严格的句法规则。普通话中，类似的句法规则常在语用因素作用下有所妥协。而且普通话的"一量名"结构可以在主语位置表示类指，可以在没有任何成分对其进行存在封闭时作存在解读，可以进入"指人名词+一个NP"用于指出对象的原型属性或表示言者的评价等。这与不同方言受句法控制和语用因素影响的程度不同有关。另外，南方方言疑问词的任指解读受限，不定指解读较强；北方方言疑问词的任指解读相对不受限，不定指解读相对较弱，这可能与元代蒙古语对汉语的影响有关。

第8章讨论了"人家"和"某"及方言中的类似成分。"人家"在北京话中发展出了简省为"人"的成分，这一成分的指示性强于其他方言中所见的"人家"义代词。这一成分的发展与北京话的"这"发展出类定冠词功能的表现是平行的，可能与指示词显赫型方言的整体特征有关。但其中的关联性究竟有多强，还有待进一步的研究。吴语中类似"某"的不定代词替代形式是"有（+个）+人"，而"有人"和"有个人"所指对象的实指性存在差异：前者不要求对象实指，后者要求对象实指。这可能与量词显赫型方言的整体特征有关。

总的来看，南方方言中，量词与定指—不定指、个体指—类指、实指—非实指基本上都密切相关，如定指"量名"结构、"概数量名"结构（尤其是后者）几乎是南方方言中的特有现象。量词在句法中的强制性也使得个体指—类指这对概念尤其显著。同时，"量名"结构可能在与定指—不定指关系密切之余，也与实指—非实指相关，有待在南方方言中进行更深入的比较。北方方言中，定指—不定指、实指—非实指与量词的关系相对不密切，而与指示词更为相关。上述表现也启示研究者考察语用因素的作用与句法系统的整体制约这组指标，与指示词显赫—量词显赫这组指标是否存在一定的关联性。

9.2 现代汉语指称问题的进一步研究：回顾与展望

本书以现代汉语的代词及相关形式为主要对象研究指称问题，在梳理语言事实的同时，尝试进行理论探讨。我们在语言事实的描写和语言理论的探索中取得了以下进展。

第一，进一步证明汉语中的个体—类、属性—指称这两组概念密切相关、彼此交叉，不是上下位概念。基于汉语事实，进一步证明个体指范畴在汉语中是高度发达的范畴，其典型的范畴标记是量词。

第二，对汉语方言指称系统的面貌进行整体考察，通过对个体—类、属性—指称、定指—不定指三对指称概念编码程度的跨方言考察，证明了汉语方言的语用优先性存在差异，可能与方言的整体类型特征有关。因此，尽管汉语在整体上是一个语用优先型的语言，仍需考察不同方言的句法强制性差异或语用优先性程度差异。

第三，通过方言案例的比较和分析，考察实指—非实指这对概念在汉语中的范畴化方式、程度差异和典型的寄生宿主。汉语中，实指范畴相对不受关注，使用寄生范畴的概念和框架进行研究，有助于进一步对其进一步开展的深入考察。

当然，这一研究仍有进一步开展的空间。

首先，在涉及的语料上，本书除温州地区的方言样本基本上来自已经公开发表的成果。受原文讨论主题的限制，一些例句可能不完全适切本书的研究主题。同时，一些讨论所能找到的例句数量有限、涉及方言点样本有限。今后的研究中，可以调查和使用更多方言材料，针对不同的方言区设定样本选择的比例。可以在讨论中加入更多的民族语、世界语言材料，使之成为更具类型学价值的研究。同时，由于瑞安话是笔者母语方言，今后也可以本书的研究线索为纲，展开瑞安话语法专题的深入研究，力争写成瑞安话的参考语法。当然，笔者在社科院语言所从事博士后研究期间，这方面的工作已经展开。

第二，在设定的专题上，在讨论疑问用法的疑问词的指称问题时，主要以指人疑问词为对象，对问事物的疑问词则涉及较少，可以沿这一思路对研究专题进行扩展。同时，继续扩展代词所在句子的类型，以排列组合的形式进行更深入的专题考察。在讨论非疑问用法的疑问词的指称问题时，考虑到的量化性成分基本限于"都"。在下一步的研究中，可以将讨论范围扩大到所有与任指疑问词同现的量化性成分。

第三，在对实指范畴的挖掘上，本书目前的研究仅涉及一些较为典型的例子，尚未建立起专题性的考察框架。其实，语义概念的跨范畴表达可以反映很多问题。刘丹青（2018b）指出，一种范畴作为寄生范畴出现，即使不入库，至少也比零存在更加凸显，体现了该语言的母语人对该语义范畴有较强的心理感知度。跨方言地看，实指范畴频繁地寄生在其他范畴上，这样隐性却敏感的范畴（刘丹青、孙泽方，2020）和显赫范畴的关系如何，都值得进一步观察和分析。

第四，在系统性考察指标的建立上，本书的方言语法研究主要相对独立地考察了以下两组指标：一是语用因素的作用与句法系统的整体制约，二是方言的指示词显赫特征和量词显赫特征。探索这两组指标是否存在关联性，也是下一步需要展开的工作。

参考文献

白鸽：《"一量名"兼表定指与类指现象初探》，《语言教学与研究》2014年第4期。

白鸽：《定指标记与类指义的表达——语言库藏类型学视角》，《外国语》2015年第4期。

白鸽：《冀州方言的领属范畴》，载复旦大学中文系《语言研究集刊》（第十辑），上海辞书出版社2013年版。

白鸽、刘丹青、王芳、严艳群：《北京话代词"人"的前附缀化——兼及"人"的附缀化在其他方言中的平行表现》，《语言科学》2012年第4期。

白晓光、姚灯镇：《日汉间接指称类自称词的对比研究——以日语"人"和汉语"人""人家""别人"为例》，《解放军外国语学院学报》2010年第3期。

白云、石琦：《山西左权方言人称代词复数形式"X都/X都们"》，《汉语学报》2014年第1期。

鲍厚星、崔振华、沈若云、伍云姬：《长沙方言词典》，江苏教育出版社1998年版。

贝罗贝（Peyraube, Alain）：《上古、中古汉语量词的历史发展》，《语言学论丛》（第二十一辑），商务印书馆1998年版。

步连增：《南方汉语中量词定指现象来源初探——以桂南平话为例》，《语言研究》2011年第3期。

蔡国璐：《丹阳方言词典》，江苏教育出版社1995年版。

参考文献

蔡国妹：《莆仙方言研究》，厦门大学出版社2016年版。

曹秀玲：《汉语"这/那"不对称性的语篇考察》，《汉语学习》2000年第4期。

曹秀玲：《汉语全称限定词及其句法表现》，《语文研究》2006年第4期。

陈昌来、占云芬：《"多少"的词汇化、虚化及其主观量》，《汉语学报》2009年第3期。

陈晖：《涟源方言研究》，湖南教育出版社1999年版。

陈嘉映：《语言哲学》，北京大学出版社2003年版。

陈满华：《北京话"人家"省略为"人"的现象考察》，《汉语学习》2007年第4期。

陈平：《汉语定指范畴和语法化问题》，《当代修辞学》2016年第4期。

陈平：《试论汉语中三种句子成分与语义成分的配位原则》，《中国语文》1994年第3期。

陈平：《释汉语中与名词性成分相关的四组概念》，《中国语文》1987年第2期。

陈平：《英语数量词的否定》，《现代外语》1982年第1期。

陈蒲清：《桃源方言的复数语尾"岸"》，《湘潭大学学报》1983年湖南方言专辑（增刊）。

陈青松：《湘语新化（田坪）话的专用定冠词性成分"哎"》，《语言学论丛》（第四十六辑），商务印书馆2012年版。

陈山青：《汨罗湘语中的量名结构》，《湖南工业大学学报》（社会科学版）2018年第2期。

陈一：《"第二个N$_\text{专}$"与"N$_\text{专}$第二"》，载崔显军主编《纪念语法修辞讲话发表六十周年学术论文集》，南开大学出版社2014年版。

陈玉洁：《汉语光杆名词的语义特征再探》，未刊稿，2017c年。

陈玉洁：《汉语形容词的限制性和非限制性与"的"字结构的省略规则》，《世界汉语教学》2009年第2期。

陈玉洁：《汉语与类指性有关的光杆名词与"一量名"结构》，第三届"类型学视野下的汉语与民族语言研究高峰论坛"会议论文，北京语言大学，2014年。

陈玉洁：《汉语指示词的类型学研究》，中国社会科学出版社2010年版。

陈玉洁：《汉语中的"们"——数标记与指称标记》，华东师大—浙江大学学术交流会会议论文，华东师范大学，2017a年。

陈玉洁：《离散化——汉语量词的核心功能》，浙江大学中文系青年教师"沪杭语言学论坛"会议论文，浙江大学，2018b年。

陈玉洁：《量名结构与量词的定语标记功能》，《中国语文》2007年第6期。

陈玉洁：《人称代词复数形式单数化的类型意义》，《语言教学与研究》2008年第5期。

陈玉洁：《商水方言中的"家"［tɕie⁰］——一个表示属性/特征的指称范畴标记》，当代语言学圆桌会议论文，浙江杭州，2017b年。

陈玉洁：《指称及汉语中的指称范畴》，第十四届全国语言学暑期高级讲习班讲义，云南大学，2018a年。

陈玉洁：《中性指示词与中指指示词》，《方言》2011年第2期。

陈振宁：《旁指、他称与人称——他人、其他人、别人、旁人、人家》，《语言研究集刊》（第十九辑），上海辞书出版社2017年版。

陈振宇：《汉语的小句与句子》，复旦大学出版社2016年版。

陈振宇：《汉语的指称与命题：语法中的语义学原理》，上海人民出版社2017年版。

陈振宇：《间接量化——语用因素导致的全称量化》，《东方语言学》（第十八辑），上海教育出版社2018年版。

陈振宇、刘承峰：《"数"范畴的修辞视角》，《修辞学习》2009年第4期。

陈振宇、刘承峰：《语用数》，中国语文杂志社编《语法研究和探索》(十四),商务印书馆 2008 年版。

陈振宇、叶婧婷:《从"领属"到"立场"——汉语中以人称代词为所有者的直接组合结构》,《语言科学》2014 年第 2 期。

陈忠敏、潘悟云:《论吴语的人称代词》,载李如龙、张双庆主编《中国东南部方言比较丛书·代词》,暨南大学出版社 1999 年版。

储泽祥:《数词与复数标记不能同现的原因》,《民族语文》2000 年第 5 期。

崔希亮:《人称代词及其称谓功能》,《语言教学与研究》2000 年第 1 期。

大河内康宪:《量词的个体化功能》,靳卫卫译,载大河内康宪主编《日本近、现代汉语研究论文选》,北京语言学院出版社 1985 年版。

戴耀晶:《赣语泰和方言的代词(稿)》,《戴耀晶语言学论文集》,复旦大学出版社 2017 年版。

戴耀晶:《质的否定还是量的否定——"什么、怎么"在汉语否定句中的功能》,《语言研究集刊》(第十四辑),上海辞书出版社 2015 年版。

邓川林:《副词"也"的量级含义研究》,《中国语文》2017 年第 6 期。

邓军:《魏晋南北朝代词研究》,上海人民出版社 2008 年版。

邓思颖:《经济原则和汉语没有动词的句子》,《现代外语》2002 年第 1 期。

邓思颖:《数量词主语的指称和情态》,《语法研究和探索》(十二),商务印书馆 2003 年版。

丁加勇:《湖南方言与当代语法理论互动研究》,知识产权出版社 2019 年版。

丁加勇、沈祎:《湖南凤凰话后置复数指示词——兼论方言中复数标记"些"的来源》,《中国语文》2014 年第 5 期。

丁声树等:《现代汉语语法讲话》,商务印书馆 1999 年版。

董秀芳:《"都"的指向目标及相关问题》,《中国语文》2002年第6期。

董秀芳:《北京话名词短语前阳平"一"的语法化倾向》,载吴福祥、洪波主编《语法化与语法研究》(一),商务印书馆2003年版。

方梅:《北京话的两种行为指称形式》,《方言》2011年第4期。

方梅:《北京话他称代词的语义分析》,载邵敬敏主编《句法结构中的语义研究》,北京语言文化大学出版社1998年版。

方梅:《浮现语法:基于汉语口语和书面语的研究》,商务印书馆2018年版。

方梅:《指示词"这"和"那"在北京话中的语法化》,《中国语文》2002年第4期。

冯春田:《近代汉语语法研究》,山东教育出版社2000年版。

冯予力、潘海华:《集盖说一定必要吗?——谈集盖说在语义研究中的应用及其局限性》,《当代语言学》2017年第3期。

冯予力、潘海华:《再论"都"的语义——从穷尽性和排他性谈起》,《中国语文》2018年第2期。

高名凯:《汉语语法论》,商务印书馆1986年版。

高顺全:《三个平面的语法研究》,学林出版社2004年版。

郭锐:《现代汉语词类研究》,商务印书馆2002年版。

郭锐:《衍推和否定》,《世界汉语教学》2006年第2期。

郭锡良:《汉语第三人称代词的起源和发展》,《语言学论丛》(第六辑),商务印书馆1980年版。

韩蕾:《指称在现代汉语双名同位组构中的作用》,载中国语文杂志社编《语法研究和探索》(十二),商务印书馆2003年版。

韩学重:《对"莫"的词性问题的几点思考》,《古汉语研究》2000年第1期。

何乐士、敖镜浩、王克仲、麦美翘、王海棻:《古代汉语虚词通释》,北京出版社1985年版。

侯精一:《山西、陕西沿黄河地区汉语方言第三人称代词类型特征的地理分布与历史层次》,《中国语文》2013 年第 4 期。

胡建华:《焦点与量化》,载程工、刘丹青主编《汉语的形式与功能研究》,商务印书馆 2009 年版。

胡建华:《什么是新描写主义》,《当代语言学》2018 年第 4 期。

胡建华:《中国立场,世界眼光》,《当代语言学》2017 年第 1 期。

胡利华:《蒙城方言研究》,合肥工业大学出版社 2011 年版。

胡裕树、范晓:《试论语法研究的三个平面》,《语言教学与研究》1993 年第 2 期。

黄锦章:《当代定指理论研究中的语用学视角》,《修辞学习》2004 年第 5 期。

蒋静忠、潘海华:《"都"的语义分合及解释规则》,《中国语文》2013 年第 1 期。

蒋绍愚、曹广顺主编:《近代汉语语法史研究综述》,商务印书馆 2005 年版。

蒋严:《"都"的形式语用学》,载蒋严主编《走近形式语用学》,上海教育出版社 2011 年版。

蒋严:《语用推理与"都"的句法/语义特征》,《现代外语》1998 年第 1 期。

金晶:《同位结构"单数人称代词 + 一个 NP"语用功能再考察》,《语言教学与研究》2020 年第 4 期。

科姆里(Comrie, Bernard):《语言共性和语言类型》,沈家煊译,华夏出版社 1989 年版。

克里斯特尔(Cristal, David):《现代语言学词典》,沈家煊译,商务印书馆 2000 年版。

雷东平、胡丽珍:《江西安福方言表复数的"物"》,《中国语文》2007 年第 3 期。

黎锦熙:《新著国语文法》,湖南教育出版社 1992 年版。

李崇兴、祖生利、丁勇：《元代汉语语法研究》，上海教育出版社 2009 年版。

李广瑜、陈一：《关于同位性"人称代词单+一个 NP"的指称性质、语用功能》，《中国语文》2016 年第 4 期。

李劲荣：《汉语里的另一种类指成分——兼论汉语类指成分的语用功能》，《中国语文》2013 年第 3 期。

李如龙：《闽南方言语法研究》，福建人民出版社 2007 年版。

李如龙、潘渭水：《建瓯方言词典》，江苏教育出版社 1998 年版。

李双剑：《开封方言的疑问词和疑问句》，载陶寰、陈振宇、盛益民主编《汉语方言疑问范畴研究》，中西书局 2017 年版。

李思旭：《全称量化和部分量化的类型学研究》，《外国语》2010 年第 4 期。

李文浩：《也谈同位复指式"人称代词+一个 NP"的指称性质和语用功能》，《中国语文》2016 年第 4 期。

李晰：《树掌方言研究》，宁夏人民出版社 2011 年版。

李旭平：《富阳话的有定和无定"任选义"疑问词》，第三届吴语语法论坛会议论文，复旦大学，2017 年。

李旭平：《汉语"们"的语义：最大化算子》，《当代语言学》2021 年第 1 期。

李亚非：《也谈汉语名词短语的内部结构》，《中国语文》2015 年第 2 期。

李艳惠、冯胜利：《"一"字省略的条件：语体、焦点与重音》，载冯胜利主编《汉语韵律语法新探》，中西书局 2015 年版。

李艳惠、陆丙甫：《数目短语》，《中国语文》2002 年第 4 期。

李宇宏：《"X 是谁"和"谁是 X"》，《汉语学习》2003 年第 5 期。

李宇明：《数量词语与主观量》，《华中师范大学学报》（人文社会科学版）1999 年第 6 期。

梁德曼、黄尚军：《成都方言词典》，江苏教育出版社 1998 年版。

梁银峰：《从历史来源看"们"的语法意义》，《重庆广播电视大学学报》2012 年第 2 期。

林素娥：《汉语人称代词与指示词同形类型及其动因初探》，《语言科学》2006 年第 5 期。

凌锋：《苏州话连读变调和句法结构的关系初探》，载刘丹青主编《汉语方言语法研究的新视角》，上海教育出版社 2013 年版。

刘翠香：《山东栖霞方言词中的"管 N"及其语法化》，载甘于恩主编《南方语言学》（第六辑），暨南大学出版社 2014 年版。

刘丹青：《汉藏语言的音节显赫及其词汇语法表征》，《民族语文》2018a 年第 2 期。

刘丹青：《汉语的若干显赫范畴：语言库藏类型学视角》，《世界汉语教学》2012 年第 3 期。

刘丹青：《汉语方言领属结构的语法库藏类型》，《语言研究集刊》（第十辑），上海辞书出版社 2013a 年版。

刘丹青：《汉语关系从句标记类型初探》，《中国语文》2005 年第 1 期。

刘丹青：《汉语类指成分的语义属性和句法属性》，《中国语文》2002 年第 5 期。

刘丹青：《汉语特色的量化词库：多/少二分与全/有/无三分》，《木村英树教授还历纪念·中国语文法论丛》，（日本）白帝社，2013b 年。

刘丹青：《话题理论与汉语句法研究》，载沈阳、冯胜利编《当代语言学理论与汉语研究》，商务印书馆 2008 年版。

刘丹青：《寄生范畴：源于语法库藏限制条件的语义范畴》，《中国语文》2018b 年第 6 期。

刘丹青：《论语言库藏的物尽其用原则》，《中国语文》2014 年第 5 期。

刘丹青：《名词短语句法结构的调查研究框架》，《汉语学习》2006年第1期。

刘丹青：《南京方言词典》，江苏教育出版社1995b年版。

刘丹青：《亲属关系名词的综合研究》，《语文研究》1983年第4期。

刘丹青：《吴语的句法类型特点》，《方言》2001年第4期。

刘丹青：《吴语和西北方言受事前置语序的类型比较》，《方言》2015年第2期。

刘丹青：《小议指人名词用"什么"提问的现象》，《汉语学习》1984年第1期。

刘丹青：《语序类型学与介词理论》，商务印书馆2003年版。

刘丹青：《语言库藏类型学构想》，《当代语言学》2011年第4期。

刘丹青：《语言类型学》，中西书局2017年版。

刘丹青：《语义优先还是语用优先——汉语语法学体系建设断想》，《语文研究》1995a年第2期。

刘丹青：《粤语句法的类型学特点》，（香港）《亚太语文教育学报》2000年第2期。

刘丹青：《浙北吴语的类指表达：一种罕见的类指显赫型方言》，《中国语文》2020年第4期。

刘丹青、孙泽方：《寄生范畴、敏感范畴和形—义关联度——以汉语事态范畴为例》，《世界汉语教学》2020年第3期。

刘丹青、徐烈炯：《焦点与背景、话题及汉语"连"字句》，《中国语文》1998年第4期。

刘丹青编著：《语法调查研究手册（第二版）》，上海教育出版社2017年版。

刘福铸：《莆仙方言中的合音词》，载詹伯慧、王建设主编《第五届国际闽方言研讨会论文集》，暨南大学出版社1999年版。

刘街生：《名词和名词的同位组构》，中国语文杂志社编《语法研究和探索》（十二），商务印书馆 2003 年版。

刘叔新：《词语的意义和释义》，《辞书研究》1980 年第 4 期。

刘探宙、石定栩：《烟台话中不带指示词或数词的量词结构》，《中国语文》2012 年第 1 期。

刘娅琼：《固始方言的问句系统》，载陶寰、陈振宇、盛益民主编《汉语方言疑问范畴研究》，中西书局 2017 年版。

龙涛、王玉清、李云艳：《主宾语位置上名词的属性义表达》，《汉语学习》2011 年第 3 期。

陆丙甫：《"的"的基本功能的派生功能——从描写性到区别性再到指称性》，《世界汉语教学》2003 年第 1 期。

陆丙甫：《语序优势的认知解释（上）：论可别度对语序的普遍影响》，《当代语言学》2005 年第 1 期。

陆烁：《"一量名"主语的指称情况研究》，载邵敬敏、谷晓恒主编《汉语语法研究的新拓展》（四），北京大学出版社 2009 年版。

鹿钦佞：《汉语疑问代词非疑问用法的历史考察》，南开大学，博士学位论文，2008 年。

吕叔湘：《"个"字的应用范围，附论单位词前"一"字的脱落》，《汉语语法论文集（增订本）》，商务印书馆 1984a 年版。

吕叔湘：《"谁是张老三？"＝"张老三是谁？"？》，《中国语文》1984b 年第 4 期。

吕叔湘：《吕叔湘全集·第一卷（中国文法要略）》，商务印书馆 2002 年版。

吕叔湘：《说"们"》，《汉语语法论文集（增订本）》，商务印书馆 1984c 年版。

吕叔湘：《语法学习》，复旦大学出版社 2006 年版。

吕叔湘：《指示代词的二分法和三分法》，《中国语文》1990 年第 6 期。

吕叔湘等：《现代汉语八百词（增订本）》，商务印书馆 2013 年版。

吕叔湘著，方梅、朱庆祥读解：《中西学术名篇精读 4：吕叔湘卷》，中西书局 2015 年版。

吕叔湘著、江蓝生补：《近代汉语指代词》，学林出版社 1985 年版。

罗仁地（LaPolla, Randy J.）：《尊重语言事实　提倡科学方法——21 世纪语言学刍议》，《光明日报》2017 年 12 月 3 日第 12 版。

罗荣华：《赣语上高话的主观量表达》，《汉语学报》2011 年第 2 期。

罗昕如：《湘方言词汇研究》，湖南师范大学出版社 2006 年版。

雒鹏：《甘肃汉语方言人称代词》，《中国方言学报》2016 年第 6 期。

马蒂尼奇（Martinich, A. P.）：《语言哲学》，牟博等译，商务印书馆 1998 年版。

马建忠：《马氏文通》，商务印书馆 2009 年版。

梅祖麟：《关于近代汉语指代词——读吕著〈近代汉语指代词〉》，《中国语文》1986 年第 6 期。

倪兰：《特指问反问句的语用分析及其修辞意义》，《修辞学习》2003 年第 6 期。

潘海华：《焦点、三分结构与汉语"都"的语义解释》，中国语文杂志社编《语法研究和探索》（十三），商务印书馆 2006 年版。

潘海华、胡建华、黄瓒辉：《"每 NP"的分布限制及其语义解释》，载程工、刘丹青主编《汉语的形式与功能研究》，商务印书馆 2009 年版。

潘海华、张蕾：《汉语的话题、焦点及全称量化研究》，载王志洁、陈东东主编《西方人文社科前沿述评：语言学》，中国人民大学出版社 2013 年版。

潘悟云：《汉语复数词尾考源》，载徐丹主编《量与复数的研究——中国境内语言的跨时空考察》，商务印书馆 2010 年版。

潘悟云：《汉语南方方言的特征及其人文背景》，《语言研究》

2004 年第 4 期。

潘悟云、陈忠敏:《释"侬"》,载 Journal of Chinese Linguistics(《中国语言学报》)1995 年第 23 卷第 2 期。

潘悟云、陶寰:《吴语的指示词》,载李如龙、张双庆主编《中国东南部方言比较丛书·代词》,暨南大学出版社 1999 年版。

彭爽:《现代汉语旁指代词的功能研究》,东北师范大学出版社 2007 年版。

齐沪扬、张谊生、陈昌来:《现代汉语虚词研究综述》,安徽教育出版社 2002 年版。

钱奠香:《海南屯昌闽语语法研究》,云南大学出版社 2002 年版。

钱乃荣:《北部吴语的代词系统》,载李如龙、张双庆主编《中国东南部方言比较丛书·代词》,暨南大学出版社 1999 年版。

任鹰:《"个"的主观赋量功能及其语义基础》,《世界汉语教学》2013 年第 3 期。

杉村博文:《论现代汉语特指疑问判断句》,《中国语文》2002 年第 1 期。

杉村博文:《论疑问代词周遍性用法的语义解释和句法特点——任指、遍指和偏指》,载杉村博文《现代汉语语法研究——以日语为参考系》,大阪大学出版会 2017 年版。

杉村博文:《现代汉语"疑问代词 + 也/都……"结构的语义分析》,《世界汉语教学》1992 年第 3 期。

邵慧君:《"侬"字称代演化轨迹探论》,《中国语文》2004 年第 4 期。

邵敬敏:《"人家"的指代功能及语义分析》,载中国语文杂志社编《语法研究与探索》(十二),商务印书馆 2003 年版。

邵敬敏、赵秀凤:《"什么"非疑问用法研究》,《语言教学与研究》1989 年第 1 期。

沈家煊:《语用学和语义学的分界》,《外语教学与研究》1990

年第 2 期。

沈明：《太原方言词典》，江苏教育出版社 1994 年版。

沈园：《汉语光杆名词词组语义及语用特点研究》，复旦大学出版社 2005 年版。

盛益民：《汉语方言定指"量名"结构的类型差异与共性表现》，《当代语言学》2017a 年第 2 期。

盛益民：《绍兴方言数词"两"的数量用法和指称用法》，（香港）《中国语文通讯》2019 年第 2 期。

盛益民：《绍兴柯桥话疑问代词的非疑问用法》，载林华东主编《汉语方言语法新探索——第四届汉语方言语法国际研讨会论文集》，厦门大学出版社 2010 年版。

盛益民：《绍兴柯桥吴语表任指的不定性标记"随便"》，《方言》2017b 年第 2 期。

盛益民：《吴语人称代词复数标记来源的类型学考察》，《语言学论丛》（第四十八辑），商务印书馆 2013 年版。

盛益民：《吴语绍兴柯桥话参考语法》，南开大学，博士学位论文，2014 年。

盛益民、陶寰、金春华：《准冠词型"量名"结构和准指示词型"量名"结构》，《语言学论丛》（第五十三辑），商务印书馆 2016 年版。

盛益民、吴越：《从允让动词到强调代词标记——人称代词语用编码的一种来源方式》，《当代修辞学》2020 年第 5 期。

石汝杰、刘丹青：《苏州方言量词的定指用法及其变调》，《语言研究》1985 年第 1 期。

石毓智：《量词、指示词和结构助词的关系》，《方言》2002 年第 2 期。

史秀菊：《山西方言人称代词复数的表现形式》，《方言》2010 年第 4 期。

苏晓青、吕永卫：《徐州方言词典》，江苏教育出版社 1996

年版。

孙佳莹、陈振宇:《"同盟"范畴研究成果与问题》,《语言研究集刊》(第二十七辑),上海辞书出版社 2021 年版。

孙立新:《关中方言代词研究》,三秦出版社 2010 年版。

太田辰夫:《中国语历史文法》,蒋绍愚、徐昌华译,北京大学出版社[1987]2003 年版。

唐翠菊:《话语中汉语名词短语的形式与意义及相关问题》,北京语言文化大学,博士学位论文,2002 年。

唐正大:《关中永寿话的关系从句类型》,《方言》2008 年第 3 期。

唐正大:《汉语关系从句的类型学研究》,中国社会科学院研究生院,博士学位论文,2005 年。

唐正大:《认同与拥有——陕西关中方言的亲属领属及社会关系领属的格式语义》,《语言科学》2014 年第 4 期。

唐正大:《社会性直指与人称范畴的同盟性和威权性——以关中方言为例》,《当代语言学》2019 年第 2 期。

陶寰、盛益民:《新描写主义与吴语的调查研究——"吴语重点方言研究丛书"序》,《常熟理工学院学报》2018 年第 1 期。

陶寰、史濛辉:《吴语人称代词考源的原则——兼论吴语的"侬"》,《汉语史学报》(第十六辑),上海教育出版社 2016 年版。

童盛强:《"们"的定指意义》,《中国语文》2002 年第 3 期。

涂纪亮:《维特根斯坦后期哲学思想研究·英美语言哲学概论》,武汉大学出版社 2007 年版。

汪化云:《"些"的词性》,载刘丹青主编《汉语方言语法研究的新视角·第五届汉语方言语法国际学术研讨会论文集》,上海教育出版社 2013 年版。

汪化云:《汉语方言 tɕ 类复数标记的来源》,《语言研究》2012 年第 2 期。

汪化云:《黄孝方言语法研究》,语文出版社 2016 年版。

汪化云：《省略构成的人称代词复数标记》，《方言》2011 年第 1 期。

汪平：《贵阳方言词典》，江苏教育出版社 1994 年版。

王灿龙：《句子中的降级说明成分"一个 NP"的语用功能》，《语言教学与研究》2019 年第 2 期。

王灿龙：《试论"这""那"指称事件的照应功能》，《语言研究》2006 年第 2 期。

王冬梅：《指代词"人家"的句法、语义考察》，《汉语学习》1997 年第 4 期。

王芳：《光山方言的全称量化——兼论汉语方言中个体全量的表达》，《中国语文》2018 年第 1 期。

王广成：《汉语无定名词短语的语义特征：指称和量化》，北京语言大学，博士学位论文，2007 年。

王浩：《自贡方言研究与社会应用》，西南交通大学出版社 2016 年版。

王洪钟：《海门方言语法专题研究》，安徽师范大学出版社 2011 年版。

王洪钟：《汉语方言普通名词的定指表达类型》，《语文研究》2008 年第 2 期。

王健：《绩溪岭北方言量词独用现象》，载刘丹青主编《汉语方言语法研究的新视角·第五届汉语方言语法国际学术研讨会论文集》，上海教育出版社 2013a 年版。

王健：《类型学视野下的汉语方言"量名"结构研究》，《语言科学》2013b 年第 4 期。

王健：《苏南吴语疑问代词的任指用法》，《常熟理工学院学报》（哲学社会科学版）2016 年第 4 期。

王健、曹茜蕾：《没有"谁"的方言里如何问"谁"？——汉语疑问代词的类型学研究（一）》，未刊稿，2013 年。

王珏：《可附"们"名词及其实现附"们"的制约》，《现代汉语虚词研究与对外汉语教学》（第二辑），复旦大学出版社 2008 年版。

王力：《汉语语法史》，商务印书馆 2005 年版。

王力：《中国现代语法》，商务印书馆 1985 年版。

王利：《长治县方言研究》，山西人民出版社 2007 年版。

王世华、黄继林：《扬州方言词典》，江苏教育出版社 1996 年版。

王晓澎：《"谁""哪个""什么人"辨》，《汉语学习》1994 年第 2 期。

王羽熙、储泽祥：《"一量名"结构的指称功能》，《湖北大学学报》（哲学社会科学版）2017 年第 4 期。

魏钢强：《萍乡方言词典》，江苏教育出版社 1998 年版。

温端政、张光明：《忻州方言词典》，江苏教育出版社 1995 年版。

温美姬：《江西吉安横江话表复数的"禾"》，《中国语文》2012 年第 3 期。

吴安其：《关于书面语》，载《东方语言学》（第七辑），上海教育出版社 2010 年版。

吴建明：《语言类型学的前沿探索——寻求"库藏"的眼光》，《语言教学与研究》2018 年第 2 期。

吴建明、Anna Siewierska：《人称"聚合结构"理论的汉语视角》，《当代语言学》2013 年第 4 期。

吴建生、赵宏因：《万荣方言词典》，江苏教育出版社 1997 年版。

吴剑锋：《安徽岳西方言的复数标记"几个"》，《中国语文》2016 年第 3 期。

吴越：《瑞安方言的形态音位现象》，浙江大学，硕士学位论文，2016 年。

吴越：《瑞安方言话题标记"乜"——从疑问代词到话题标

记》,《中国语文》2021b 年第 3 期。

吴越:《吴语瑞安话的定指范畴》,载盛益民主编《汉语方言定指范畴研究》,中西书局 2021c 年版。

吴越:《吴语瑞安话的两类定指"量名"结构及其关联》,《汉语史学报》(第二十一辑),上海教育出版社 2019a 年版。

吴越:《吴语瑞安话的领属结构》,载陶寰、盛益民主编《汉语方言领属范畴研究》,中西书局 2019b 年版。

吴越:《语言库藏类型学视野下的跨方言语法专题研究》,中国社会科学院博士后研究工作报告,2021a 年。

伍雅清:《汉语特殊疑问词的非疑问用法研究》,《语言教学与研究》2002 年第 2 期。

武玉芳:《山西方言"人家"义代词的形式及其连用》,《中国语言学报》2016 年第 17 期。

夏俐萍:《益阳方言"阿"的多功能用法探析——兼论由指称范畴引发的语义演变》,《中国语文》2013 年第 1 期。

相原茂:《一种名词》,《中国语文》1991 年第 5 期。

邢福义:《汉语语法三百问》,商务印书馆 2002 年版。

熊正辉:《南昌方言词典》,江苏教育出版社 1995 年版。

徐丹:《从〈战国纵横家书〉看西汉初期复数概念的表达》,《历史语言学研究》(第二辑),商务印书馆 2009 年版。

徐丹:《从语言类型看汉语复数形式的发展》,载徐丹主编《量与复数的研究——中国境内语言的跨时空考察》,商务印书馆 2010 年版。

徐丹:《浅谈这/那的不对称》,《中国语文》1988 年第 2 期。

徐烈炯:《"都"是全称量词吗?》,《中国语文》2014 年第 6 期。

徐烈炯:《数量名词短语作主语的限制:语用角度的研究》,载《指称、语序和语义解释:徐烈炯语言学论文选译》,商务印书馆 2009 年版。

徐烈炯:《语义学》,语文出版社 1995 年版。

徐烈炯、刘丹青：《话题的结构与功能》，上海教育出版社 2007 年版。

徐以中、杨亦鸣：《副词"都"的主观性、客观性及语用歧义》，《语言研究》2005 年第 3 期。

许宝华、陶寰：《上海方言词典》，江苏教育出版社 1997 年版。

薛国红、马贝加：《代词"人家"的来源》，《周口师范学院学报》2007 年第 1 期。

荀恩东、饶高琦、肖晓悦等：《大数据背景下 BCC 语料库的研制》，《语料库语言学》2016 年第 1 期。

颜森：《黎川方言词典》，江苏教育出版社 1995 年版。

杨伯峻：《古汉语虚词》，中华书局 1981 年版。

杨树达：《词诠》，上海三联书店 2014 年版。

杨炎华：《复数标记"们"和集合标记"们"》，《语言教学与研究》2015 年第 6 期。

杨玉玲：《单个"这"和"那"篇章不对称研究》，《世界汉语教学》2006 年第 4 期。

游汝杰：《19 世纪中期上海话的后置处所词》，《语言研究集刊》（第三辑），上海辞书出版社 2006 年版。

游汝杰：《温州方言的语法特点及其历史渊源》，《复旦学报》（社会科学版）1981 年第 S1 期。

游汝杰：《温州方言语法纲要》，载游汝杰《著名中年语言学家自选集·游汝杰卷》，安徽教育出版社 2003 年版。

游汝杰、杨乾明：《温州方言词典》，江苏教育出版社 1998 年版。

俞理明：《汉语称人代词内部系统的历史发展》，《古汉语研究》1999 年第 2 期。

袁蕾：《豫北方言辨正与研究》，西北农林科技大学出版社 2007 年版。

袁毓林：《"都"的语义功能和关联方向新解》，《中国语文》

2005 年第 2 期。

袁毓林:《"都、也"在"Wh + 都/也 + VP"中的语义贡献》,《语言科学》2004 年第 5 期。

袁毓林:《关于"每"和"都"的语义配合和制约关系》,《汉藏语学报》2008 年第 2 期。

袁毓林、刘彬:《疑问代词"谁"的虚指和否定意义的形成机制》,《语言科学》2017 年第 2 期。

曾炜:《湖南益阳方言中的"阿"》,《云梦学刊》2006 年第 1 期。

詹伯慧主编:《广东粤方言概要》,暨南大学出版社 2002 年版。

张伯江:《汉语名词怎样表现无指成分》,载中国语文编辑部主编《庆祝中国社会科学院语言研究所建所 45 周年学术论文集》,商务印书馆 1997 年版。

张伯江、方梅:《汉语功能语法研究》,商务印书馆 1996 年版。

张伯江、李珍明:《"是 NP"和"是(一)个 NP"》,《世界汉语教学》2002 年第 3 期。

张成材:《西宁方言词典》,江苏教育出版社 1994 年版。

张定:《汉语多功能语言形式的语义图视角》,商务印书馆 2020 年版。

张定:《汉语疑问词任指用法的来源——兼谈"任何"的形成》,《中国语文》2013b 年第 2 期。

张定:《汉语疑问词虚指用法的来源》,《语法化与语法研究》(六),商务印书馆 2013a 年版。

张帆、翟一琦、陈振宇:《再说"我们"——人称代词、复数与立场》,《语言研究集刊》(第十九辑),上海辞书出版社 2017 年版。

张炼强:《人称代词的变换》,《中国语文》1982 年第 3 期。

张敏:《汉语方言重叠式语义模式的研究》,《中国语文研究》2001 年第 1 期。

张敏：《认知语言学与汉语名词短语》，中国社会科学出版社1998年版。

张文轩、莫超：《兰州方言词典》，中国社会科学出版社2009年版。

张晓静、陈泽平：《河北武邑方言复数标记"们"》，《中国语文》2015年第2期。

张新华：《从特指看无定主语句的结构原理》，《语言研究集刊》（第二十四辑），上海辞书出版社2019年版。

张一舟、张清源、邓英树：《成都方言语法研究》，巴蜀书社2001年版。

张谊生：《"N"+"们"的选择限制与"N们"的表义功用》，《中国语文》2001年第3期。

张谊生：《副词"都"是语法化与主观化》，《徐州师范大学学报》2005年第1期。

张谊生、张爱民：《"N+们"的多角度考察》，载张爱民主编《现代汉语语法论稿》，江苏教育出版社1991年版。

张永哲：《陕西凤翔方言他称代词"呀"的语法化及类型学考察》，《语言科学》2015年第3期。

张志公等：《汉语知识》，人民教育出版社1979年版。

赵元任：《汉语口语语法》，吕叔湘译，商务印书馆1979年版。

郑张尚芳：《温州方言的轻声变化》，《方言》2007年第2期。

郑张尚芳：《浙江温州方言的四声八调类型及连调、轻声和语法变调》，《方言》2014年第3期。

周法高：《中国古代语法·称代编》，中华书局1990年版。

周磊：《乌鲁木齐方言词典》，江苏教育出版社1995年版。

周利芳：《内蒙古丰镇话的人称代词[niaʔ^{54}/nie^{53}]》，《语文研究》2004年第3期。

周敏莉、李小军：《湖南新邵（寸石）话的强调标记"别个"——兼论汉语方言他称代词到强调标记的两种类型》，《方言》

2018 年第 4 期。

周韧:《"都"字的句法、语义和语用研究》,学林出版社 2019 年版。

朱德熙:《语法讲义》,商务印书馆 1982 年版。

朱庆之:《汉语名词和人称代词复数标记的产生与佛经翻译之关系》,《中国语言学报》2014 年第 16 期。

宗守云:《从数和整体意义看集合量词的性质、范围和类别》,《语言科学》2007 年第 1 期。

Aikhenvald, Alexandra Y., 2000, *Classifiers: A Typology of Noun Categorization Devices*, Oxford: Oxford University Press.

Anscombe, E., 1975, The First Person. In Guttenplan, S., ed, *Mind and Language*. Oxford: Oxford University Press.

Benveniste, Émile, 1966, *Problemes de Linguistique Generale*, Paris: Gallimard.

Benveniste, Émile, 1971, *Problems in General Linguistics*, Paris: University of Miami Press.

Bhat, D. N. Shankara, 2004, *Pronouns*, Oxford: Oxford University Press.

Bisang, Walter, 1999, Classifiers in East and Southeast Asian languages: Counting and Beyond, In Gvozdanovic, Jadranka ed., *Numeral Types and Changes Worldwide*, Walter de Gruyter.

Carlson, Gregory Norman, 1977, *Reference to Kinds in English*, Ph. D. Dissertation, University of Massachusetts.

Carlson, Gregory Norman and Francis Jeffry Pelletier eds, 1995, *The Generic Book*, Chicago: University of Chicago Press.

Chao, Yuen Ren (赵元任), 1968, *A Grammar of Spoken Chinese*, Berkeley: University of California Press.

Chen, Ping (陈平), 2004, Identifiability and definiteness in Chinese. *Linguistics*, No. 42.

Chen, Ping（陈平）, 2015, Referentiality and Definiteness in Chinese. In Wang, William S-Y and Chaofen Sun eds, *The Oxford Handbook of Chinese Linguistics*, Oxford: Oxford University Press.

Cheng, Lisa Lai-Shen（郑礼珊）, 1994, Wh-words as Polarity Items. 中国境内语言暨语言学, No. 2.

Cheng, Lisa Lai-Shen（郑礼珊）, 1995, On Dou-quantification. *Journal of East Asian Linguistics*, Vol. 4, No. 3.

Cheng, Lisa Lai-Shen（郑礼珊）, 2009, On Every Type of Quantificational Expression in Chinese. In Giannakidou, A. and M. Rathert eds, *Oxford Studies in Theoretical Linguistics*, Oxford: Oxford University Press.

Cheng, Lisa Lai-Shen（郑礼珊）and A. Giannakidou, 2013, The Non-uniformity of Wh-indeterminates with Polarity and Free Choice in Chinese, In Gil, S., S. Harlow and G. Tsoulas eds, *Oxford Studies in Theoretical Linguistics*, Oxford: Oxford University Press.

Cheng, Lisa Lai-Shen（郑礼珊）and James C-T. Huang（黄正德）, 1996, Two Types of Donkey Sentences, *Natural Language Semantics*, Vol. 4, No. 2.

Cheng, Lisa Lai-Shen（郑礼珊）and R. Sybesma, 1998, Yi-wan Tang, Yi-ge Tang: Classifiers and Massifiers, *Tsing Hua Journal of Chinese Studies*, Vol. 28, No. 3.

Cheng, Lisa Lai-Shen（郑礼珊）and R. Sybesma, 1999, Bare and Not-so-bare Nouns and the Structure of NP. *Linguistic Inquiry*, Vol. 30, No. 4.

Cheng, Lisa Lai-Shen（郑礼珊）and R. Sybesma, 2005, Classifiers in Four Varieties of Chinese, In Cinque, Giglielmo and Richard S. Kayne eds, *The Oxford Handbook of Comparative Syntax*, Oxford: Oxford University Press.

Cheng, Lisa Lai-Shen（郑礼珊）and R. Sybesma, 2012, Classifiers and DP, *Linguistic Inquiry*, Vol. 43, No. 4.

Chierchia, Gennaro, 1995, The Variability of Impersonal Subjects, In Bach, Elke, E. Jelinek, A. Kratzer and B. Partee eds, *Quantification in Natural Languages.* Dordrecht: Kluwer.

Chierchia, Gennaro, 1998a, Plurality of Mass Nouns and the Notion of "Semantic Parameter", In Rothstein, Susan ed, *Events and Grammar*, Dordrecht: Springer.

Chierchia, Gennaro, 1998b, Reference to Kinds Across Languages. *Natural Language Semantics*, Vol. 6, No. 4.

Chierchia, Gennaro, 2015, How Universal is the Mass/Count Distinction? Three Grammars of Counting, In Li, Yen-hui Audrey (李艳惠), Andrew Simpson and Wei-Tien Dylan Tsai eds, *Chinese Syntax: A Cross-linguistic Perspective*, Oxford: Oxford University Press.

Chomsky, Noam, 1965, *Aspects of the Theory of Syntax.* Cambridge: MIT Press.

Copeland, James E. and Philip W. Davis, 1983, Discourse Portmanteans and the German Satzfeld, *Cornell Linguistic Contribution Ithaca*, NY, No. 4.

Corbett, Greville G. and Marianne Mithun, 1996, Associative Forms in a Typology of Number Systems: Evidence from Yup'ik, *Journal of Linguistics*, Vol. 32, No. 1.

Corbett, Greville G, 2000, *Number*, Cambridge: Cambridge University Press.

Crain, Stephen and Qiong-Peng Luo, 2011, Identity and Definiteness in Chinese wh-Conditionals, *Preceedings of Sinn Bedeutung*, Vol. 15.

Croft, William, 1990, *Typology and Universals.* Cambridge: Cambridge University Press.

Dayal, Veneeta, 1997, Free Relatives and "Ever": Identity and Free Choice Readings. *Semantics and Linguistic Theory*, No. 7.

Diesing, Molly, 1992, Bare Plural Subjects and the Derivation of

Logical Representations, *Linguistic Inquiry*, Vol. 23, No. 3.

Diessel, Holger, 1999, *Demonstratives: Form, Function and Grammaticalization*, Amsterdam/Philadelphia: John Benjamins Publishing Company.

Diessel, Holger, 2003, The Relationship Between Demonstratives and Interrogatives, *Studies in Language*, Vol. 27, No. 3.

Dik, Simon, 1997, *The Theory of Functional Grammar. Part I: The Structure of the Clause*, Berlin: Mouton de Gruyter.

Donnellan, Keith S., 1966, Reference and Definite Descriptions, *The Philosophical Review*, Vol. 75, No. 3.

Drocourt, Zhitang, 1993, *Evolution Syntaxique des Classificateurs Chinois (du XIVe siècle av. J.-C. au XVIIe siècle)*, Ph. D. Dissertation Paris, EHESS.

Giannakidou, Anastasia and Lisa Lai-shen Cheng (郑礼珊), 2006, (In)definiteness, Polarity, and the Role of Wh-morphology in Free Choice, *Journal of Semantics*, Vol. 23, No. 2.

Greenberg, Joseph H., 1974, Studies in Numerical System: Double Numeral System, *Working Papers on Language Universals*, Vol. 14. Stanford: Stanford University Press.

Guglielmo, Cinque and Richard S. Kayne, 2005, *The Oxford Handbook of Comparative Syntax*, Oxford: Oxford University Press.

Gundel, Jeanette K., 1985, "Shared Knowledge" and Topicality, *Journal of Pragmatics*, Vol. 9, No. 1.

Gundel, Jeanette K., 1988, Universals of Topic-comment Structure. *Studies in Syntactic Typology*, Vol. 17, No. 1.

Gundel, Jeanette K., Nancy Hedberg and Ron Zarcharski, 1993, Cognitive Status and the Form of Referring Expressions in Discourse. *Language*, Vol. 69, No. 2.

Gundel, Jeanette K. and Thorstein Fretheim, 2004, Topic and Focus, In Horn, Laurence and Gergory Ward eds, *The Handbook of Pragmatics*, *John Wiley & Sons*.

Haiman, John, 1985, *Natural Syntax: Iconicity and Erosion*. Cambridge: Cambridge University Press.

Halliday, Michael A. K., 1967, Notes on Transitivity and Theme in English: Part 2. *Journal of Linguistics*, Vol. 3, No. 2.

Halliday, Michael A. K. and Hasan R., 1976, *Cohesion in English*, London: Longman.

Haspelmath Martin, [1997] 2001, *Indefinite Pronouns*, Oxford: Oxford University Press.

Haspelmath Martin, [1993] 2011, *Grammar of Lezgian*, Walter de Gruyter.

Hawkins, John, [1978] 2015, *Definiteness and Indefiniteness: A Study in Reference and Grammaticality Prediction*, Routledge.

Heim, Irene, 1982, *The Semantics of Definite and Indefinite Noun*, Ph. D. Dissertation, University of Massachusetts.

Higgins, Rrancis Roger, 1973, *The Pseudo-cleft Construction in English*, Routledge.

Himmelmann, Nikolaus P., 1996, Demonstratives in Narrative Discourse: a Taxonomy of Universal Uses, *Typological Studies in Language*, Vol. 33.

Hsieh, Miao-Ling（谢妙玲）, 2008, *The Internal Structure of Noun Phrases in Chinese*（汉语名词词组的内在结构）, Taipei: Crane Publishing Company.

Huang, C-T. James（黄正德）, 1982, Move WH in a Language Without WH Movement. *The Lianguistic Review*, Vol. 1.

Huang, C-T. James（黄正德）, 1987, Existential Sentences in Chinese and (In) definiteness, In Reuland, Eric and Alice ter Meulen eds, *The Presentation of (In) definiteness*, MIT Press.

Huang, Shi-Zhe（黄师哲）, 1996, *Quantificaiton and Predication in Mandarin Chinese: A Case Study of Dou*. Ph. D. Dissertation, University of Pennsylvania.

Huang, Shi-Zhe（黄师哲）, 2005, *Unisersal Quantificaition with Skolemization Evidenced in Chinese and English*. New York: The Edwin Mellen Press.

Huang, Shuanfan（黄宣范）, 1999, The Emergence of a Grammatical Category Definite Article in Spoken Chinese, *Journal of Pragmatics*, Vol. 31, No. 1.

Iljic, Robert, 1994, Quantification in Mandarin Chinese: Two Markers of Plurality, *Linguistics*, Vol. 32.

Iljic, Robert, 2001, The Problem of the Suffix-Men in Chinese Grammar, *Journal of Chinese Linguistics*（中国语言学报）, Vol. 29, No. 1.

Jackendoff, Ray, 1991, Parts and Boundaries, *Cognition*, Vol. 41, No. 1 – 3.

Jacobson, Pauline, 1995, On the Quantificational Force of English Free Relatives. In Bach, Elke, E. Jelinek, A. Kratzer and B. Partee eds, *Quantification in Natural Languages*. Dordrecht: Kluwer.

Keenan, Edward, 2012, The Quantifier Questionnaire. In Keenan, Edward and Denis Paperno eds, *Handbook of Quantifiers in Natural Language*, Springer Science & Business Media.

Kiss, Katalin É., 1998, Identificational Focus versus Information Focus, *Language*, Vol. 74, No. 2.

Krifka, Manfred, 1988, Genericity in Natural Language. *Proceedings of the 1988 Tübingen Conference*. Tübingen. SNS-Bericht.

Krifka, Manfred, 1995, Common Nouns: A Contrastive Analysis of Chinese and English, In Carlson, Gregory N. and Francis Jeffry Pelletier eds, *The Generic Book*. Chicage: Univertiy of Chicago Press.

Lambrecht, Knud, 1988, Presentational Cleft Constructions in Spoken French. In Haiman, John and Sandra A. Thompson eds, *Clause Combining in Grammar and Discourse*, John Benjamins Publishing.

Lee, Hun-tak, Thomas（李行德）, 1986, *Studies on Quantification in Chinese*. Ph. D. Dissertation, University of California, Los Angles, CA.

Li, Yen-hui Audrey（李艳惠）, 1998, Argument Determiner Phrases and Number Phrases, *Linguistic Inquiry*, Vol. 29, No. 4.

Li, Yen-hui Audrey（李艳惠）, 1999, Plural in a Clasifier Language. *Journal of East Asian Linguistics*, Vol. 8, No. 1.

Li, Charles N. （李讷）and Sandra A. Thompson, 1976, Subject and Topic: A New Typology of Language, In Li, Charles N. ed, *Subject and Topic*, New York: Academic Press.

Li, Charles N. （李讷）and Sandra A. Thompson, 1981, *Mandarin Chinese: A Functional Reference Grammar*, California: University of California Press.

Li, Xuping（李旭平）and Walter Bisang, 2012, Classifiers in Sinitic Languages: From Individuation to Definiteness-marking. *Lingua*, Vol. 122, No. 4.

Li, Xuping（李旭平）, 2013, *Numeral Classifiers in Chinese: The Syntax-Semantics Interface*, De Gruyter Mouton.

Lin, Jo-Wang（林若望）, 1996, *Polarity Licensing and Wh-phrase Quantification in Chinese*. Ph. D. Dissertation, University of Massachusetts.

Lin, Jo-Wang（林若望）, 1998a, On Existential Polarity Wh-phrases in Chinese. *Journal of East Asian Linguistics*, Vol. 7, No. 3.

Lin, Jo-Wang（林若望）, 1998b, Distributivity in Chinese and its implication, *National Language Semantics*, Vol. 6, No. 2.

Longobardi, Giuseppe, 1994, Reference and Proper Names: A Theory of N-movement in Syntax and Logical Form. *Journal of Philosophy*, Vol. 25, No. 4.

Lyons, John, 1977, *Semantics* Vol. 1, Vol. 2, Cambridge: Cambridge University Press.

Lyons, Christopher, 1999, *Definiteness*, Cambridge University Press.

Moravcsik, Edith, 1994, Group Plural: Associative Plural or Cohort Plural, *Email Document, Linguist List*, Vol. 5.

Norman, Jerry (罗杰瑞), 1988, *Chinese*, Cambridge University Press.

Partee, Barbara Hall, 1970, Opacity, Coreference, and Pronouns. *Synthese*, Vol. 21, No. 3.

Partee, Barbara Hall, 1987, Noun Phrase Interpretation and Type Shifting Principles, *Groningen-Amsterdam Studies in Semantics*, Vol. 8.

Payne, Thomas E., 1997, *Describing Morphosyntax: A Guide for Field Linguists.* Cambridge: Cambridge University Press.

Plank, Frans, 1980, Encoding Grammatical Relations: Acceptable and Unacceptable Non-distinctness, In Fisiak, Jacek ed, *Historical Morphology.* De Gruyter Mouton.

Pustet, Regina, 2003, *Copulas: Universals in the Categorization of the Lexicon.* Oxford: Oxford University Press.

Ritter, Elizabeth, 1991, Two Functional Categories in Noun Phrases: Evidence from Modern Hebrew, In Rothstein, S. ed, *Perspectives on Phrase Structure: Heads and Licensing.* San Diego, Calif: Academic Press.

Roberts, Craige, 2002, Demonstratives as Definites, In Krahmer, E., M. Theune, K. van Deemter and R. Kibble eds, *Information Sharing: Reference and Presupposition in Language Generation and Interpretation.* Stanford: CSLI Publications.

Sackmann, Robin, 2000, Numeratives in Mandarin Chinese, In Bossong, Georg, Bernard Comrie and Yaron Matras eds, *Empirical Approaches to Language Typology*, De Gruyter.

Searle, John R., 1979, Intentionality and the Use of Language. In Margalit, Avishai ed, *Meaning and Use*, Dordrecht: Springer.

Tsai, Wei-Tien Dylan（蔡维天）, 1994, *On Economizing the Theory of A'-Dependencies*. Ph. D. Dissertation, MIT.

Tsai, Wei-Tien Dylan（蔡维天）, 2001, On Object Specificity, *ZAS Papers in Linguistics*, Vol. 22.

Tsai, Wei-Tien Dylan（蔡维天）, 2003, Three Types of Existential Quantification in Chinese. In Li, Yen-hui Audrey（李艳惠）and Andrew Simpson eds, *Functional Structure(s)*, *Form and Interpretation: Perspectives from Asian Languages*, New York: Routledge Curzon.

Wu, Yicheng（吴义诚）, and Adams Bodomo, 2009, Classifiers ≠ determiners. *Linguistic Inquiry*, Vol. 40, No. 3.

Xiang, Yimei（向伊梅）, 2016, Mandarin Particle Dou: A Pre-exhaustification Exhaustifier. *Empirical Issues in Syntax and Semantics*, Vol. 11.

Xu, Liejiong（徐烈炯）, 1997, *The Referential Properties of Chinese Noun Phrases*. Vol. 2, Paris: École des Hautes Études en Sciences Sociales, Centre de Recherches Linguistiques sur l'Asie Orientale.

Yang, Rong, 2001, *Common Nouns, Classifiers, and Quantification in Chinese*. Ph. D. Dissertation, Rutgers The State University of New Jersey-New Brunswick.

Zhang, Niina Ning（张宁）, 2013, *Classifier Structures in Mandarin Chinese*. Berlin: Walter de Gruyter.

附　　录

A　瑞安话指示词表

	近指	远指
基本指示词	居	许
人物指示词	居个人	许个人
事物指示词	居个	许个
处所指示词	居□ɦiau⁰（合音形式记作"殻"）	许□ɦiau⁰（合音形式记作"犰"）
时间指示词	（居）能届、恁届、居能届时节、居下	许能界、许能届时节、许下
方式指示词	恁个［kai⁴²］、居能	许能个［kai⁴²］、许能
数量指示词	居俫［ke³²³ lei⁰］、俫［lei²¹²］	许俫
程度指示词	居能	许能

B　瑞安话疑问代词调查表

（原表设计：盛益民）

注："方言对应表达"仅对应普通话例句中画线部分。普通话例句中，【】的调查要点在"方言对应表达"中同样以【】标记和说明。

B-1 疑问用法

功能	普通话	普通话例句	方言对应表达
人	谁	这个人是<u>谁</u>?	乜侬
		<u>谁</u>来过了?	乜侬
		已知不止一人时如何发问?【可以表达为类似"谁们"吗? 如:<u>谁们</u>要过来?】	有倈乜侬（有些什么人）、狃倈侬（哪些人）【不可以】
		【能不能说类似"法国队跟意大利队,你喜欢<u>谁</u>?""一班和二班<u>谁</u>拿了流动红旗?"】	【不可以】应问:狃个、乜侬
地点	哪（儿/里）	你到<u>哪（儿/里）</u>去?【问处所的词有多少种说法?】	乜□fiau⁰，合音记作"狃"【有时也说"狃个屋宕",以下均记作"狃"】
		【有没有因为地点大小或与言者远近而有不同的地点疑问代词?】	【无】
方向	哪儿	去故宫往<u>哪儿</u>走?	狃
事物属性	什么	你爱吃<u>什么</u>?	乜（物事）
		那是些<u>什么</u>东西?【有没有表示复数的事物疑问词?】	乜【没有】
		<u>什么</u>叫"享福"?	乜
		A:他是你<u>什么</u>人? B:我表哥。	乜
		那本书<u>什么</u>颜色?	乜
		你拿这块砖干<u>什么</u>?	妆乜
		【能不能表达为类似"面条和米饭,你喜欢什么?"】	【不能】只能说"狃个"（哪个）
	什么事	那里发生了<u>什么事</u>?	乜事干
		【对应"什么事"的词能不能问原因? 如"他什么事没来"就是"他为什么没来"的意思】	【可以】渠（为）乜事干行走来。
	什么样	他是个<u>什么样</u>的人?	訾那个 [kai⁴²]

续表

功能	普通话	普通话例句	方言对应表达
数量	几	A：屋里有几个人？B：两个。	几
	几	【"几"是否限于问十以内？A：你们班有几个人？B：三十五个。】	【不限，另外，言者预计大于十时也常用"几俫"】
	多少	A：来了多少人呀？B：三十来个。	几俫、几能多
时间	什么时候	A：今年多咱/多会儿/什么时候开学？【问时间有多少种说法？】	几能届、几时（老派）
	【对应于"怎么"的词能否问时间？】		【不能】
	多久	A：你到北京多久啦？B：十年了。	几能长久、几俫长久
方式情状	怎么 怎么着 怎么样 （等）	A：你怎么去北京？B：坐火车。	訾那、訾那能
		他是怎么样/怎样/怎么一个人？	訾那个[kai^{42}]、訾那能、訾那能个[kai^{42}]
		这是怎么（一）回事？	訾那、訾那能
		这菜怎么个吃法？	訾那、訾那能
		你昨天怎么了？	訾那、乜事干、妆乜
		他刚刚怎么/怎么着你啦？	訾那、訾那能
		怎么？你不认识我啦？	訾那、訾那能
		你们那件事情怎么样了？	訾那个[kai^{42}]、訾那能个[kai^{42}]
		事情办得怎么样了？	訾那个[kai^{42}]、訾那能[kai^{42}]
		这屋子要怎么样收拾呢？	訾那、訾那能
		你们到底想怎么着/怎么样？	訾那、訾那个[kai^{42}]、訾那能个[kai^{42}]
		怎么样你才会满意呢？	訾那能、訾那能个[kai^{42}]
程度	多	你有多高啊？【形容词为"重/沉、大、高/、长、宽、厚、深、多、贵、快、远"时是否需要变调或变韵吗？形容词是否要儿化？是否用正反形式或重叠形式？形容词之后是否可以加"子"等后缀？】	几俫、几能 【不需要变调或变韵，不需要儿化，不需要用正反或重叠形式，不加"子"等后缀】
		你要多长的绳子？	几俫、几能

续表

功能	普通话	普通话例句	方言对应表达
程度	多	我不知道他现在多高多重了。	几俫、几能
		这支笔有多长?【当主观认为所问对象不长时,形容词是否有变化?】	几俫、几能【无变化】
		A:这本书很薄。B:那到底有多薄呢?	几俫、几能
		【能不能用对应"怎么"的词问程度,如"他怎么高?"意为"他多高?"】	【不能】
原因	怎么	你怎么没去上学?	嗻那、妆乜
		怎么了?是不是生病了?	嗻那、妆乜
	为什么	为什么天是蓝颜色的?	妆乜(两种语序):妆乜天是蓝色个[gi⁰]?／天是妆乜蓝色个[gi⁰]? 嗻那(一种语序):天嗻那是蓝色个[gi⁰]呢?(语义非完全中性)
		今年夏天为什么这么热呢?	妆乜、嗻那
		你说我为什么要骗你呢?	妆乜、为乜事干
		你为什么不多睡一会?【能不能表示建议?】	妆乜、为乜事干、嗻那【可以】
目的	干嘛／干什么	那本书拿过来干嘛／干什么?	妆乜、乜用(什么用)
		【问发生了什么事情,能不能用对应"干嘛"的词?】	【可以】
		【问目的的词能否问原因?例如能不能说"你干嘛不去呀?"】	妆乜【可以】
		【对应于"怎么"的词能否问目的?】	【可以】

续表

功能	普通话	普通话例句	方言对应表达
选择	哪	这两本书你喜欢哪（一）本？【"一"是可加还是必须加？】	狃【"一"可加可不加】
		【对应"哪"的词能否不加量词单用？例如："这两本书哪是你的？"】	【不可以】
		哪些东西是你的？	狃侎
		来了哪几个人？【疑问词可否用对应"什么"或"怎么"的词？】	狃【不可以】
词缀		【疑问词前能否加"是""阿"之类的词缀？例如"谁"说"是谁""阿谁"？】	【不能】

B-2 非疑问用法

非疑问	形式	普通话例句	方言对应表达
任指	谁	你无论去找谁，都提前告我一声。【方言中对应于"无论"的连词有哪些？能不能省略？】	随（便）、不管乜依【对应"无论"的连词不能省略】
		谁也跑不过他。【该例"谁"之前能否加表示"无论"的连词？】	随乜依【必须加连词】
		他比谁都心疼你。【该例"谁"之前能否加表示"无论"的连词？】	必须加，但连词不直接加在疑问词上。对译为：渠随代乜依也心痛你。
		谁欺负咱们，咱们就打谁。	乜依
		【相当于"谁"的疑问词能否重叠表周遍？如"谁谁都来了"相当于"什么人都来了"。】	【不能】

续表

非疑问	形式	普通话例句	方言对应表达
任指	什么	你不管要<u>什么</u>，我都会给你的。【无条件连词能不能省略？】	乜，但连词不直接加在疑问词上。对译为：你随爱乜，我下会丐你个。/随你爱乜，我下会丐你个。【连词不省略】
		我<u>什么</u>都不怕。【"什么"之前能否加无条件连词？】	随乜【必须加】
		现在家里<u>什么</u>也没有了。【该例"什么"之前能否加无条件连词？】	随乜【必须加】
		你要<u>什么</u>，我就给你<u>什么</u>。	乜
		【对应"什么"的词能否重叠表示周遍，如"他啥啥都不想吃"表示"他任何东西都不想吃"。】	【不能】
	哪儿	他说<u>什么</u>也是帮过你的，别怪他了。	随訾那讲（随便怎么说）
		不管在<u>哪儿</u>，我都会找到你的。	狃
		我<u>哪儿</u>也不想去。	随狃【无条件连词不省略】
		你爱到<u>哪儿</u>到<u>哪儿</u>去。	狃
		他去<u>哪儿</u>我就跟到<u>哪儿</u>。	狃
		【对应"哪儿"的词能否重叠表示周遍，例如"弄得地上<u>哪儿哪儿</u>都是。"】	【不能】
	怎么	无论<u>怎么</u>让他唱，他都不唱。	訾那
		不管你<u>怎么</u>对我，我都不怪你。	訾那、訾那能
		不管<u>怎么</u>样，先把病养好。	訾那
		不管<u>怎么</u>困难，也要下决心搞。	訾那、訾那能
		他<u>怎么</u>都不肯帮我写。	随訾那、随訾那能
		他<u>怎么</u>说也是你弟弟，别怪他了。	（随）訾那讲
		现在<u>怎么</u>也得十点钟了吧。	訾那、訾那能、随訾那
		我想我<u>怎么</u>的到十号也写完了吧。	訾那能、随訾那（能）
		你<u>怎么</u>写我就<u>怎么</u>写。	訾那
		请你<u>无论如何</u>帮我一下！【此句为请求句。】	随訾那（能）

续表

非疑问	形式	普通话例句	方言对应表达
任指	什么时候	不管你<u>什么时候</u>来，我都不会见你。	几能届、狃能届
		你<u>什么时候</u>来都行。	（随）几能届、（随）狃能届
		你<u>什么时候</u>来找我，咱们就<u>什么时候</u>开始工作。	几能届、狃能届
		【对应"什么时候"的词能否重叠表周遍？】	【不能】
		【对应"什么时候"的词能否表示"永远"？如"我们（无论）什么时候是朋友"（没有"都"）意为"我们永远是朋友"】	【不能】
	多少	不管你叫<u>多少</u>人来，我都不会怕你的。	几傢侬
		<u>多少</u>人来也没用。	随几傢侬
		你要<u>多少</u>人，我就给你<u>多少</u>人。	几傢侬
	多	无论路有<u>多</u>远，我都不怕。	几傢远、几能远
		<u>多</u>高我都敢跳下去。	随几傢高、随几能高
		要跑<u>多</u>快，我就能跑<u>多</u>快。	几能快、几傢快
	任何	做<u>任</u>何事儿都要细心。	随乜事干
		家里穷得没<u>任</u>何东西。	随乜也冇（什么都没有）
虚指等	谁	我记得好像<u>谁</u>跟我说过这件事。	乜侬
		这个地方没<u>谁</u>来过。	乜侬
		我记得那<u>谁</u>跟我说今天要来。	许个乜侬
		他们<u>谁</u>也不认识<u>谁</u>。（意为：你不认识我，我不认识你）	渠傢你也不识我，我也不识你。
	哪儿	我好像在<u>哪儿</u>见过她。	狃
		你今天要去<u>哪儿</u>吗？	狃
		我去那<u>哪儿</u>——人民公园——转转。	犰狃

续表

非疑问	形式	普通话例句	方言对应表达
虚指等	什么	你不吃点<u>什么</u>吗？	乜、乜物事
		没<u>什么</u>，别客气。	乜
		我的故事没<u>什么</u>新鲜的。	乜
		窗户外边好像有<u>什么</u>声音。	乜
		【对应"什么"的疑问词能不能进入"不/无+什么+形容词"结构，如"不/无什么好"就是"不怎么好"的意思？】	【可以。如"不乜好"（不怎么好）】
		他就爱吃<u>什么</u>梨啊、苹果啊，香蕉啊。	乜
		早市上有<u>什么</u>油条啦，<u>什么</u>煎饼啦，<u>什么</u>豆浆啦，想吃什么就有什么。	乜
		我早上常常出去散散步、打打拳<u>什么</u>的。	乜个 [gi⁰]
		院子里种了些菊花、月季<u>什么</u>的。	乜个、乜色个
		你们家老爷子一旦<u>那什么</u>（指"死"）了，你就可以继承遗产了。	乜厮、许个乜
		《阿Q正传》是那个"鲁<u>什么</u>"（指鲁迅，一时想不起）写的。	鲁乜、鲁个乜
		我看见张三给了他一包<u>什么</u>东西，红的。	乜
		你到一个叫<u>什么</u>"海光寺"的车站下车就对了。（表示不确定）	乜、乜厮
	怎么	他总说<u>什么</u>资本主义比社会主义好。	乜、乜厮
		那本书我没<u>怎么</u>看过。	訾那、乜
		新品种<u>怎么怎么</u>好，老品种<u>怎么怎么</u>不行，他做了详细地比较。	訾那訾那
		这瓶酒不<u>怎么</u>样。	訾那个/险
		他<u>不怎么</u>会办事。	訾那/乜
		不<u>怎么</u>高【"不太高"的意思，方言中最自然的说法是什么？】	【不乜长、不訾那长】
		【能不能说类似"不是怎么漂亮"】	【不可以】
		【能不能说"不+程度副词+疑问词"例如<u>不大/太怎么</u>喜欢"？】	不乜大、不乜险
		你要敢<u>怎么</u>着（指"伤害"）我孩子，我就跟你拼了。	代NP訾那个、訾那NP

续表

非疑问	形式	普通话例句	方言对应表达
虚指等	几	你借给我<u>几</u>块钱吧。	几
		他好<u>几</u>天没来上学了。	几
		村子很小,没有<u>几</u>户人家。	几
		麦子黄了,不<u>几</u>天就能收割了。	几
	多	走不<u>多</u>远,他就回来了。	几能、几俫
		小桥没<u>多</u>宽,只能走一个人。	几能、几俫
		没<u>多</u>一会就到了。	冇几下儿、冇几能长久、冇几俫长久
	多少	每学期要来<u>多少多少</u>人,他都知道。	几俫几俫
	什么时候	我<u>什么时候</u>有了钱,就买他一辆跑车。	几能届
		【"什么时候"有没有"很长时间"或者"早就"的意思?例如"他<u>什么时候</u>就走了"意为"他早就走了"?】	【没有】
反诘	什么	A:他姐姐长得真漂亮。B:漂亮<u>什么</u>啊!	乜、乜厮
		今天我高兴,你又在这发<u>什么</u>牢骚!	也、乜厮
		走开点,挤<u>什么</u>挤?【"什么"前后的词能不能是双音节的,例如:"高兴<u>什么</u>高兴!"】	乜、乜厮【可以,但此时"乜"或"乜厮"后强制加语气词"哞"】
		A:我有点紧张。B:有<u>什么</u>好紧张的!	乜、乜厮
		"昨天星期四?""<u>什么</u>呀,是星期五!"	乜、乜厮
		A:他昨天去北京了。B:<u>什么</u>"昨天",是前天。【对应于"怎么"的词能不能用于此处?】	乜、乜厮【可以】
		<u>什么</u>橘子不橘子的,那是橙子!	乜、乜厮
		A:你去我就给你金元宝。B:<u>什么</u>金元宝银元宝,我都不要。	乜、乜厮

续表

非疑问	形式	普通话例句	方言对应表达
反诘	什么	A：郭老师明天要来。B：<u>什么</u>郭老师明天要来，根本没这回事！	乜、乜厮
		A：这个本子不太好看。B：<u>什</u><u>么</u>好看不好看的，能用就行呗。	乜、乜厮
		【对应于"什么"的词能不能只能用于动词前表示反诘？例如"他什么肯！"就是"他哪肯！"的意思。】	【不能】（"乜"已经是一个兼用的话题标记，可参吴越，2021b）
	怎么	那个事儿你<u>怎么</u>能不知道！	瞥那
		A：你没听过相声吧。B：我<u>怎么</u>没听过？【此处能不能用对应于"哪儿"的词？】	瞥那【可以】
	哪	你们学校<u>哪</u>有一千人！	狃
		这么多人，<u>哪</u>坐得下呀！	狃
		A：书包在哪儿呀？B：我上<u>哪</u>知道去呀！	狃
		我现在哪还有<u>什么</u>钱啊。	狃有乜钞票
		A：他昨天来过了吧？B：<u>哪儿</u>呀，还没来。	狃有（哪里有）
		A：这条银项链很贵吧？B：这<u>哪</u>是银的呀？白金的。	狃底、狃厮底
		【相当于"谁"的疑问词有无类似"哪"的反诘作用，例如"谁是他的！"意为"哪是他的！"】	【"乜侬"本身没有，但意为"谁家"的"乜侬拉"有】
	干嘛	放在那儿，拿过来<u>干嘛</u>！	妆乜、妆乜厮
		【问方式的对应于"怎么"的词能不能放在句末有类似"干嘛"的用法？如"拿过来怎么！"就是"拿过来干嘛！"的意思。】	【有。如"扭来瞥那"，意为"拿过来想干嘛"】

非疑问	形式	普通话例句	方言对应表达
反诘	什么时候	我<u>什么时候</u>说过假话!	几能届、几时（老派）
		【相当于"什么时候"的疑问词有没有类似"哪"的反诘作用，例如"什么时候是他的!"意为"哪是他的!"】	【有】
	哪门子哪家子	【北京话的"哪门子"、天津话的"哪家子"专用于反诘，如"那是哪门子/哪家子亲戚呀!"有没有类似的成分只能用于反诘?】	【没有专用于反诘的成分】
感叹	多（么）	这楼<u>多（么）</u>高啊!	几能、几倈
	什么样	【汉语史中相当于"什么样"的"何等"可以表示感叹，如"何等厉害!"你们方言有类似的用法吗?】	【"訾那能"，大致相当于"怎么样"】
	什么	【汉语史中"什么"可以表示感叹，如"什么好看!"就是"多么好看"的意思? 你们方言有类似的用法吗?】	【没有】
	怎么	他<u>怎么</u>这么傻呀!	訾那
		【"怎么"能不能不加指示代词直接表感叹？例如"楼怎么高啊!"就是"楼多么高啊!"的意思】	【不能】
反诘副词		【方言中的对应于"哪儿""什么"等的疑问代词有没有发展出表示"难道"的反诘副词?】	【有】可参吴越（2021b）
结果连词		【方言中对应于"为什么"的词有没有发展出"所以""怪不得"这样的意思?】	【没有】
揣度副词		【方言中对应"怎么"或者"怎么也"的词有没有"大概、也许"的意思?】	【没有】
		【对应于"什么"的词能不能用于"他什么三四十岁"这样的句子表示"大概"的意思?】	【没有】

C　瑞安话人称代词表

	第一人称		第二人称	第三人称
单数	我 [ŋ̍^{13}]		你 [n̠i^{13}]	渠 [gi^{31}]
复数	排除式	包括式	你俫 [n̠i^{13} lei^0]	渠俫 [gi^{31} lei^0]
	我俫 [ŋ̍^{13} lei^0]	自俫 [zŋ^{22} lei^0]		
	强调式第一人称		强调式第二人称	强调式第三人称
单数	丐我 [kʰɔ^0 ŋ̍^{13}]		丐你 [kʰɔ^0 n̠i^{13}]	丐渠 [kʰɔ^0 gi^{31}]
复数	排除式	包括式	丐你俫 [kʰɔ^0 n̠i^{13} lei^0]	丐渠俫 [kʰɔ^0 gi^{13} lei^0]
	丐我俫 [kʰɔ^0 ŋ̍^{13} lei^0]	丐自俫 [kʰɔ^0 zŋ^{22} lei^0]		

D　第 4 章使用的调查问卷

《"什么人"与光杆名词搭配时对非规约化意义的激活》
(问卷星 ID：33685528)

请您先填写一些简单的个人信息（仅用于本问卷数据分析），并且告诉我们，您对如下几组问答的接受程度。

①您的年龄？
○ 18 岁以下
○ 18—25 岁
○ 26—30 岁
○ 31—40 岁
○ 41—50 岁
○ 51—60 岁
○ 60 岁以上

②您的受教育程度是？

○ 初中

○ 高中

○ 大学本科

○ 硕士研究生

○ 博士研究生

③您的家乡是？（按省份，此处从略）

④—什么人是女人？—温柔善良的人才是女人。

A. 非常可以　B. 似乎可以　C. 似乎不可以　D. 不可以

⑤—什么人是孩子？—有童心的人就是孩子。

A. 非常可以　B. 似乎可以　C. 似乎不可以　D. 不可以

⑥—什么人是大爷？—有钱人是大爷。

A. 非常可以　B. 似乎可以　C. 似乎不可以　D. 不可以

⑦（自动逻辑跳转，第⑥题选择"A. 非常可以"外的人都需回答第⑦题）

—什么人是大爷？—有钱人就是大爷。

A. 非常可以　B. 似乎可以　C. 似乎不可以　D. 不可以

⑧—孩子是什么人？—孩子是让大人一筹莫展的人。

A. 非常可以　B. 似乎可以　C. 似乎不可以　D. 不可以

术语索引

"一量名"结构 33，34，48，62，63，67，90，92—106，108—112，114，245，246

不定代词 4—7，10，11，36，144，170，199，217，222，225，233—235，240—243，246

大情景指 64，77

定冠词 2，3，13，27，28，31，32，42，47，49，51，58，61，63，65，69，71，80，92，95，97，100，113，114，161，246

定指"量名" 28，61—70，72，77，89，93，94，112，113，245，247

定指范畴 32，62，63，89，90，113，207，215，245

范围副词 154

非疑问用法 9，10，12，34，35，141，143，145，152，153，166，175，176，234，248

分类词 2，43，214

复数标记 3，43，177—180，182，192，193，195—199，204，205，212，229，230

个体化 14，44，48—51，57，59，99，101，103，104，106，110，186，187，190，242，244

个体类 14，49，57，100，128，142，203，245

个体量词 43，45，46，50，53，57，58，99，110，123，235，236，242

个体指 3，12，22，23，50，51，55，58，59，62，101，103—105，124，135，141，183，184，188，205，220，232，243—245，247

关联回指 64，65，69，77，

术语索引 / 293

79，80

关系从句 9，44，61，62，76，209，215

光杆名词 2，3，13，40，43，44，47，49，50，52—54，58，98，100，104，116，121—125，128，129，133—135，171，173，180，181，202，212

话题显赫 2，169

回指 21，38—42，46，58，61，64，65，67，77，79，80，96，97，102，121，219—223，232，237，238，243

集体标记 33，35，177，179，180，185，190，201，202，204，213，244

集体量词 45，46，56，57，110

寄生范畴 24，25，31，206，214，215，248

借指 146，147，234

可辨识性 1，20，33，39，58，61

可及性 27，39，40，42，48，54，57

库藏 3，23—27，30—32，70，79，207，214

类型转换 13，59，104，123

类指 2，3，12—14，22，23，34，40，51—53，58，62，63，71，80，94—97，99—106，111，122—125，127，128，134，135，138，140，141，159，161，178，194，202，203，214—216，219，221，231，232，234，243，245—247

离散化 45，59，104，184—186，194，203

离散性 45，184，194，195，203

立场 180，181，192，195，204，208，210

例指 146，147

连类复数 178，182，198

量词显赫 3，31，33，34，36，60—62，215，241，243，245，247，249

量化成分 2，9，28，35，92，152，153，155，163，164，170，171，173，175，176，187，245

领属标记 36，48，65，206，209—214，246

领属结构 2，33，35，36，121，122，126，134，206—210，212—215，246

内指 38，39

旁指 8，218，236

轻读疑问词　240，241
全称量化　9，92，124，145，151，153，155—158，160，161，164—166，171，172，174，202，240
认同指　43，64，65，67，69，77—80，223，243
任指疑问词　35，148，149，158，159，166—168，170，172，173，175，176，245，248
实指范畴　176，205，208，209，215，216，242，245，248
事件句　35，55，102，104，123，124，134，174，175
数量短语　3，91，98
数量结构　80，81，90，92，94，162，172，173，185，186，188，190，199，203
数量解读　19，72，81，89—91，94，105—112，163
他称　8，218，224—226，231，232
特征类　14，57，71，128，142，165，166，203，245
通指　1，3，35，49，61，92，97，99，123，151，165，166，175，177—181，183，184，187，194，199，222，223，225

同盟　54，180，192，195，204，208，231，243
同位关系　57，75，76，102，106
同位语　34，48，51，63，76，90，101，218，220，228
外指　38
威权　220，223，231，243
物质名词　43，44，123
消极类指　59，104
语用优先　2，28，29，114，151，246，247
真性复数　178，198
直指　38，40，52，56，58，61，64—67，77，79，80，120，121，125，138，142，194，199
指称用法　15—19，33，48，50，58，72，91，115，119，121，122，125—127，133，134，136，138，140，141，194，208，245
指人疑问词　34，116，119，120，126，136，138，139，141，245，248
指示词短语　1，9，33—35，37—41，53，56—58，60—62，69，104，113，118，121，125，244
指示词显赫　31，33，34，43，

58，60—62，70，224，232，243，245—247，249

指示限定词　11，60，221

指示形容词　11，60，221，224，232—234，242

中性指示　57，63—65，67，77—80，223

种类量词　3，45，46，51，52，57，71

重读疑问词　240

属性用法　15—19，33，37，43，46，48，50，51，56，58，59，99，101，103，105，106，110—112，115，119，121，122，125—127，133，134，136，138，139，141，142，184，245

专用量词　46，50，51，242

总括　20，52，55，146，154，156，164，166

后　　记

　　本书的基础是我 2019 年在浙江大学完成的博士论文，此次出版在主旨和内容上都进行了实质性的补充和改动。博士论文在答辩、送审时，答辩委员会和匿名评阅专家都提出了宝贵意见。在国家社科基金委同意成果立项时，我也收到了匿名评审专家提出的修改建议。这些宝贵的意见和建议在本书修改过程中起到了重要的作用，衷心感谢各位前辈。

　　博士毕业后，我在中国社会科学院语言研究所进行了全职的博士后研究。出站时提交的工作报告为《语言库藏类型学视野下的跨方言语法研究》。尽管这一工作报告与本书的关系不甚密切，但在完成工作报告的过程中，我又阅读了一系列的相关文献，并对博士论文有了一些新的思考。因增加了两年的研究经验，改动时也更有了一些信心。

　　本书要出版了。首先要感谢我的博士导师陈玉洁先生。2014 年 9 月，我进入浙江大学读硕士，自那时起就跟随陈老师学习。五年的时间里，我们建立了深厚的情谊，她是我的师长、好友，更像是我的姐姐。

　　还要感谢我的博士后合作导师刘丹青教授。从初进站的工作计划，到出站时的报告撰写，再到出站后的就业规划，刘老师都为我尽心思虑。他的学术成就激励了我，学术热情更是鼓舞了我。

　　感谢浙江大学的各位师友在我硕博期间提供的帮助，感谢中国社会科学院语言研究所的胡建华研究员，感谢杭州师范大学的领导和同事，尤其要感谢徐越教授和江素君老师。徐老师大力支持我申报本次的出版项目，江老师细致地为我的申报材料把关，稳稳地接过了报送前的最后一棒。

感谢我的三位好友许晓晓、帅璐、许树妙，这三位与我分别相识已有16年、11年和9年之久，她们给了我长久的陪伴和无限的包容。

感谢我的父母付出的情感与心力。感谢我的公婆对我的爱护和支持。有一个傍晚，我和婆婆坐在客厅的飘窗上闲聊着方言研究具体做些什么。那一幕我会一直记得。

感谢我的丈夫倪筹帏博士。平日他就无私地支持我的工作，在我修改、校对书稿期间更是一力承担所有家庭琐事，并第一时间帮我校对参考文献并通读全文。我曾笑谈：正因有兼顾生活与工作的倪工，才有因此得以兼顾生活与工作的吴老师。

感谢国家社科基金委的资助，感谢责任编辑张林老师付出的辛勤劳动。

作　者
2023年3月4日于杭州